中国社会科学院创新工程学术出版资助项目

MASS MEDIA TO WE MEDIA

从大众传播到自媒体

——当代美国社会传播简论

陈宪奎　陈泽龙　著

中国社会科学出版社

图书在版编目（CIP）数据

从大众传播到自媒体：当代美国社会传播简论/陈宪奎，陈泽龙著.
—北京：中国社会科学出版社，2019.3
ISBN 978 - 7 - 5203 - 3962 - 9

Ⅰ.①从…　Ⅱ.①陈…②陈…　Ⅲ.①传播媒介—历史—研究—美国
Ⅳ.①G219.712

中国版本图书馆 CIP 数据核字（2019）第 019585 号

出 版 人	赵剑英	
责任编辑	张　林	
责任校对	郝阳洋	
责任印制	戴　宽	

出　　版	中国社会科学出版社	
社　　址	北京鼓楼西大街甲 158 号	
邮　　编	100720	
网　　址	http://www.csspw.cn	
发 行 部	010 - 84083685	
门 市 部	010 - 84029450	
经　　销	新华书店及其他书店	

印　　刷	北京明恒达印务有限公司	
装　　订	廊坊市广阳区广增装订厂	
版　　次	2019 年 3 月第 1 版	
印　　次	2019 年 3 月第 1 次印刷	

开　　本	710×1000　1/16	
印　　张	13.25	
插　　页	2	
字　　数	204 千字	
定　　价	58.00 元	

目　录

序 ………………………………………………………………………… (1)

第一章　大众传播与美国社会 ……………………………………… (1)
　　第一节　大众媒介发展与美国社会 …………………………… (1)
　　第二节　媒体与美国社会政治 ………………………………… (8)
　　第三节　媒体与社会经济 ……………………………………… (11)
　　第四节　媒体娱乐 ……………………………………………… (12)

第二章　美国社会对大众媒介的影响 …………………………… (15)
　　第一节　社会对媒体的批评 …………………………………… (15)
　　第二节　媒体约束 ……………………………………………… (21)
　　第三节　信息产业、传播技术对大众传播的影响 …………… (24)

第三章　自媒体与美国社会信息传播 …………………………… (27)
　　第一节　媒介技术与自媒体发展 ……………………………… (28)
　　第二节　自媒体传播 …………………………………………… (35)
　　第三节　自媒体传播与美国社会信息传播再造 …………… (45)

第四章　美国社会信息传播与自媒体三元悖论 ………………… (57)
　　第一节　自媒体三元悖论传播基本理论 ……………………… (57)
　　第二节　特朗普自媒体推文的三元悖论传播 ………………… (70)
　　第三节　自媒体三元悖论传播与美国社会传播的分裂 …………… (75)

第五章　大众传媒的变化——以《纽约时报》为例 ……………… （88）

  第一节　付费墙基本概念 ……………………………………… （88）

  第二节　《纽约时报》数字化转型和自媒体技术 …………… （92）

  第三节　《纽约时报》付费墙对美国报业数字化转型的影响 …… （99）

  第四节　付费墙用户体验及新闻消费习惯改变 …………… （103）

第六章　自媒体传播对社会行为的影响——以美国"独狼"

        犯罪为例 …………………………………………………… （110）

  第一节　自媒体与恐怖组织信息传播发展 ………………… （111）

  第二节　恐怖组织信息传播的分类及组合 ………………… （115）

  第三节　网络恐怖组织的构建 ……………………………… （119）

  第四节　自媒体时代恐怖组织的线下行为 ………………… （123）

  第五节　美国"独狼"袭击特征 ……………………………… （126）

第七章　中美自媒体研究比较分析 ………………………………… （134）

  第一节　研究概述 …………………………………………… （134）

  第二节　中国的自媒体研究 ………………………………… （138）

  第三节　美国的自媒体研究 ………………………………… （148）

  第四节　中美自媒体研究的差异 …………………………… （151）

  第五节　中美自媒体研究差异的原因分析 ………………… （154）

第八章　中国的美国新闻研究 ……………………………………… （156）

  第一节　从改革开放至 2000 年的美国新闻研究 …………… （156）

  第二节　2001 年至 2010 年的美国新闻研究 ………………… （162）

  第三节　中美新闻交流与合作 ……………………………… （166）

  第四节　镜像他者:《人民日报》的美国国家形象 ………… （175）

余论:网世界,未来的一种社会形态 ………………………………… （187）

  一　现实和未来的社会传播 ………………………………… （187）

  二　网络存在,人类的第四次迁移 ………………………… （191）

三 网世界的大国、小国和无国 …………………………… (198)

四 网世界的对立与合作 ……………………………………… (199)

后 记 ………………………………………………………… (202)

序

　　1690 年美国诞生了第一份报纸《国内外公共事件报》，但是这份报纸只出版了一期就被查封了。1704 年 4 月出版的《波士顿新闻报》（*Boston Nesws – Letter*），是美国历史上真正连续出版的第一份报纸。1833 年"便士报"发行出版，新闻开始成为美国一般民众的日常消费品，标志着美国大众传播时代开始。在这个时代，报纸、杂志、广播电视和通讯社是社会信息传播主要媒介，美国新闻业经历发轫、发展和成熟的过程，建立了庞大的大众传播系统，美国成为世界信息传播的大国，左右世界信息格局的变化。

　　大众传播是一个时代的产物，它近 200 年的发展历史与美国社会息息相关。从 19 世纪开始，美国工业革命极大地促进了商品生产，全国的铁路建设促进了商品和生产资料的流通，美国的城市随着工业化迅速发展，东海岸依托港口发展起来纽约、波士顿和费城等大城市，资源丰富的中西部和西部崛起匹斯堡、芝加哥等大城市。20 世纪上半叶全球发生了两次世界大战，第二次世界大战结束以后，以美国为主导的北约组织与以苏联为主导的华约组织经历了几十年的"冷战"时期，人们的社会生活和社会思想都发生巨大的变化。美国大众传播在这个时期发挥了重要作用，它记录美国社会发展变迁，传播和解释美国文化，在美国社会现代化的进程中扮演着传播社会信息、设置公共话题、提供公众娱乐、发展传媒经济等重要角色。在对外传播中美国大众传播为美国这样的世界唯一的超级大国倡言，传播美国主流社会和政治精英倡导的世界政治、经济和文化理念。威尔伯·施拉姆等认为，通过大众传播"渠道"，"大众传播在迅速而有效地满足社会的一般需要（信息）上具有不可比拟的力量"。①

20世纪末由于计算机和互联网技术的发展，自媒体这种新的传播媒介引发了美国社会传播发生重大变革。1996年克林顿政府时期，美国提出建设信息高速公路计划，通过了《电信传播法案》（Telecommunication Art of 1996），从联邦政府层面描绘了未来社会传播的画面，为美国社会数字化传播提供了自由竞争的保障。21世纪初自媒体开始解构美国大众传播时代建立的社会传播结构，迅速成为美国社会传播的主要媒介形式之一。2003年7月，美国新闻学会媒体中心发表了肖恩·鲍曼（Shayne Bowman）和克里斯·威尔斯（Chris Wills）撰写的全球首份自媒体专题报告《自媒体：大众将如何塑造未来的新闻和信息》（We Media：How Audiences are Shaping the Future of News and Information），初步界定了自媒体传播的基本概念，描述了由于自媒体传播引起美国社会传播的各种变化，受到美国和我国国内研究者极大关注。

最近十多年，人们开始强烈地感到自媒体传播迅速崛起对美国社会传播产生的巨大影响，大众传播由此前一支独大，变成美国社会传播跷跷板的另外一端，自媒体传播开始成为美国社会传播另外一种重要的工具和渠道，大众传播和自媒体同时成为美国公众获取社会信息的主要来源。

自媒体是一种新的媒介形式，是一种个人可以使用和掌握的社会信息传播工具和渠道，自媒体传播与传统大众媒介的专业传播完全不同。为了区别大众传播，我们把以自媒体为主要传播平台的社会信息传播行为界定为自媒体传播。自媒体传播动摇了大众媒介在美国社会传播中心地位，是社会传播的一场革命。从人类社会信息传播的历史上看，任何一种新的传播媒介出现都会引发社会信息传播巨大的变化。近几年美国社会传播的事实已经表明，大众传播具有的保守思想，与美国社会精英的互为表里的政治和文化话语，已经成为自媒体传播的挑战对象。这种

---

① ［美］威尔伯·施拉姆、威廉·波特：《传播学概论》，陈亮等译，新华出版社1984年版，第129页。

挑战也是美国社会传播受众分裂的起点，一部分美国人还把大众传播视作主要社会信息来源，而另外一部分人甚至是多数美国人开始摒弃大众传播，他们越来越依赖自媒体平台获取的信息。

媒介变化不仅改变着社会传播生态，也改变着社会传播在整个社会生活中的地位，改变着美国社会。自媒体传播深刻影响着美国人的社会政治行为、美国社会文化和社会生存方式。仅就美国大选而言，1933年罗斯福赢在广播动员，1960年肯尼迪赢在电视演说，最近两任美国总统奥巴马和特朗普，在他们的竞选中都不约而同地选择自媒体作为自己选举中宣传造势的主要媒体工具，运用自媒体传播平台宣扬自己的治国理念。2008年奥巴马竞选团队使用脸书（Facebook）、推特（Twitter）等社交媒体，动员选民特别是年轻人小额捐款，获得他们的投票支持。2016年美国大选中，特朗普这位"非建制派"人物，在大众媒介普遍不看好的情况下，成功利用自媒体传播击败希拉里，当选美国总统。

从传播学发展意义上讲，自媒体传播当然不是传播学的终点，更不是美国社会传播的终点。观察和描述现在美国自媒体传播现象时，传播学的很多基本理论范式依然具有科学的意义，即便对于大众传播而言，仍然是自媒体传播研究很好的比照对象。因为只有在这种比照过程中，才可能发现自媒体传播新的社会传播价值，体现新的社会意义。

互联网发展和自媒体传播是否可能催生人类新的网络存在？这种生存方式是否可能形成网世界的雏形？网世界是否已然成为与现世界并存的另一个世界？网世界是否已成为人们社会生活新的一部分？这些都是我们思索和探寻的开始。

第 一 章

大众传播与美国社会

美国新闻发展与美国社会发展密切相关。最初美国新闻适应北美殖民地的商品经济需要，成为美国经济发展的一部分，是传递经济信息的主要渠道。它传递商业信息，在商品经济发展过程中发挥着信息先导作用。美国建国前后新闻开始介入社会政治，对美国政党政治产生很大影响，并形成美国新闻理论核心内容。大众传播时代是美国新闻业成熟的历史时期，新闻媒介成为美国社会生活基本元素。

第一节　大众媒介发展与美国社会

社会经济发展是美国新闻事业产生和发展的直接动力。早期的美国媒体是由"新闻纸"（newsletter）演化来的，刊载的主要内容是到达各个港口的船期公告、欧洲大陆商品及价格等内容，类似现在的广告报。美国多数早期报纸在当时商业中心创办，公共邮政系统是当时人们主要信息来源，所以早期美国报纸的发行人，同时就任邮政局的某些职务，报纸发行人只是一个兼职。

媒体参与社会经济的具体方式是传播商业信息，这是商品经济社会的一种必然需求。商品经济社会需要生产商品和交换商品，需要大量的媒介传递商业信息，所以商业信息采集、交换和传播十分重要。美国早期报纸迎合这种社会需求，成为参与美国经济发展的一部分。

据 1995 年统计，美国报纸总数大致在 9500—10000 家，其中日报只占约 15%，美国 1950—1980 年日报数量基本稳定，但是到了 20 世纪 90 年代，日报数量有了明显下降，由 1980 年的 1745 种下降到 1990 年的

1611 种。① 周报 7689 家，这一数据还未包括美国各大报单独发行的 917 家星期天专刊。2000 年，美国报纸发行总数达到 13037 万份左右。

从社会发展角度观察美国新闻传播，可以发现大众传播和社会发展的关系十分明显。1704 年 4 月 24 日美国出版了第一份报纸《波士顿新闻通讯》②，虽然 1783 年美国诞生全国第一份日报《宾夕法尼亚晚邮报》，但是美国报纸大发展却是 1833 年本杰明·戴创办《太阳报》前后，《太阳报》每 100 份批发价格 67 美分，零售价每份 1 美分，《太阳报》售价比其他报纸低许多，当时其他报纸零售价格每份 6—7 美分，所以又被称为"便士报"③，"便士报"也是廉价报纸的统称。当时美国城市人口急剧增加，工业社会加速发展，出现了面向普通社会公众发行的报纸，开创了美国社会的大众传播时代。当时一般美国工人的周工资 4—6 美元，普通工人可以消费这种廉价报纸。印刷技术进步提高了报纸的印刷速度，一台印刷机每小时可以印刷 4000 份报纸，印刷厂可以在较短时间迅速大量印制廉价报纸，印刷成本大幅度下降。报纸受众策略发生了根本性改变，《太阳报》把当时只有社会精英可以消费的报纸，变成社会中下层人群经常性消费品，成为美国大众传播时代的重要节点。

本杰明在《太阳报》发刊词中强调，报纸要以新闻为主，报纸要有吸引人的新闻，本地新闻、社会新闻要成为版面主要内容，新闻要有刺激性和趣味性。报纸要立足社会公正立场，避免浓重的党派色彩。报纸应该积极扩大广告版面，谋取商业广告利益，降低出版成本，用低廉售价吸引读者，扩大报纸发行量，达到报纸盈利的商业目的。④ "便士报"的这些新闻理念，深刻影响美国大众传播时代，成为各类大众媒介遵循

---

① ［美］罗伯特·G. 皮卡德、杰佛里·H. 布罗迪：《美国报纸产业》，周黎明译，中国人民大学出版社 2004 年版，第 13 页。

② ［美］丹尼尔·布尔斯廷：《美国人开拓历程》，美国驻中国大使馆新闻文化处 1988 年版，第 387 页。

③ "便士报"是以平民读者为受众目标的一种美国早期廉价报纸，其代表是 1833 年 9 月 3 日由美国著名报人本杰明·戴创办的《纽约太阳报》（New York Sun），亦称《太阳报》。参见［美］迈克尔·埃默里、埃德温·埃默里《美国新闻史》（第 8 版），展江、殷文主译，新华出版社 2001 年版，第 117 页。

④ ［美］迈克尔·埃默里、埃德温·埃默里《美国新闻史》（第 8 版），展江、殷文主译，新华出版社 2001 年版，第 118 页。

的基本原则。

大众传播时代也是记者编辑逐渐"专业化"的时代。美国早期新闻从业者不是专业新闻从业者，报刊或由邮局分发，或是邮政人员创办，人们都是兼职办报，报纸的编辑和记者并不是一种专门的社会职业，人们不可能因为做报纸编辑和记者获得基本的工资收入。也是由于这些原因，当时美国新闻工作并没有一定之规。但是大众传播时代，新闻开始成为专门的行业，记者编辑变成了一种专门的职业，兴办新闻媒体可以取得巨大的商业利益，这些极大地促进独立的商业报刊迅速发展。在这一过程中，各种新闻学理论和思想日渐成熟，其中"新闻专业主义"理论就是其中之一，它较为全面地规范了报刊的基本功能、记者编辑职责、广告经营、媒体与社会关系等：

"报刊的基本功能是报道新闻，干预和推动社会进步。新闻业是一种独立的专业，记者和编辑是一种新的职业。新闻传播为公众服务，（应该）脱离党派反映民意。新闻业经营广告并且获益。法律和行业规则与道德约束报纸和记者编辑。"①

新闻理论和大众媒介发展，进一步提升了大众传播在美国社会信息传播中的社会地位，大众传播成为美国社会"第四等级"或者"第四种权力"，大众媒介通过社会信息传播获得的社会权力，大众媒介通过社会信息采集、发布和评论，对其他三种社会权力进行舆论监督，通过社会舆论影响行政、司法和立法过程。

1910 年前后美国工业高速发展，城市化步伐加快，全国迅速完成社会工业化进程。美国日报达到 2433 家，1960 年美国的报纸发行量达到近 50 年来最高峰：日报近 1800 家，周报 8100 多家，加上其他报纸总数逾万家。20 世纪 60 年代以后城市人口向郊外大量迁移，美国社会出现城市中心"空心化"，城市中心人口大量减少，城市报纸发行成本上升，很多城市报纸出现财政困难，没有能力继续发行出版，大部分中小城市非主流报纸停刊。

20 世纪 80 年代随着人口向城市郊区迁移加剧，造成很多大城市日报

---

① 参见黄旦《传者图像：新闻专业主义的构建和消解》，复旦大学出版社 2005 年版，第 32 页。

的下午版尤其是这些报纸的副刊停刊①，一些郊区社区、小城镇又出现许多新报纸，但全国报纸总量变化不大，全国报纸发行总量逐步稳定。报纸发行总量自 20 世纪 50 年代到 80 年代之后没有实质性的变化，其中日报的期发行总量为 5000 万—6000 万份，其他报纸也在 6000 万份左右，总数 1 亿多份。②

多元化的美国，传媒形式也是多样性的。以报纸为例大致有以下几种。

1. 全国性日报。美国全国性报纸的概念与我国不同，除《今日美国报》之外，还有《华尔街日报》《纽约时报》和《基督教科学箴言报》等著名报纸。如《纽约时报》刊登大量的全国性和国际性新闻，在美国许多重要城市和国外设有记者站，在重要城市有分印点，所以也有一些学者把这些报纸视作全国性大报。

2. 城市和区域性报纸。发行范围主要集中在美国中等城市和周边地区，如《洛杉矶时报》《华盛顿邮报》《波士顿环球报》和《芝加哥论坛报》等。

3. 小城市和社区报纸。如纽约的《斯坦顿岛前进报》，它已经有 116 年出版历史，发行范围仅仅是纽约的一个区，是大型对开日报，每日出版的版数很多。

4. 综合类报纸。这类报纸多为周报，数量庞大，很多免费发行，商业广告很多。

5. 少数族裔报纸。读者虽是少数族裔，但多数使用英语。

6. 向特定受众发行的报纸，如外语报纸。全国共有 150 家左右，包括一些在美国出版的中文报纸。还有一些宗教类报纸、军事类报纸和其他专业报纸。

1982 年《今日美国报》创刊之前，美国没有形式上的全国性报纸。《基督教科学箴言报》发行量仅 9 万份，若从发行量来看似乎也不能说它是一家全国性报纸。美国的很多主流报刊是指它对公共事务的影响力，

---

① 参见［美］罗伯特·G. 皮卡德、杰佛里·H. 布罗迪《美国报纸产业》，周黎明译，中国人民大学出版社 2004 年版，第 14 页。

② 同上书，第 20 页。

是指它的受众人群在美国社会中的地位，是指它的信息权威性。美国主流媒体不一定发行量最大、版面最多和广告收入最多，也不一定都把总部设在美国政治中心首都华盛顿。

传媒业在美国也是一种产业，奉行商业竞争基本规则。在大众传播时代美国媒体产业和其他产业一样，经过充分竞争已经形成了较为稳定的发行区域和受众人群，很多报纸都有自己的读者定位和比较稳定的发行区域。美国传媒业发展总体比较均衡，除了一些大报和知名传媒机构，很多小城市都有自己特色的城市报纸、电台和电视台。

美国很多城市只有一家主要报纸，两家以上报纸的城市占美国全部城市总数不足十分之一。但是美国各个州报纸数量差异较大，如宾夕法尼亚州曾有 88 家日报，数量在全国 50 个州居第二，但该州最大报纸《费城问讯报》却没有垄断全州。当然在美国一些大城市，如纽约、洛杉矶、芝加哥等地，媒体的市场竞争一直进行，这种竞争不是传统大报之间的竞争，而是个别刚创办的小报小刊，为圈城划地、争取读者和争取广告竞争，20 世纪末纽约报业最激烈竞争就发生在几家有一定规模的小报之间。

这种竞争包括不同媒介之间的竞争，一种新的媒介出现，都会带来媒体市场激烈的竞争。收音机出现以后，便从纸介平面媒体报纸和杂志的市场中分割出自己的份额。电视机出现后迅速成为媒体新宠，很快成为人们获取信息的主要渠道，成为广告商的主要投放媒体，在传媒市场中通过竞争获得了自己的份额。美国的媒体竞争符合市场规律，也符合媒体产业自身特点。争取读者永远是媒体竞争的主题，读者在哪里，媒体的竞争也在哪里。纽约是美国人口最多的城市之一，是美国重要经济中心，也是美国传媒竞争较为激烈的城市。美国发行量最大的 10 份报纸，有 5 家报纸集中在纽约。加上其他发行量不太大的日报，在纽约出版的报纸总数超过 10 家。在这些报纸中，以产经新闻为主的《华尔街日报》是美国最权威的一家报纸，已经走出美国，在世界产经新闻领域具有相当重要的影响。它同步出版欧洲版《华尔街日报》和亚洲版《华尔街日报》。《纽约时报》以时政新闻为主，面向美国全国发行，是美国主流人群必看的一份报纸。

每 4 个美国人中有 3 个住在城市，42% 的美国人居住在郊区或者小城市。① 美国人的生活和工作方式，决定了晚报发行量一度超过晨报。美国的晚报主要是指午后出版和发行的报纸，主要内容是当天新闻，美国的晚报不一定是以社会新闻为主的报纸，这与其他国家晚报内容有一定差别。随着人们生活方式改变，美国晚报数量不断地下降，计算机技术在新闻采集流程中的运用提高了报纸编辑和新闻生产速度，印刷工业光电技术进步大幅度降低了报纸出版成本，现代信息技术和交通物流系统完善，提高了报纸发行效率。美国绝大多数市区读者在早晨上班前可以读到晨报，不少大型日报增出下午版抢占晚报市场，很多晚报又不能在内容上与晨报有明显区别，渐渐失去了部分读者。美国不少专家甚至认为，晚报消亡是迟早的事。

美国城市人口居住区域改变是日报、晨报和晚报占比变化的原因之一。美国晚报主要受众是城市蓝领工人，他们习惯每天下班时在公共汽车、地铁上阅读报纸，以供工作之余消遣，晚报新闻基本是全天的新闻。20 世纪最后 20 年很多美国工厂迁往郊区，城市中心变成以信息业和服务业为主的办公楼，城市中心人口构成由工厂蓝领变成公司白领，这些人的信息需求不以消遣为主，而是希望通过阅读报纸，获取最新重要信息资讯。

电子媒介是大众媒介发展的另一种形式，电子媒介较之纸质媒介更易于普及，获取信息的能力更强、更随机、更及时，对社会大众产生的影响更大。美国学者把无线电广播看作是"进入美国人家庭的大众传媒"，收音机对于现代美国社会有着巨大的影响力，它在一定意义上改变了美国人获取社会信息的习惯。1920—1940 年是美国无线电通信发展的黄金时期，这种混杂着多种传播形式的新型电子媒体，及时地把发生在全国乃至全世界的各种新闻信息传递到美国的每一个家庭。无线电新闻通信的普及，是新闻走进美国千万个家庭最重要标志。家庭中的收音机使人们摆脱了以社区为中心的生活方式，他们生活范围、所关心的问题远远大于目光所及范围。新的媒介给他们带来了远方信息，同时也把自己的信息带到了他们永远到达不了的地方，平面媒体受到在无线电通信

---

① ［美］佛·斯卡皮：《美国社会问题》，刘泰星、张世颜译，中国社会科学出版社 1986 年版，第 15 页。

技术基础上快速发展的电子媒体挑战。融合视听一体的电视媒体对美国社会影响更为巨大，是导致纸媒发行量、广播收听率一度明显下降的主要原因，它打破原有的社会信息传播格局。1995 年美国《广播电视年鉴》统计，1994 年 98% 的美国家庭拥有电视机。尼尔森媒介研究公司（Nielson Media Research）1993—1994 调查数据显示，美国人每天平均收看电视时间 7 小时 15 分钟。1993 年洛佩尔调查公司受众统计，72% 的美国人主要从电视媒体获得社会信息。[①]

美国研究者认为，工业化和城市化是美国媒体发展的社会原因。工业化和城市化促进美国成为大众社会，同时也促进美国媒体发展成为大众媒介。在理论研究方面，大众传播理论几乎与传播学同时诞生，主要研究报纸、杂志、广播电台、电视台和通讯社等大众媒介社会信息采集、加工和传播行为，研究解释这种传播行为对社会政治、经济和人们社会生活的影响，传播学研究把大众传播置于更加广阔的学理背景下观察，可以帮助人们更加深入地分析和理解大众传播。丹尼斯·麦奎尔认为，大众传播是"由专业化的机构和技术组成，利用技术设备为大量的、异质的、广泛分散的受众来传播象征性内容的活动"。沃纳·赛弗林等认为，"大众传播可以三项特征来确定：1. 它针对较大数量的、异质的和匿名的受众。2. 消息是公开传播的，安排消息传播的时间，通常是以同时到达大多数受众为目的，而且其特征是稍纵即逝的。3. 传播者一般是复杂的组织，或在复杂的机构中运作，因而可能需要庞大的开支"。[②]

从美国大众传播实际情况和这些专家学者的研究，我们可以了解美国大众传播的主要特点。首先，大众传播是信息大量发布、信息多次发布和信息均匀发布，当今美国的大众媒介发布的信息量十分巨大，是向整个社会传播信息的现象。大众媒介把社区与社会紧密联系在一起，社区新闻可能成为一条社会关注的新闻。第二，新闻机构对社会负责，监督政府、其他社会机构和大公司。第三，大众传播是一种专业化信息传播，新闻机构是社会信息加工的中心，记者、编辑和新闻机构组成时代

---

① 王玮主编：《镜头里的"第四种势力"》，北京广播学院出版社 1999 年版，第 1—3 页。
② 参见胡翼青、梁鹏《词语演变中的"大众传播"：从神话的建构到解构》，《新闻与传播研究》2015 年第 11 期。

和社会的"精英媒体",是社会信息传播的"把关人",他们选择信息向社会发送,在社会信息传播中复原和解释事件,营造出大众媒介上的社会"真相"。大众传播的基本概念最早出现在美国,但是与美国社会信息传播相比,与美国新闻业发展相比,大众传播概念的提出及相关研究都比较晚,比较著名的有威尔伯·施拉姆和威廉·波特,① 哈罗德·拉斯韦尔、保罗·F. 拉扎斯菲尔德以及麦克卢汉等著名的传播学研究者②。这些研究者对研究美国大众传播有着重要的贡献。

第二节　媒体与美国社会政治

不同职业的人对媒体的需求是不同的,换句话说,媒体可以满足不同人的社会需求,在美国也是如此。政治家把兴办媒体看成政治生命开始的第一步,美国早期政治家多有亲自办报的经历,美国建国前后 10—20 年是美国新闻史的"党报时期"。那时美国政治党派林立、见解纷呈。一些报纸杂志专司政治,政党色彩十分浓重,是美国不同党派的政治论坛。美国的杂志大量出现在南北战争时期,这种比报纸更加专业化的媒体,是政治家的舆论工具,成为政治家宣传自己政治观点、带有一定专业性质的定期阅读物,杂志主编往往就是政党领袖,他们在国家政治生活中起着很重要的作用。也正是这种原因,报纸杂志出现了一种过分政治化倾向,各个党派为了争夺政治利益,不惜采取各种方法,使用大量污秽文字诋毁对方。政治家也积极利用报纸宣传政治主张,《美国公报》(*Gazette of the United States*)、《国民公报》(*National Gazette*)是"党报时期"著名报纸,它们分别属于不同的政党,宣传各自的政治主张,同时也经常采取各种方法攻击对方,污言秽语充斥版面,因此这个时期又被称为美国新闻史上的"黑暗时期",为后来的美国新闻界不齿。③ 但是这

---

① 参见〔美〕威尔伯·施拉姆、威廉·波特《传播学概论》,陈亮等译,新华出版社 1984年版,第 121—135 页。

② 参见〔美〕E. M. 罗杰斯《传播学史——一种传记式的方法》,殷晓蓉译,上海译文出版社 2002 年版,第 1—30、211—254、258—332 页。

③ 参见〔美〕迈克尔·埃默里、埃德温·埃默里《美国新闻史》,展江、殷文主译,新华出版社 2001 年版,第 81—84 页。

个时期奠定了美国新闻理论的一些核心理念，比如"言论自由""出版自由"等。随着国家建立以后社会生活的平复，各种建设事业发展，经济生活成为美国社会生活的主旋律，媒体的政治色彩开始暗淡，多元化的社会生活开始成为媒体报道对象，特别是"便士报"这种以娱乐和社会新闻为主的廉价新闻报纸出现后，报纸杂志的平民化达到了极致，成为一般百姓的生活必需品。

即便如此，政治新闻还是美国媒体报道的重点，美国媒体从来就是社会政治基本载体。美国立国之初把民主、自由作为国家政治信仰，并以法律形式固定下来。根据美国《宪法第一修正案》（也称人权法案）确立的精神和原则，美国早期政治家把争取言论自由和出版自由，视作美国政治观念中"人权"核心内容的一部分。直到今天美国媒体经常批评政治人物、政府官员、谈论政府政策，他们认为这些媒体行为体现美国民主、自由和思想多元化，是美国人权的重要内容。

对于政治家而言，媒体可以迅速传播自己政治主治，扩大政治影响，提高在政界和社会舆论中的知名度，网罗政治关系，聚拢政治同盟，实现自己的舆论理想。媒体是政治家的舆论工具，是他们达到政治目的必须建设和使用的桥梁，也是组织动员社会力量支持自己政党的手段。美国政府经常将一些关乎国计民生的预期政策通过媒体传播，其他各级政府一般也有定时发布新闻的制度和习惯，表示政府尊重一般民众的知情权，满足大众媒介监督政府公共事务的需求。①

美国媒体这种"第四种权力"还可以用来进行其他的社会监督。19世纪末美国经济垄断日益加剧，经济寡头通过肆无忌惮竞争和黑幕交易，攫取巨额商业利益，引起美国公众和新闻舆论不满。1906年前后美国各类媒体集中发表了近2000篇揭露资本家丑恶行径的文章和新闻报道，尤其是一些揭露政商勾结、巧取豪夺的"深度调查"，无情批评商业主义腐蚀了美国精神和美国社会，西奥多·罗斯福总统认为媒体过分揭露社会丑陋和阴暗，形成巨大的负面影响，对国家和社会发展不利，讽刺文章作者是"扒粪者"（muckraker）。新闻界对此十分不满，干脆就用"扒粪者"反讥政客压制社会批评的言论和行为，自称"扒粪运动"。在这场运

---

① 参见李道揆《美国政府与美国政治》，中国社会科学出版社1990年版，第143—149页。

动中大众媒介站在社会公众立场上，揭露政府和大企业相互勾结，损害公众利益的黑幕。"扒粪运动"在美国新闻史上具有重要意义，是美国大众媒介主动介入社会监督行使"第四种权力"的标志，从此之后监督政府、公众人物以及其他对社会生活有着重要影响的机构或者公司，成为大众媒介一种不容置疑的"社会责任"。

美国政治新闻也被称为政府新闻或者公共事务新闻，一般分为报道政府施政的政务新闻、官员新闻和国外政治新闻。美国媒体对政府官员新闻比较关注，他们认为官员新闻是个性化新闻，政府官员是社会公众人物，同歌星、影帝一样容易引起社会关注，报道官员新闻有的时候可以迅速提高媒体的知名度和影响力，特别是报道官员的"坏消息"更容易引爆舆论，起到"监督政府"作用。"水门事件"报道揭露了尼克松总统丑闻，直接导致尼克松总统下台，引发美国上层社会政治动荡。美国大众媒介一直到现在，都保留着监督政府和社会公众人物的传统。许多政府新闻记者和编辑对此津津乐道，把挖掘下一个"水门事件"作为追求目标。但是平时媒体政治新闻并不是很多，只是到了美国总统大选年，或者遇到突发性政治事件，政治新闻才会成为媒体主要内容。

美国媒体的政治倾向性和我们一般意义上理解的政治倾向性概念有很大不同。美国媒体政治倾向性的差异，并不是在国家根本制度、主导社会思想上有本质的不同，所有媒体在民主、自由和个人权利等本质性问题上，政治见解基本是一致的。他们反对政府对媒体控制，不愿意政府对新闻或者媒体进行"事先检查"。美国媒体的政治差异在于不同时间倾向某个政党，倾向某一个或者几个政治人物，或者通过支持不同党派的总统候选人，表达自己的政治倾向性。《纽约时报》原来一度倾向共和党，20世纪70年代开始支持民主党，支持民主党的总统候选人。《华盛顿邮报》在政治上也倾向民主党，但是相比其他倾向民主党的报纸而言，具有更多的独立性。《洛杉矶时报》是比较典型的保守主义报纸，是共和党的支持者，因为保守主义的色彩太强，一度被业内人士认为是政治上"最不公正、最不可靠"的报纸。《波士顿环球报》政治上具有自由主义色彩，1973年它是第一家提出弹劾尼克松总统的报纸。

发表社论或者其他新闻评论，发布不利于政治对手的负面新闻，是媒体表达政治倾向性的一般方法，掌控媒体政治倾向的是媒体发行人、主编和其他高层管理人员，媒体所在地区和主要读者的政治趣味等也是影响媒体政治倾向性的因素。但是在经历过党报的"黑暗时期"之后，美国大众媒介从业者认为媒体是社会公器，应该客观公正、不偏不倚，绝不能依附于某个党派，所以美国媒体的党派倾向性在多数时间里不是很明显。观察美国媒体的政治倾向性或者党派倾向最好的时间窗口是总统大选年，或者是出现政治性突发事件和社会政治生活变化比较剧烈的时候。

美国政治学教科书中，媒体学习是重要内容，新闻学是政治课程一部分。在这些课程中，不但有一般性新闻学知识，同时也有政治学必需的实用性媒体调查方法，比如"盖罗普"民意测验方法。

第三节　媒体与社会经济

商业信息的主要载体是每天出版的大量各式各样的大众媒介，它们集中在财经类报纸杂志、财经频道和广播时段，细化到金融、实业、地产、商业、商业管理等各个领域，大量财经类媒体是美国媒体重要的组成部分，财经信息是美国社会信息传播的重要内容。

大众媒介本身也是一种产业。美国的大众传媒产业十分发达，是可以制造财富巨人、实现美国人发财梦想的产业。在美国富豪的排名榜上，常常会出现传媒巨头的名字，他们不但控制着美国的大众媒介和社会信息传播，也在掌控着巨大社会财富。在传媒产业领域内发生的各种资产重组和并购，常常会迅速地反映在华尔街金融市场上，受到美国甚至世界金融市场和资本市场关注。从20世纪80年代开始，美国媒体产业资产收购并购浪潮一浪高过一浪。这不但是大众传媒产业关心的话题，也是资本市场人们关心的话题。1989年时代公司与华纳公司140亿美元合并，组成时代—华纳公司，旗下拥有21家杂志、5家图书出版公司、6家音像公司、3家有线电视公司，同时在7家电视台拥有股权。1985—1990年工业巨头通用电器公司斥资63亿美元收购全国广播公司，大都会通信公司35亿美元收购美国广播公司，特德·特纳以17.8亿美元取得米高梅—联美电影公司控股权，已经拥有130家报纸的甘尼特公司花费6.35亿美元收购4家大都会报纸。在20世纪最后的十多年，还有众多大众传媒公司收购一些网络公司、门户网站，在美国新经济中又掀起了一阵阵资产收购并购风暴。

尽管美国是现代企业制度诞生地，但是许多大众传媒公司在公司治理方面却反其道而行之，仍然延续着古老的家族式公司治理制度。这种看似不合时宜的公司治理方式不时遭到人们贬损，但是这种家族治理模式可以延续公司理念，积累并保留下来巨额财富。

第四节　媒体娱乐

美国早期报纸的读者基本是社会政治、经济和文化精英，而不是社会的一般民众，媒体以政治、经济新闻为主，基本没有娱乐新闻，也很少报道社会新闻，报纸只有主版，没有其他副刊，版面形式基本是文字，没有图画和照片，版面单一，字体的变化很少。

1833 年本杰明·戴创办的《太阳报》除了降低报纸售价，还提供大量的社会新闻和娱乐新闻，从本杰明·戴的"便士报"开始，娱乐成为美国大众媒介的信条。美国人认为如果没有娱乐，媒体就不能吸引受众，甚至也没有存在的必要。不同形态的媒体为受众提供的娱乐不同，一般来说，纸介媒体的娱乐性低于电子媒体，平面媒体的娱乐性低于多媒体，早期媒体的娱乐性低于后起的媒体。美国媒体娱乐概念比其他国家宽泛，美国媒体认为 NBA 是娱乐，甚至认为所有的体育竞赛都是娱乐。在其他国家由于社会文化不同，可能认为 NBA 是体育竞赛，体育和娱乐是不同的。美国媒体可以用政治人物搞笑，在大众媒介上嘲弄国家政治人物，但是在其他国家这样做可能会不合适。美国著名传媒大王普利策说他"知道美国人喜欢从报纸寻找快乐"，[①] 1889 年他在《世界报》策划了一个女记者周游世界活动，一时间这位名叫伊丽莎白·克科兰女记者的行踪成了很多读者关心的消息，她的旅行故事吸引了 100 多万人。当这个历经风雨和坎坷的女记者完成旅行后，受到了美国民众热烈欢迎。同一年普利策在《世界报》上开始刊登反映美国下层人物生活的连环画，一个

① ［美］迈克尔·埃默里、埃德温·埃默里：《美国新闻史》（第 8 版），展江、殷文主译，新华出版社 2001 年版，第 205 页。

穿着黄色衣服的青年人，成为美国传媒娱乐著名人物"黄孩子"。这个"黄孩子"给读者带来了欢乐，迅速提高了普利策《世界报》发行量。"黄孩子"是美国媒体早期典型的媒体娱乐新闻。此后美国报纸不但充分报道各种娱乐消息，还在自己制造公众娱乐。这种娱乐倾向有时被大众媒介过分放大，甚至沦落到粗俗低贱、有悖社会公德的地步。

电子媒介发展进一步强化了媒体的娱乐功能，广播电台为人们提供了新的娱乐形式。1927年纽约广播电台有2/3的时间在播放音乐，很多广播电台播放自己制作的故事性极强的"广播剧"。1928—1929年为了方便人们收听全国广播公司广播喜剧《阿莫斯与迪安》，美国全国甚至改变作息时间。这部广播剧播出时，一些出租车司机特意停车休息，专门收听15分钟节目。1936年收音机在美国基本普及，91%以上的城市家庭和70%以上的农村家庭拥有收音机，美国家庭收音机拥有量超过家庭电话的拥有量，[①] 电台把提供娱乐作为收音机进入家庭的诱饵，经常举办娱乐性极强的节目，其中很多是音乐节目。流行歌手开始成为美国青年人追逐的偶像，凯特·史密斯是当时最红的流行歌手。很多家庭把收听电台娱乐节目作为重要的休闲活动，在美国辽阔的大地上，随时可以收听正在播放的娱乐性节目，到处都可以听到从收音机里传来的欢快音乐，旋转收音机旋钮，流行歌曲、流行音乐、重大的体育比赛实况转播、电台主持人"脱口秀"、广播连续剧等，营造了美国社会欢乐的主旋律。

20世纪50年代电视机开始进入美国家庭。1952年34%的美国家庭拥有电视机，50年代末美国家庭电视机拥有比例达到68%，美国基本上实现了电视机普及。1997年98%的美国家庭至少拥有一部电视机，74%的家庭拥有多部电视机，美国家庭每天7—8小时电视机开机，观看新闻、肥皂剧、脱口秀和体育比赛等电视节目，电视机取代收音机成为美国人获取信息的主要来源，观看电视剧成为美国人日常的娱乐方式。[②] 1953年1月《我爱露西》主要扮演者露西尔·鲍尔生下一个男孩子，2100万个美国家庭中有72%收看了这个红极一时的节目，如此高的收视

---

① ［美］迈克尔·埃默里、埃德温·埃默里：《美国新闻史》（第8版），展江、殷文主译，新华出版社2001年版，第380页。

② 参见俞燕敏、鄢利群《无冕之王与金钱》，中国社会科学出版社2000年版，第4页。

率一直到 1983 年 2 月 8 日才被刷新，那天哥伦比亚广播公司历时 11 年的电视连续剧《流动的陆军医院》播出最后一集，收视率达到 77%。

　　娱乐功能随着电子媒体的兴起不断被强化，尤其是电视这种混合了视听两种功能的新兴媒体其娱乐功能更是突出。美国人观看电视的时间很长，但是不一定观看电视台的新闻节目，很多的时候他们是在观看电视台的娱乐节目。美国家庭电视开机时间长，并不意味着美国人获取的新闻信息多，而是美国人在大众传播时代愿意在电视机前娱乐。视听一体的电视传播深刻地影响美国社会生活，影响美国人的审美情趣。成千上万的美国人经常会在同一时刻，为电视台播放的同一部电视剧哭泣或者欢笑，成千上万的美国人为着一个人的命运而担心。美国这个多元化社会被电视传播控制，电视传播机构在教化美国社会方面发挥着重要作用。

　　美国媒体娱乐还不断外溢到其他国家，成为其他国家媒体娱乐仿效的对象，购买和模仿美国的娱乐节目一度作为有些国家媒体发展突破点，通过版权交易、实况转播等多种形式，美国媒体娱乐成为许多国家媒体共同的娱乐形式，NBA 比赛和美国超级碗比赛电视实况转播，在世界很多国家公共电视频道落地，成为这些国家收视率很高的节目。美国媒体还通过收购其他国家的大众媒介，传播美国媒体的娱乐文化，把它变成很多知名媒体的共同信条。世界著名传媒大亨默多克的《太阳报》就是一张娱乐性很强的报纸，通过媒体娱乐和媒体资源运作，《太阳报》成为当今世界上发行量最大的报纸之一。

第 二 章

美国社会对大众媒介的影响

在美国，媒体被称为"第四种权力"，担当监督政府、立法和司法的社会责任。但是这并不是说媒体这个"无冕之王"就可以放任自己，纵横天下，无所顾忌。美国媒体自由源自美国的法律，同时受到法律、行业内部规则以及新闻机构的约束，美国大众媒介还会受到资本的约束，媒体资本也是决定美国新闻价值取向的重要原因。

第一节　社会对媒体的批评

信息是一种人类聚集社会以后产生的社会资源，信息产生的基本前提是人的聚集组成社会。为了传递信息人们开始兴办媒体，为了更好地传播信息，人们发明了技术更加精良的大众传播机器。现在人们依靠现代化的信息传播工具，几乎可以同步了解地球上绝大部分地区发生的新闻。美国的大众媒介不但可以现场转播奥运会的体育比赛，也可以通过在世界各地上空不断运行的通信卫星，把美国军队在伊拉克作战的实况镜头送进不同宗教信仰、不同文化形态的家庭。大众媒介对社会的影响空前巨大，但是大众媒介在推动社会进步的同时，也给社会造成了很多危害。

一　社会对各类媒体暴力的批评

在美国许多社会学研究中，谈到社会暴力就会指责大众媒介对社会暴力过度报道和渲染，很多人认为媒体暴力是引发美国社会暴力的重要原因。翻开美国的报纸、杂志，暴力事件往往是编辑们最喜欢的头条消息。打开电视机,新闻节目的主播往往也是把暴力事件作为头条消息报道,各个通讯社总是在第一时间抢先报道灾难性事件。2001 年是美国暴力事件发生的"高发年",9 月 11 日美国的世界贸易中心大楼遭受恐怖分子袭击,美国遭受到建国以来在本国国土发生的最惨烈的恐怖事件,两座摩天大楼顷刻间轰然倒下。人们通过电视画面,清楚地看到巨大的蘑菇云形同核爆炸,许多媒体机构大肆渲染恐怖袭击细节,很多血腥画面和镜头不加任何处理直接向社会公众展示,产生了极大的心理震撼,这一年是美国媒体关于暴力事件报道最多的一年,也是公认的美国媒体暴力年。

美国的学者认为媒体暴力大致可以分为两种情况:一是关于新闻报道中的暴力行为,即所谓真实暴力。20 世纪 60 年代以后美国社会暴力事件增加,城市骚乱、示威游行、政治公众人物暗杀事件、海外战争场面报道等,都在美国的媒体得到了充分的甚至过度的报道。因为这些暴力事件是现实生活中发生的真实暴力事件,所以称为真实暴力。二是幻想中的暴力,主要是指在一些娱乐性节目中存在的暴力场景,如在电视剧里大量存在的暴力镜头,儿童节目中出现的暴力画面。很多美国的社会学者批评大众媒介播放的收视率很高的电视剧,实际上就是暴力、性和社会黑暗面的综合体,包括许多在美国获得极高荣誉的电视剧,如在1978 年播出的《豪门恩怨》。

美国宾夕法尼亚大学的研究者通过对 20 年的电视节目研究表明:在美国一个 16 岁的人,16 年间在电视上看到 20 万次暴力行为,[①] 1993 年美国国会就电视节目的媒体暴力专门举行听证会,试图寻求控制媒体暴力方法。统计数字已经表明媒体暴力与美国儿童的暴力行为有一定的关系,宾夕法尼亚大学调查数据揭示,电视和其他媒体的暴力渲染与美国儿童暴力倾向存在正相关的关系。但是媒体暴力在多大程度上影响着儿童的暴力行为,人们的看法却不一致。在中国也有类似的研究,结论也很类似。从职业道德立场出发,许多美国业界人士认为应该约束媒体暴力,净化电视屏幕,为社会公众提供健康的媒体环境。但是这种道德规

---

① ［美］迈克尔·埃默里、埃德温·埃默里:《美国新闻史》(第 8 版),展江、殷文主译,新华出版社 2001 年版,第 586 页。

劝作用很小，大众媒介的媒体暴力现象还在有增无减，花样翻新。

社会科技进步加剧媒体暴力倾向。20 世纪 80 年代以后，由于互联网这种信息时代新媒体的迅速发展，来自互联网的媒体暴力比大众媒介更多。美国很多软件商投入巨资开发互联网互动游戏，其中充满逼真的血淋淋暴力画面。大众传播时代受众只是被动地观看媒体暴力，互联网时代许多互动电子游戏，玩家成为这些媒体暴力游戏的直接参与者。互联网游戏提供商在创造财富神话的同时，也创造了很多真实暴力事件模拟场景。有消息说 2001 年 9 月 11 日劫持民用飞机撞击美国世界贸易中心大楼的恐怖分子，事先就使用了一款游戏软件，了解波音飞机基本的操作程序，模仿驾驶波音飞机撞击世贸中心。

媒体暴力对社会的危害性是多方面的。大量的媒体暴力塑造了没有安全感的社会形象，刺激社会现实中实际暴力事件发生。媒体暴力对儿童危害尤其严重，损伤儿童社会人格形成。媒体暴力扭曲了社会暴力本来面目，模糊人们对社会暴力的对错认知，很多美国人看待媒体暴力并不觉得残酷，相反却能激发一种快感，他们观看和参与媒体暴力时感到很快乐，认为可以获得心理的快感补偿。有的研究者认为，大量的媒体暴力可以诱发犯罪，诱发新的社会暴力，对美国社会安全和发展极为不利。[①]

二　社会对"媒体色情"的批评

美国对性开放的宽容在第一次世界大战结束后达到空前的程度，这种宽容是美国社会发展的一种必然结果。当时美国经济快速发展，社会形态有了很大的改变，越来越多的人在城市居住和工作，社区邻里间道德压力减轻，性成为一个可以公开谈论的话题。科学技术发展也为性的社会宽容提供了可能，因为使用避孕套，人们之间的性行为可以免除生育负担。大量生产使用避孕工具和药物、运用避孕医疗技术，也可以部分阻断人们日常生活中性行为与生育的关系。科学发展还包括心理学的发展，弗洛伊德这位 20 世纪著名的学者，关于性表现值得人们向往的观

---

① ［美］迈克尔·埃默里、埃德温·埃默里：《美国新闻史》（第 8 版），展江、殷文主译，新华出版社 2001 年版，第 588 页。

点，被越来越多的人接受和亲身实践。

大众媒介对于性的态度在这种多重背景下发生了变化，性从一个私密的个人问题，变成在大众媒介上公开谈论的话题。在尊重个人权利的口号下，甚至出现了一批以性为主要内容的成人电影和成人杂志。美国大众媒介渐进的性开放，到 20 世纪 60 年代达到另一个新的高度。报纸、杂志、电影、图书等大众媒介出现了性泛滥，引起了公众普遍反感。1967 年美国国会不得不成立一个专门的调查委员会，调查淫秽读物对美国社会危害的情况。这个委员会经过几年的调查，也未能找到媒体色情泛滥对社会造成危害的直接证据，对社会公众限制媒体色情的呼声不了了之。

美国没有关于媒体色情立法，但其他形式的法案对媒体色情起到一定的制约作用，新闻行业内对媒体色情也有道德限制，关于娱乐产品色情分类由业内规则划定，但并不是法律上的裁决标准，所以大众媒介的媒体色情实际情况越来越严重。1998 年由于总统克林顿和实习生莱温斯基的色情事件曝光，"口交"一词在美国媒体上频繁出现：《华盛顿邮报》243 次；《洛杉矶时报》182 次；《今日美国》135 次。这一年是美国媒体淫秽词语大解放的一年，美国独立检察官斯达尔关于克林顿总统与莱温斯基绯闻的调查报告，同时在美国各种媒体上曝光，其淫秽的程度比最色情的小说有过之无不及，造成不可估量的媒体色情传播。

媒体色情不仅仅局限在大众媒介的新闻报道中，在一些广告里也会出现极其淫秽内容。美国媒体上曾经播发过一个品牌服装广告：神父与修女接吻，白马与黑马交配。近年来由于艾滋病蔓延，美国社会大力提倡人们使用避孕套，避孕套广告大行其道，其中附着大量性信息使美国媒体色情更加泛滥。

三 社会对信息泛滥和对媒体心理依赖的批评

美国社会的信息泛滥和对媒体的心理依赖，逐渐成为美国人关心的一个话题。媒体大量散布的信息，导致很多人对媒体产生了一种心理依赖。他们可能不会顾及报纸电视里具体说的什么，读报纸看电视主要是满足心理信息需求。一项统计表明，20 世纪末美国人每天 24 小时中，平均工作时间占 21%，休息和睡觉的时间占 31%，48% 的时间是做其他事情。在 48% 的干其他事情的时间里，平均花在各种媒介上的时间占 78%。

经过换算一般的美国人每天花在各类媒介上的时间为 8 小时 52 分钟。①
另外一项统计表明，美国每个 15 岁的孩子，平均花在看电视上的时间是
1.8 万个小时，而花在学习上的时间只有 1.1 万个小时，去教堂的时间只
有 3000 个小时。② 所以很多人戏称电视是美国人的"第二个教父"。许多
美国人看电视已经不是为了获取信息，也不是得到娱乐和享受，打开电
视成了人们每天生活一种必需的心理需求，广播和电视成为美国人基本
的生活背景声音。

在互联网技术最发达的美国，现在人们对自媒体传播的心理依赖，
很快地走完了大众媒介几十年要走过的道路，自媒体已经成为美国人的
媒体新宠，人们对它产生了新的心理依赖性。多媒体技术和 VR 技术的发
展，使自媒体传播集纳所有已知的传播技巧，为受众提供了更为逼真的
视听效果，对人们产生多重感观刺激，满足人们的多种心理需求。在自
媒体平台上美国人办理商业事务、寻找新的工作机会、和远方的不知名
的朋友聊天、玩互动游戏、购买自己生活所必需的商品等，似乎在自媒
体平台可以完成生活和生命的全部活动。自媒体传播对社会人际关系的
影响比任何形式的大众媒介都要大，它甚至可以改变人们的社会存在方
式，在人们真实社会的存在同时，虚拟了另外一种网络存在，分离美国
人线上身份和线下身份，网络存在变成了当下和未来美国社会存在和发
展一种基本方式。自媒体传播还造成了美国社会信息传播的分裂现象，
形成美国新的社会对立。

四　社会对社会信息传播异化的批评

大众媒介大量的信息传播，没有取得应有的传播效果，很多美国人
并没有得到真正有用的信息，大量社会信息传播反而使美国人无法获取
有价值的信息。这种信息异化现象，迅速成为美国当代社会信息传播一
种病症。各类自媒体为了向受众传播信息，采取多次多重方式传播信息，
甚至不惜制造和传播假新闻，人们面对浩如烟海的信息往往无所适从，
有时会失去获取有价值社会信息的机会。受众为了获取信息不得不利用

① 参见俞燕敏、鄢利群《无冕之王与金钱》，中国社会科学出版社 2000 年版，第 5 页。
② 同上书，第 9 页。

各类搜索软件在专业数据库中检索，信息检索技术越来越专业化，技术壁垒越来越高，信息检索的时间和资金成本不断加大。由于当代美国社会信息传播渠道增多、信息发布总量变大，形成了信息"云"，人们制造了信息"云"，反而被信息"云"异化，甚至无法取得自己有用和真实的信息，造成信息荒原或者信息孤岛，阻隔社会信息传播，危害社会公众。很多美国人不知道所在州的州长是谁，不知道自己所在社区的参议员、众议员谁，一些公共电台的黄金段节目听众流失，收听率屡创新低。

信息异化还降低了受众正常的信息需求欲望，甚至造成受众对社会信息传播的心理抵触情绪。美国人对国际新闻越来越淡漠，很多的美国人对自己身边事情都感到腻烦，对国际事务更是不感兴趣，即便是社会的精英阶层有时也是如此。2000 年美国大选时小布什就闹出了笑话，竞选演说时把加拿大一种快餐食品当成加拿大总理名字，还煞有介事地进行了一次"友好谈话"。作为一个美国总统候选人、两任得克萨斯州州长的小布什，不知道美国的近邻、政治和经济的紧密伙伴的时任总理名字，可以见出一般的美国人对国际事务的淡漠程度。据美国《华盛顿邮报》一项读者调查，63% 的读者只对所在社区的新闻感兴趣，只有 18% 的人对国际新闻感兴趣。[①]《华盛顿邮报》的读者对国际事务一直具有较高的关注程度，但也只有 18% 的人对国际新闻有阅读兴趣。美国媒体报道国际新闻少，特别是报道一些经济不发达的国家、小的国家的新闻更少，这些都加剧了美国读者国际知识的欠缺，这种情况反过来又减少了人们对国际事务的兴趣。美国的媒体与读者似乎形成了一种恶性的循环，导致美国的媒体刊登的国际新闻不断减少。《新闻周刊》杂志 1985 年国际新闻所占比例 22%，1995 年减少到 12%；《时代周刊》杂志 1985 年国际新闻占 24%，1995 年减少到 14%；《美国新闻与世界报道》杂志 1985 年国际新闻占 20%，1995 年减少到 12%。美国广播公司的国际新闻时间从 1989 年的 3733 分钟下降到 1996 年的 1838 分钟；国家广播公司 1989 年是 3351 分钟，到了 1996 年下降到 1775 分钟；哥伦比亚广播公司的数字也有类似的下降。[②]

---

① 参见俞燕敏、鄢利群《无冕之王与金钱》，中国社会科学出版社 2000 年版，第 202 页。

② 同上书，第 203 页。

第二节　媒体约束

大众传播在国家政治生活和经济生活中扮演着重要角色，拥有与行政、立法和司法并行的"第四种权力"，美国大众传播理论认为这并不是行政、立法和司法权力的延伸和变化，它们不存在相互依附的关系。在社会生活中，大众媒介可以保持客观公正的态度，代表社会监督行政、立法和司法过程，代表公众参与社会事务。同时美国大众传播理论并不否认大众媒介也会受到其他力量制约。

美国《宪法第一修正案》确立了"国会……不得废止言论自由与出版自由；或限制人民集会请愿、诉愿之自由"。美国新闻界把《宪法第一修正案》看作是美国第一部的新闻法，具有重要意义。美国历史上有四个著名的案件，通过这些案件，廓清了《宪法第一修正案》言论自由和出版自由概念的内涵和外延，增加了实际执法过程中的可操作性。大量的约束与反约束的案例，在美国新闻法律制度建设上起到了很大作用。一些根据《宪法第一修正案》及其他法案建立的新闻制度，对制止淫秽出版物、媒体过分广告宣传、维护新闻媒体的客观公正和从业者基本权益等具有积极意义。

1798 年美国国会通过了《诽谤法》，约束报纸败坏政府官员名誉制造恶意言论行为。《诽谤法》直到 1801 年失效。1917 年第一次世界大战期间颁布《间谍法》，规定对故意制作干扰军事行动的虚假报道，对媒体挑动军队不忠诚、妨碍征兵的言论和新闻报道处以高额罚款，对发布这类言论和新闻的媒体发行人处以监禁，授予国家邮政总局局长审查媒体内容的权力。1918 年《煽动法》扩大了《间谍法》定罪范围，规定任何报纸杂志不得"对美国政府的形式或宪法、陆海军、国旗或军队制服使用不忠诚的、亵渎的谩骂或污辱性的语言"，否则治罪。根据这两部法律美国起诉 2000 多人，其中近一半人被判有罪，其中绝大多数是所谓的"赤色分子"，很显然，这些判例具有强烈的意识形态色彩。

随着无线电广播技术的发展，1927 年美国通过了《无线电法》，1934 年通过了《通信法》，建立了相应的管理组织，赋予国家管理无线电广播的权力，通过三年一度的电台营业执照审查向电台施加压力，完成监管任务。

1953 年成立的美国新闻署是战时美国新闻局在和平时期的延续，也是冷战时期美国对外广播电台"美国之音"的顶头上司。美国新闻署在许多国家开设图书馆和阅览室，提供新闻稿件、影片、杂志和其他形式的宣传材料。据美国新闻研究权威人士提供的数字，到 1990 年美国新闻署全年的经费近 7 亿美元，其中 1.72 亿拨给"美国之音"。"美国之音"在世界各地设立广播电台和转播电台，用 45 种语言向全世界广播，听众估计有 1.3 亿人，比英国 BBC 的听众多出近一倍，直接为美国冷战政策服务。美国新闻署在 125 个国家建立图书馆，人们可以免费借阅使用这些图书馆图书，长期影响当地社会舆论。

美国约束媒体的基本做法可以称为"事后约束"，即在新闻机构发布新闻之后进行约束检查，对新闻机构发布的不当信息做出处分，这是美国新闻平时的管理办法。特殊事件时期的"事先约束"机制是美国政府另外一种约束手段，相对来说，比"事后约束"用得少，但近几年开始呈现一种增多的趋势。

所谓"事先约束"是在一些特殊事件发生时期约束媒体控制舆论的手段。美国政府向最高法院提出使用"事先约束"申请，启动"事先约束"检查，制止新闻媒体向公众透露一些对"国家安全"不利的新闻。1942 年太平洋战争爆发后，美国发布《美国报刊战时行为准则》，严格规定各种印刷品不得有军队、飞机、舰船、战时生产等"不适当"消息，设立政府临时新闻检查局，14462 名工作人员强制性检查美国发往外国的各种信件和其他信息。新闻检查局同时发布官方战争消息，引导战争时期媒体舆论导向。美国军方在战争期间负有战地新闻检查职责，在朝鲜战争期间，1951 年麦克阿瑟根据《美国报刊战时行为准则》建议实施严格的新闻管制，严格管制刊发美国军队活动消息、联合国军队甚至是中立国军事消息，在政治上和心理上给记者施加压力。违反了新闻管制的记者将被暂时吊销记者证，严重的将受到军事法庭审判。1953 年年底，美国国防部在军队内部统一新闻检查，禁止以非安全原因进行新闻检查。

"事先约束"机制本来是一种战时新闻管理办法，但是一直延续到非战争时期。在 1971 年"五角大楼文件"案、1979 年制止《进步》杂志发表美国如何制造氢弹的文章等事件中，美国政府在干涉这些新闻事件时都使用"事先约束"机制，引起美国新闻界强烈不满。各种关于"事先约束"机制的争论在美国经常发生，随着美国国家安全形式的不断恶化，人们担心政府会滥用"事先约束"机制，增多对媒体新闻报道检查，干涉美国媒体新闻自由，侵害《宪法第一修正案》基本精神，改变美国新闻自由的传统，动摇美国人一直引以为豪的"自由、民主"信条，改变美国社会政治传统。

美国政府影响媒体经常采取主动的方式，主要形式有政府主动发布政务新闻，主要政要在媒体发表讲话，政府定期召开记者招待会和新闻发布会，单独约见记者，大量散发新闻稿件原始素材和背景材料。政府还运用保密制度要求媒体机构合作，希望媒体不要发布不利于政府的消息。有的时候政府官员采取主动"吹风"的方式，提前透露消息影响媒体立场，影响社会舆论。

对媒体的"监督"，一些政府官员有时采取抵制和回避的态度。小布什政府在媒体质疑伊拉克是否拥有大规模杀伤性武器问题上，就一直和媒体兜圈子，使用各种办法回避这个问题。特朗普政府在关于"通俄门"调查中，要么极力否认，要么就是诘问媒体的公正性。

行业协会自律是美国媒体自我约束的另一个重要方面，它是美国媒体自我管理的经常性方式。美国媒体各种协会制定了详细自律条款，约束媒体从业人员行为。美国报纸发行人协会 1887 年成立，主要是维护报纸所有者利益，同时规范协会内部成员的新闻行为。1992 年该协会与其他五个协会合并，是美国历史上存在时间较长的行业组织。美国报纸主编协会在 1923 年首届年会上，提出关于新闻道德准则的《新闻规则》。1929 年，全国广播业者协会通过《全国广播业者协会道德准则》《全国广播业者协会商业行为准则》，以后又发布《全国广播业者协会电台准则》《全国广播业者协会电视准则》。美国所有商业电台和电视台，有一半以上加入了这个协会。全国社论撰稿人协会自 1947 年成立以来，每年对各个媒体社论研究分析，"激励美国社论的良知，提高质量"。美联社编辑主任协会和电台电视台新闻部主任协会，在加强行业自律、提高新闻从业者素质方面，做了许多长期性工作。美国这些新闻行业协会的自律原则和具体条款，符合新闻行业特点，具有很强的操作性，成为美国新闻从业人员的工作信条，有的美国新闻从业者自学生时代起就信奉这些条款，把它当作新闻业基本规则。

　　美国大众媒介运作方式成熟，各个不同媒体已经形成了相对稳定的工作程序，其中包括媒体内部工作管理机制，保障编辑记者可以实现报道目的。这种管理机制更注重提高报道的质量，着眼点并不在于控制记者，但是确有一些限制性的条例和观念，约束编辑记者的新闻行为。

　　更重要的是美国媒体从业者自觉遵从盎格鲁-撒克逊白人（WASP）文化传统精神，追求自由平等和个人的权利，强调媒体的社会责任。美国媒体高度垄断化，记者与媒体管理者并没有根本观念的冲突，他们的利益是一致的，很多媒体从业者自愿遵守这些条例法规。这在"9·11"事件中体现得十分明显，"9·11"期间美国舆论的高度一致，在他们看来很正常。

第三节　信息产业、传播技术对大众传播的影响

　　美国现在既是世界经济强国，也是世界信息大国。信息是美国未来一段时间内巨大的财富，是美国社会发展的重要元素。搜集信息、加工信息和散布信息，从信息产业获得利益，是美国社会发展动力之一。美国社会经历了商品经济、资本经济、技术经济几种经济形态，信息产业将会促进未来美国社会的发展。美国信息产业的概念比一般人理解要宽泛，计算机在美国可以算作信息产业，传统传媒产业也是信息产业的一类。美国的信息产业要比其他国家发达，其他工业门类为信息产业发展提供了大量技术和资金支持。

　　美国作为当前世界上最大的超级大国、经济强国，本身就聚集了大量的信息，信息流动的基本规律决定了信息总是从信息密集的区域，向信息稀疏的区域流动，世界各国对美国信息的需求是一种自然的需求。这种流动是一种有价值的流动，给美国带来丰厚的利益和巨大的财富。2003年伊拉克战争中，根据美国战时新闻的纪律，只有美国新闻机构的记者才能跟随美国军队拍摄战地镜头。世界许多新闻机构为了报道伊拉克战争这一重大事件，不得不采用美国新闻机构的新闻产品，购买美国新闻机构的新闻产品，尊重美国新闻机构知识产权给付版费。但是人们

同时在问：这样的新闻知识产权到底是一种知识产权，还是一种独有的新闻权？这种独有的新闻权的财富属性是什么？新闻传播中意识形态又该怎样评价？

由于美国新闻信息密集和媒体技术发达，美国已经掌握着主导世界的新闻信息采集、过滤和发布权，美国的声音成为这个世界上最强大一种声音，用马克·吐温当年的话来形容，美国现在就像那个拿着"金喇叭"的人，在这个世界上只有美国的这支"金喇叭"吹得最响。

在大众传播时代，美国的新闻机构已经"训练"出美国人一种依赖大众媒介获取信息的社会习惯。他们依靠美国大众媒介获取信息，而不是依靠口传获取信息；他们不会被口传的谣言左右，但是会对一条消息失实感到愤怒。通过大众传播媒体获取的新闻信息，已经是美国人生活的一种必需品，和水、食物一样重要。美国人不一定每天使用新闻信息，但是美国人必须要天天获取这些信息，这是美国社会的一种公共社会心理。

在美国国内，拥有先进技术的大众传播媒体聚集社会思想的能力不断加强，具有极大的政治动员能力。广播电视参与美国政治以后，大众媒介对政治的影响力几乎发挥到极致，人们无法想象，完美的电视辩论居然可以左右美国人对未来国家总统的选择；人们同样无法想象，美国总统的电视讲话，可以在不同文化背景、不同宗教传统的国家的电视节目中直播。从美国大众媒介"9·11"事件报道的效果分析可以看出，只有强大的大众媒介传播，才可能在很短的时间内把美国人的思想聚集起来，形成共同的社会行为，参加和支持美国政府发动阿富汗战争。大众媒介的这种政治动员能力在2000年以后逐步被自媒体传播取代。最近十多年来自媒体传播对美国政治影响呈现出了一些新的特点，美国现任总统特朗普在被大众媒介抛弃的媒介环境中，运用自媒体影响舆论，成功当选2016年美国总统，并不断在自媒体平台推文，宣扬自己的治国理念，被人们冠以"推特治国"的总统。

1962年，美国发射的通信卫星"电信明星"，实现了人类历史上第一次卫星同步转播，美国一直致力于地球同步卫星研制开发，取得了很大的进步。现在美国全国基本实现电视卫星转播全国的覆盖，更多高质量的图文音像信息进入美国的家庭，进入普通美国人的生活中，卫星通信技术的发展，使家庭直接使用卫星通信技术成为可能，更多的电视频道、更逼真的音响效果，使得一般的人在自己的家中，就可以享受到在全景电影院里才能享受到的图像和音响效果，电视的娱乐性显得更加突出。

但是，在大众传播时代如果没有一定的经济能力，就不会获取高质量的新闻信息，而获取了高质量的新闻信息，就意味着可能会有更多的机会。这种在大众传播时代新闻信息占有的不平等状况，已经影响到人们的社会生活，增加美国社会新的不平等，[①] 这也是美国社会信息传播分裂的前奏，2000 年以后美国自媒体传播加快了这种分裂，中下层美国人运用自媒体传播和分享信息，开启了美国大众传播与自媒体传播并存和相互矛盾新的时代。

---

① 参见王纬《镜头里的"第四势力"》，北京广播学院出版社 1999 年版，第 53—55 页。

第 三 章

自媒体与美国社会信息传播

纵观人类传播发展历史，我们可以发现：从结绳记事到移动互联网，每一次传播媒介的变化都会对人类的发展产生极其复杂和深远的影响，新媒介总会与已有的社会组织和信息传播产生巨大冲突。整个迭代过程呈现出螺旋发展延续的特点，人类传播在反复、挣扎和冲突中实现了自身的发展，推动着人类社会不断前行。自媒体作为一种新媒体，使各种信息传播突破原有的地域与传播渠道的限制，对现有的社会组织结构、大众媒介带来了很大的挑战。

美国是最早开始研究自媒体传播的国家，2003 年 7 月，美国新闻学会①媒体中心公开发布了由肖恩·鲍曼（Shayne Bowman）和克里斯·威尔斯（Chris Wills）撰写的全球首份自媒体专题报告《自媒体：大众将如何塑造未来的新闻和信息》（We Media：How Audiences Are Shaping the Future of News and Information），这是一份内容十分丰富的自媒体研究报告，报告内容涉及自媒体传播、社会信息传播再造以及与大众传播差异等多个方面，开启了美国社会自媒体信息传播的新时代。

---

① 美国新闻学会（The American Press Institute Conducts，API）成立于 1946 年，该学会致力于帮助新闻行业完成美国《宪法第一修正案》的使命，维护为了公众利益的新闻出版自由在当代社会的可持续发展。2012 年年初，学会与成立于 1963 年美国报业协会基金会（The NAA Foundation of the Newspaper Association of America）合并，合并后新的报业协会组织使命已经扩大到研究、咨询、培训、筹备行业相关会议、数字化教育等，为进入 21 世纪的新闻工作者开辟新道路。参见其官方网站介绍，http://www.americanpressinstitute.org/about/about - us/? utm _ content = nav，2014 年 9 月 27 日。

第一节　媒介技术与自媒体发展

自媒体是基于计算机和互联网技术发展起来的新型媒介形式，其中起到关键作用的是计算机技术以及软件设计、数字通信技术和互联网通信技术。

一　媒介技术是美国社会传播发展的重要因素

20世纪计算机技术在大众传播领域大量使用，促进大众传播技术水平提高，使传播成本不断下降。计算机发展改变了美国报业的出版和编辑系统，记者和编辑把机械打字机换成电子图文处理系统，印刷业使用激光照排技术替换铅字排版，提高了报纸和杂志印刷速度和印刷质量，降低了报纸杂志等纸介媒体出版成本。美国无线电公司1939年在世界博览会第一次展示了阴极管电视机，一年之后彩色电视机问世。半导体和集成电路技术的使用，提高了电子媒介传播能力。数字技术把原来电子媒介的模拟信号变成数字信号，通信卫星在信息传播领域的大量使用，不但降低了社会信息传播成本，而且大幅度提高了社会信息传播效率。1969年冷战时期，美国开始了对高级研究项目署网（ARPANET）的研究和试验，这项研究致力于设计一个计算机相互连接的局域网，发掘计算机更大范围的使用价值，将用于数据计算的电子工具变成社会信息传播工具。与此同时，光纤通信也提升了各类大众媒介的传播质量和传播速度。克林顿政府时期提出的建设信息高速公路的计划，极大地促进了美国互联网的发展。1996年美国通过了《电信传播法案》（*Telecommunication Art of 1996*），为实现媒介跨媒介发展、建设融合媒体扫清了法律的障碍，从联邦政府层面描绘了未来社会传播的画面，为美国社会信息数字化传播提供了自由竞争的保障。

美国学者罗杰·菲德勒（Roger Fidler）在《媒介的新变化：认识新媒介》一书中认为，媒介形态经历了三次重要变化：第一次是口语媒介形态，第二次是书面语言媒介形态，第三次是数字语言媒介形态。① 罗杰·菲德勒所说的"语言媒介"实际指的就是传播介质，数字语言也是技术进步的产物。他认为传播介质变化围绕着 6 条原则②：

1. 共同演进与共同生存。

2. 形态变化。新媒介绝不会自发地和独立地出现，它们都是从旧媒介的形态变化中脱胎出来的。

3. 增殖。新出现的传播媒形式会增加原先各种形式（媒介）的主要特点。

4. 生存。一切形式的传播媒介，以及媒介企业，为了在不断改变的环境中生存，都要被迫去适应和进化，（否则）它们仅有一个选择，就是死亡。

5. 机遇和需要。

6. 延时采用。新媒介技术要想变成商业成功，总要花比预期更长的时间。从概念证明到普遍采用往往要至少需要人类一代人（20—30 年）的时间。

2000 年罗杰·菲德勒提出媒介形态变化 6 条原则是一种预言，今天看来是极富远见的。他预言的新媒介在今天的确出现了，这就是自媒体传播，不过出现的时间远远早于罗杰·菲德勒的预言，如图 3—1 所示。

20 世纪 90 年代，美国大众传播机构已经意识到大众传播时代的缺陷，意识到大众传播是一种缺乏个性的传播，并开始积极尝试与受众进行交互式交流，试图听取受众意见，补偿大众传播时代由机构决定传播内容和方式的不足。不少美国大众传播机构特别是电子媒介机构，选择开发了多种交互式交流的技术，推出了多种受众点播节目，方便受众在面对日益增多的多媒体信息时做出个性化的选择。交互式交流是美国大众媒介进行的有关积极改革的尝试，一定程度上改善了过去大众媒介远离受众的状况。美国的无线电视台和有线电视台、电话公司与有线电视、有线电视和卫星电视相互进入彼此的领域，都将交互式交流作为媒体竞争

---

① 参见［美］罗杰·菲德勒《媒介的新变化：认识新媒介》，明安香译，华夏出版社 2000年版，第 45—66 页。

② 同上书，第 24—25 页。

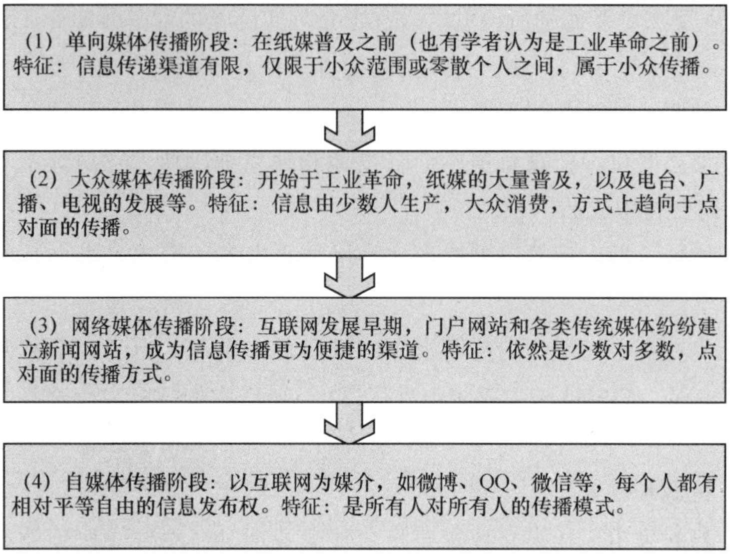

（1）单向媒体传播阶段：在纸媒普及之前（也有学者认为是工业革命之前）。特征：信息传递渠道有限，仅限于小众范围或零散个人之间，属于小众传播。

（2）大众媒体传播阶段：开始于工业革命，纸媒的大量普及，以及电台、广播、电视的发展等。特征：信息由少数人生产，大众消费，方式上趋向于点对面的传播。

（3）网络媒体传播阶段：互联网发展早期，门户网站和各类传统媒体纷纷建立新闻网站，成为信息传播更为便捷的渠道。特征：依然是少数对多数，点对面的传播方式。

（4）自媒体传播阶段：以互联网为媒介，如微博、QQ、微信等，每个人都有相对平等自由的信息发布权。特征：是所有人对所有人的传播模式。

图3—1　美国社会传播媒介发展历史①

发展的目标，体现了各类媒介为了实现发展而展开自由竞争的原则。但是这种交互式交流，仅仅是大众媒介机构与受众的浅层互动交流，两者在信息传播过程中仍旧保持原有的不对等的传播地位。所谓的交互式交流或者点播，只不过是受众在传播机构设定的菜单范围内做出的一种被动选择。

　　除了交互式发展，美国一些大众媒介还积极尝试跨界传播的方式。20世纪80—90年代后期，在个人电脑普及和互联网技术发展基础上，美国的大众传播机构开始建立自己的网站，同时也有一些公司创立了综合性的门户网站、制作互联网新闻，从而开辟新的传播渠道，向社会公众传播信息，增强自身在新闻传播中的竞争力。尤其是一些权威媒体的新闻网站，为了在互联网新闻竞争中胜出一筹，采取很多吸引网民的方法，比如页面制作非常人性化，在新闻内容方面不惜代价，把最优质的新闻产品首先放在网站发布，使得网站消息往往比大众传播媒体的消息更有价值。此外，一些新闻网站为了吸引网民不但制作文字和图片内容，还

① 参见［美］威尔伯·施拉姆、威廉·波特《传播学概论》，何道宽译，中国人民大学出版社2010年版。

开辟视频播放频道，开办各种网络电视节目。为了迅速报道突发新闻事件，一些网站开始做文字直播频道，记者在新闻现场直接发布消息，报道事件进展，力争做到实时跟踪新闻事件发展进程。大众媒介机构工作流程也因此发生了很大变化，记者和编辑的界限被打破了，记者是编辑，编辑也是记者。文字记者、摄影记者、摄像记者、电视新闻主持人等原来工种界限被完全打乱，有的记者到达新闻现场后不仅负责文字报道，还要进行现场拍照，甚至还要出镜做新闻现场主持人。报纸、杂志、电视台、广播电台和通讯社等诸多大众媒介几乎都在做这样类似跨界发展的新闻改革，这种跨界发展又一度被称为融媒体发展。

随着跨界传播的互联网新闻的大量出现，人们发现互联网新闻可以免费阅读，不必付费就可以及时获取优质新闻信息，权威大众媒介所开办的新闻网站，新闻信息的内容和质量远胜于报纸、杂志、电视台、广播电台和通讯社。此外，互联网新闻传播更及时，这些优势使得新闻网站成为人们获取新闻信息的主要来源。广告商发现这种现象以后，就把很多原本投放在大众媒介的广告转投在互联网，从而大幅度降低了广告费用。在美国社会信息传播领域出现了受众变成网民、大众媒介广告变成互联网广告的现象，从表面上看，大众媒介扭转了互联网传播出现以后受众减少的被动局面。但是业界很快发现，这种跨界发展直接导致原有的付费报纸、杂志发行量大幅下降，广告客户大量流失，公司经营越发困难。与此同时，在众多的跨界发展媒体中还出现了这样一种情形：谁做得最好，谁死得最快。这种尴尬让人们大惑不解。

美国大众媒介所有这些努力中有一个关键词，就是提倡媒介与受众的互动，互动传播在交互式传播、跨界发展传播中若隐若现，存在于20世纪80—90年代美国大众媒介改革过程的始终。但是两种不同路径的改革并没有取得令人满意的结果，其中的原因现在人们很容易明白。不论是交互式交流，听取受众意见大量开办点播节目，还是后来兴办互联网综合性门户网站，都没有改变机构传播的基本结构属性，这些改革虽然提出了互动的口号，并且也做出了积极尝试，但是由于这是在传播结构不变情况下的互动行为，结果很多跨界发展变成大众媒介电子化的形式，变成大众媒介发布新闻信息的电子公告板和"点歌单"。

但是这些新闻网站或者公司网站的电子留言板，却成为自媒体平台早期雏形。美国早期的自媒体发展情况，见表3—1。

表3—1 美国自媒体发展历程简表

事件	内容
"9·11"事件	根据美国皮尤研究中心互联网研究项目组报告：2001年在"9·11"恐怖袭击后，美国传统媒体及其官方网站的新闻报道已无法满足大众对新闻的需求，事件的突发性和引起的迫切社会关注，促使人们利用互联网开始DIY新闻，通过网络汇集目击者图片、个人描述等帮助人们从遭遇悲剧的愤怒、悲伤中清醒过来
伊拉克战争（2003年）	伊拉克战争开始前期，17%的美国人开始依靠互联网获取主要相关新闻，是"9·11"时期通过网络获取相关即时新闻人数的5倍。同时，这一时期网络博客开始获得4%的网络用户关注
2003年2月1日哥伦比亚号坠毁目击者信息征集	2003年，美国宇航局和《达拉斯晨报》开始征集哥伦比亚号解体爆炸目击者拍摄的照片和相关观察线索
2004年美国总统竞选	美国ABCnews.com开始开放新闻评论，总统候选人开始关注和访问博客
运动明星等八卦论坛兴起	各种体育、八卦等自发性娱乐网络论坛开始兴起
伊拉克战争前BBC新闻的征集活动	因自身记者数量有限，BBC官网开始利用网络征集全球范围的反战示威照片，并选择最好的投稿照片刊发在官网

2009年1月15日全美航空公司1549号班机从纽约拉瓜迪亚机场（LaGuardia Airport）起飞90秒后，遭遇飞鸟撞击，导致两台发动机失去动力，飞行员报告塔台以后决定在哈德逊河迫降。这架空中客车320飞机在哈德逊河面成功迫降，机上人员全部生还。推特平台抢在各类新闻媒体之前，在第一时间报道了这起突发新闻，由此美国自媒体传播开始进入人们的视野。

二 自媒体的兴起和基本概念

目前国内学者普遍认为，自媒体（We Media，也译作公民媒体）最早是由丹·吉尔默（Dan Gillmor）[①] 在 2002 年年底提出的。但经过现有的国内外文献和互联网信息检索，无法证明他提出了自媒体的概念，经过电话采访丹·吉尔默确认这一概念非其本人创造，早在他之前就有人用过类似或相同概念，具体何人、何时第一次提出这一概念，目前已很难查证。但是丹·吉尔默先后在 2002—2003 年对自媒体现象进行了比较全面的论述，对网络论坛、社交网络、博客等网络新媒介的特点进行了比较分析，认为这种新媒介最显著的特点在于它在传播信息的同时，可以实现传播者与受众间的互动交流，参与传播过程的所有人都可以获得即时表达自身见解的机会。他认为这种新媒体不同于以往所有传统媒体的传播模式，将会引发传播领域的变革。[②]

2003 年 7 月，美国新闻学会媒体中心公开发布了由肖恩·鲍曼和克里斯·威尔斯撰写的全球首份自媒体专题报告《自媒体：大众将如何塑造未来的新闻和信息》，初步界定了自媒体的基本概念[③]："自媒体是大众借助数字化、信息化技术，与全球信息及知识系统连接后所展现出来的大众如何提供、分享他们自身的信息、新闻的渠道和方式。"[④] 自媒体就是指大众发布自己所知所用的媒介平台，如各种网络论坛、微博、微信、社交网络等。

[①] 丹·吉尔默是一名美国技术作家和专栏作家。现任亚利桑那州立大学的沃尔特·克朗凯特新闻与大众传播学院奈特数字媒体创业中心主任，同时也是哈佛大学伯克曼互联网与社会中心副教授。我们于 2014 年 10 月 12 日就自媒体概念问题对其进行了电话采访，他表示这一概念不是他提出来的，在他和我们所作的文献分析中，也没有清晰的证据表明谁是第一个此概念的提出者。他的著作 *We the Media：Grassroots Journalism by the People, for the People*（2004；O'Reilly Media）对自媒体问题进行了专门的论述。该书纸质版于 2006 年正式出版，已被翻译成多种语言，名为《草根媒体》。参见吉尔默在哈佛大学官网的简历，http：//cyber. law. harvard. edu/people/dgillmor，2014 年 9 月 30 日。

[②] Dan Gillmor, "Here Comes We Media", *Columbia Journalism Review*, January/February, 2003. 该刊为数字期刊，http：//www. cjr. org/year/03/1/gillmor. asp，2014 年 8 月 15 日。

[③] S. Bowman, C. Willis, "We Media：How Audiences Are Shaping the Future of News and Information", Reston：The American Press Institute, 2003, p. 5.

[④] 原文："We commissioned We Media as a way to begin to understand how ordinary citizens, empowered by digital technologies that connect knowledge throughout the globe, are contribution to and participating in their own truths, their own kind of news." 参见 Dan Gillmor, "Here Comes We Media", *Columbia Journalism Review*, January/February, 2003. 该刊为数字刊物，http：//www. cjr. org/year/03/1/gillmor. asp，2014 年 8 月 15 日。

目前对自媒体特点的概括，是丹·吉尔默 2002 年在其博客中对自媒体发展特点的总结①：一是读者比作者知道得更多；二是自媒体发展是机会而不是威胁；三是利用自媒体这种形式可以发起各种多元化讨论，从而使所有人都受益；四是基于互联网的各种互动性技术，如电邮、论坛、博客和各种网站等，正在推动着以上三点不断发展。在丹·吉尔默的论述中很明显把互动作为自媒体传播发展的关键因素，这实际上也是自媒体传播与大众传播最根本的区别。

此外针对互联网出现后由于传播媒介发展带来的美国社会信息传播变化，丹·吉尔默提出了一种目前认可度较高的分类方式，他的分类标准是依据传播介质形态来划分的。新闻传播 1.0 阶段，以传统的电视、广播、报纸、杂志和通讯社等为传播媒介，这个阶段是大众传播阶段；新闻传播 2.0 阶段，是少数大众媒介利用互联网门户网站向受众传播新闻，这个阶段是互联网传播阶段，也可以看作是大众传播阶段向自媒体传播阶段的过渡阶段；新闻传播 3.0 阶段，即"草根传媒"阶段，或者是自媒体传播阶段，即人人可传播、发布、传递新闻信息，记者的职业受到了挑战。丹·吉尔默划分的社会信息传播阶段有着鲜明的传播媒介特点，不同的传播介质或者媒介发展是他们区分社会信息传播不同阶段的主要依据。这种以传播介质作为划分社会信息传播不同阶段的思想，与麦克卢汉及其有关学者的观点完全一致，他们认为传播介质变化最终将会影响媒体本身变化，强调传播介质变化对媒体发展的影响，肯定自媒体传播作为一种新的社会信息传播介质的重要意义。

2003 年以来是美国新媒体蓬勃发展的时期，美国新媒体发展的主要特点是自媒体传播的异军突起，这引起了传播界和新闻界研究者的广泛关注。时任美国媒体中心副主任戴尔·佩斯金（Dale Peskin）认为："纵观历史，新闻和信息的获取渠道都是一种根据掌权当局的权力体制或者财富支配体系分配的特权。在过去的两个世纪中，独立的美国媒体作为

---

① Dan Gillmor, "Journalistic Pivot Points", 参见作者博客 SiliconValley.com, March 27, 2002. http://www.siliconvalley.com/mld/siliconvalley/business/columnists/dan_gillmor/ejournal/2946748.htm, 2014 年 8 月 20 日。

社会及其自身权利的倡导者，在民主启蒙时代扮演了核心的角色。然而现在似乎有一个全新的时代强加给了我们，我们比以前任何时代都知道的要多，但在生硬的现实、困惑与矛盾之上，我们的知识在创造着焦虑。在新的时代，'讲故事的人（新闻工作者）'到底扮演着什么角色？当今信息灵通、相互连接的社会怎样继续塑造新闻业？当新闻和信息变成可以相互分享的个人体验的一部分时，这个世界会变成什么样子？"① 首份自媒体报告所提出的各种问题，包括谁在掌握着社会信息的传播渠道、自媒体传播的基本特征以及自媒体传播将会对社会信息传播产生哪些影响等问题，引起了全球传播学领域的关注，国内学者也在随后两年陆续开始相关问题的研究。

第二节　自媒体传播

自媒体的出现给美国社会信息传播带来了很多新的变化，通过与大众传播在社会信息传播过程中的特点进行比较，我们可以发现自媒体传播一些新特点，从而加深人们对自媒体传播的认识。

一　参与式新闻

参与式新闻是从互联网一开始出现就有的重要表现形式。最初出现的新闻群、邮件清单和电子公告板等，在某种程度上都脱胎于此前的交互式传播，与论坛、博客和网络社群有密切联系。它们比交互式传播更具有互动性。这些早期参与式新闻形式现在依然很活跃，人们大多利用这些参与式新闻维持原有社交网络关系。参与式新闻在社交媒体中盛行，人们通过电子邮件、网络博客、论坛等讨论问题，沟通人际关系，组成网络社群。这些类型的自媒体平台都是参与式新闻传播平台，通过形式上的不断发展，整合其他一些媒体形式功能，发展参与者网络关系，形成网络社群大致形态。

关于参与式新闻，肖恩·鲍曼和克里斯·威尔斯认为："参与式新闻

---

① S. Bowman, C. Willis, "We Media: How Audiences Are Shaping the Future of News and Information," Reston: The American Press Institute, 2003, p. 5.

是指公民个体或群体自主搜集、分析、报道和传播新闻及信息的过程。参与的目的是提供民主所需要的独立、可靠、精准、相关联和全方位的信息。"① 这也是目前对于自媒体参与式新闻比较严谨的科学定义，从这个定义中可以明显看出肖恩·鲍曼和克里斯·威尔斯对参与式新闻持有积极肯定的态度。

肖恩·鲍曼和克里斯·威尔斯认为，新闻守门人在大众传播时代的新闻传播中，具有一种神圣权力和极高的信息发布权威，现在由于出现了介质不同的自媒体，守门人在社会信息传播的中心地位正在发生根本性动摇。推动他们走下神坛的力量来自社会信息传播的新技术，传播领域不断出现的同行竞争者。随着越来越便捷的互联网接入方式，迅速增加移动互联网终端接入者，难以计数的社会人群通过互联网参与到新闻信息传播过程之中，他们成为参与制作、传播新闻的重要力量。

参与式新闻的出现，已经使大众传播时代媒体自上而下的新闻发布格局发生了变化，自媒体传播彻底改变了原有的新闻发布格局。自媒体的传播结构完全不同，是一种点对点社交网络式的传播方式，参与者既可以是受众，同时也是新闻发布人，两者在自媒体传播中可以任意切换角色。媒体组织形态嵌入参与式新闻，改变了大众传播时代媒体层级构建。大众传播媒介的层级构建具有明确的商业目的和广告驱动的商业模型，它十分重视媒体公司的商业盈利能力，严格遵循的新闻编辑工作流程，坚守媒体立场。参与式新闻由网络参与者制作和传播，更关心信息传播过程，关心与粉丝互动合作、在意参与传播和分享过程中人际关系平等，这些也是自媒体传播的基本特点。

参与式新闻包含着强大的传播功能，主要有评论（Commentary）、过滤和编辑信息（Filtering and editing）、真相校验（Fact - checking）、草根报道（Grassroots reporting）、开源报道和同行评审（Open - source repor-

---

① 原文："Participatory journalism: The act of a citizen, or group of citizens, playing an active role in the process of collecting, reporting, analyzing and disseminating news and information. The intent of this participation is to provide independent, reliable, accurate, wide - ranging and relevant information that a democracy requires." Dan Gillmor, "Here Comes We Media", *Columbia Journalism Review*, January/February, 2003。

ting and peer review）、音视频广播（Audio/Video broadcasting）、销售与广告（Buying, selling and advertising）以及知识管理（Knowledge management）等，这些功能既有传播新闻信息的多媒体功能，也有媒体的商业功能，还要具备一定的社会功能。

二　信息过滤和纠错

大众媒介与自媒体在信息过滤方面的区别十分明显，大众媒介传播主要是由新闻机构推送给用户的，在受众看到新闻之前，所有新闻都经过新闻机构专业的过滤和筛选，自媒体传播的信息大多没有专业化的过滤和甄别。大众传播信息过滤在传播之前，自媒体传播信息过滤在传播之中，大众媒介是先过滤然后发布，而自媒体的传播则是先发布然后再由受众自己过滤。在自媒体传播中，信息过滤是一个自然的过程。在自媒体信息过滤的问题上，如果从大众传播时代的理论视角分析，会认为自媒体参与式新闻的草根大众缺乏记者的专业技能培训，不可能对大量的新闻信息做出一种专业的过滤，更不可能做出接近实际的评价。但是如果从自媒体传播角度看，众多的参与者会不断地补充新闻信息，会从很多不同的角度发表评论。参考"发布、过滤"模型，可以界定这些自媒体的自我矫正和过滤机制。过滤的最终目标都是一样的，从噪声中提取信号，从各种喧嚣中提取和传播有价值的信息，见表3—2。

表3—2　　　　　　　　各类自媒体自我修正的比较

媒体形式	形式与内容	自我修正 （监督）过程	优点	缺点
Discussion groups 讨论群	包括基于群发邮件的讨论组，新闻分享组、电子公告板、网络聊天室、论坛等	群组长或版主们的监督和群内成员的相互监督	注册使用便捷简单，参与很自由，没有门槛	因为准入要求低，所以鱼龙混杂，容易充斥大量垃圾信息

续表

媒体形式	形式与内容	自我修正（监督）过程	优点	缺点
User-generated content 用户自创内容（简称 UCG）	人们自己创造内容并通过网络与他人分享。与之紧密相连的内容等级评价和用户反馈评论。用户可以对自己浏览的内容进行评论，而不同的评论和点击率会产生内容不同等级的排序。如视频分享、照片分享、知识分享网站等。严格来讲，社群、论坛、博客等都是 UCG 的一种方式	UCG 模式的网站通常会对用户提交的内容进行审查。而且 UCG 内容等级排序算法（制度）和用户的反馈与评价也构成了自我纠正机制	如同论坛一样，用户很容易接入 UCG 类网站，而且给那些发送自创内容的用户提供了建立在某一内容领域权威的机会	用户自创内容的质量问题。有些用户提交的内容由于太业余，需要大量的再编辑。而且只有用户足够多的时候，用户对内容的评价才会有价值
Weblogs 博客	用户能够通过博客便捷地发布自己或者分享别人的文字、视频、音频等内容（大部分以文字为主）。是一个以用户为中心的综合性用户自主制作内容的综合性网络平台。博客发展至今，依然很受人欢迎。也有人认为是网络上个人的"读者文摘"。一般讲博客这个概念解释为特定的软件或者网络平台，能够在网络上出版、发表和张贴个人的文摘或者多媒体内容	博客的自我纠正及监督主要依靠关注和浏览博客的人，对其博客主所发表的内容进行的反馈与评价	便于使用、管理和维护。使用费用低廉甚至免费，能让用户瞬间成为"出版商"、创新者和"内容分销商"	写博客需要较高的文字组织及相关能力。而且不容易吸引读者。较之于口口相传，博客主要依靠搜索引擎进行推广。博客同时也被认为是"自卖自夸式"的媒体

媒体形式	形式与内容	自我修正（监督）过程	优点	缺点
Collaborative publishing 协同出版	协同出版可是由一群参与者，分别在组织（一般首先是在线）出版物中扮演作者、编辑、广告投放或者读者等多种角色，协同出版可以是一个组织也可个人自己发起。协同出版的目标是分散产权并使得目标用户深度参与	协同出版通常有比较详细的自我矫正监督机制。用户之间会相互评级，而且协同出版网络平台的版主、评分员也会对内容进行评价和审查。有些相关网站，用户本身既是读者，也是出版人	参与者能从事多种角色。更广泛的参与和分享所有权，从而也在提高内容质量等方面带来了更大的回报	较之于其他技术的，协同出版的技术和管理都更复杂。而且协同出版的速度和质量，受到参与用户的数量多少的制约
P2P	点对点传输技术，每个人既是信息的获得者，同时也是信息的提供者，用户的电脑既是客户端，也是服务器	点对点的传输机制，没有必要进行自我纠正，但用户的（下载）使用评分和依托于此的等级制，能起到过滤或甄别传输内容质量的作用	可以异步传输和进行存储服务管理是P2P的优势。如使用户不在线，也可以进行离线文件下载	P2P软件之间的兼容性较差，不同的P2P软件对应的下载资源不同。例如MSN用户无法直接与QQ用户直接沟通

　　自媒体传播预设前提是相信大量的参与者比少数的记者编辑更聪明，众人比一个或者几个人更有智慧，众人可能从无数个视角查看和评价事情的本来面貌。大众传播预设前提是相信媒体自身，认为只有媒体自己才可能做到真实和客观。两种媒介从一开始就走上了不同的社会路线：自媒体传播信奉"草根"，大众传播信奉"精英"。

　　自媒体的编辑机制给予所有参与传播的人平等补充信息的权力，提供了充分参与新闻生产和评论的机会，把新闻信息传播参与者的意见同时发布出来。自媒体相信只要有众多的参与者，就会得出准确的新闻信息和公正的意见。在数字时代虽然传播的技术变了，但是新闻传播真实信息、对新闻信息做出公正客观评价的基本规律并没有改变，所不同的是在大众传播时代人们接受的是"结果"，而在自媒体传播时代，人们可以参与到新闻信息过滤的"过程"中，参与对新闻信息的编辑和评论，享受自媒体传播中的过程体验。过程体验实际是了解别人怎样看待新闻和评论新闻，以及还原新闻真实过程。

自媒体平台给参与者纠错留出了足够的机会。在大众传播时代即使是素质优良的记者，有时候也可能会曲解采访对象的意思。在媒体平台自我发布信息，能给采访对象提供自我辩解的机会，避免记者在采访和报道过程中会出现断章取义的情况，向自媒体用户展示传播过程中新闻事实不断还原的进程。自媒体用户或读者做出各种评论，可以对自媒体平台发布的各类信息进行自上而下的甄别，也可以利用大众媒介发布的相同内容的信息来进行对比，人们一方面可以从大众媒介了解新闻，另一方面也可以通过自媒体平台对这些新闻的真实性、新闻的意义进行比较，发现大众媒介的新闻报道和政治分析的局限性，这样的相互比较，实际上对大众媒介来说既是挑战也是机会。

但是一些大众媒介的看法完全不同，他们认为自媒体传播从一开始就远离客观公正，自媒体传播虽然影响力急速上升，但客观公正似乎变得不那么重要。大众传播关心设计正确的话题，热心引导新闻走向正确的方向，追寻新闻信息的客观公正。他们认为公正客观是各类新闻媒介的目标，决定传播媒介存在的价值。

三 自媒体传播动机和规则

自媒体平等共享的网络环境和开源设计理念，为互联网用户参与新闻的所有环节提供了接入机会，用户可以同时扮演和参与出版、宣传、编辑、内容制作、评论、文献存档归类、知识管理、买方和卖方等各种角色，处在自媒体传播系统中，如果希望扩大目标受众，就要了解受众参与新闻的动机，了解自媒体传播的规律。通过对自媒体信息传者和受者进行研究，了解自媒体信息内容制作者传播动机、粉丝所处网络社群关系、粉丝之间意见争论等方面情况，分析为什么众多的人乐于参与自媒体传播。

网络社群专家艾米·乔·金姆（Amy Jo Kim）在《网络社群建设》一书中①，根据马斯洛的需求层次理论学说，对人们线上和线下的不同的信息需求表现方式进行了对比。具体详见表3—3。

表3—3　　　　　　　　线上和线下信息需求比较分析

需求	线下（马斯洛需求层次理论）	线上（网络社群）
生理需求	衣、食、住、行和健康等	上网的需求，以及获取网络身份需求
安全需求	人身安全，生活稳定，生活在和平、公平的社会等	避免遭受黑客攻击，在参与线上某一个社群时，对自己的身份有一定等级需求（如网络游戏玩家虚拟身份的等级），能够在线上保护自己隐私的需求
社交需求	对友谊、爱情以及归属关系的需求等	归属于某一在线社群或者成为某一个网络群的一个组成部分的需求，获取信息的需求等
尊重需求	成就、名声、地位和晋升机会等。尊重需求既包括对成就或自我价值的个人感觉，也包括他人对自己的认可与尊重	为所属网络社群做出贡献的能力与需求，并且这种能力与行为得到所属社群认可的需求
自我实现需求	自我实现，发展自身技能、发挥潜能等	担当起一个社群角色，不断发展和学习新的技能，为社群创造更多的机会和吸引力

除此之外，肖恩·鲍曼和克里斯·威尔斯也对人们对参与自媒体传播心理进行了分析，他们认为，自媒体传播吸引人们有以下几个方面：②

（1）在一个既定的社群中赢得声望或者获得地位；

（2）为线上或者线下有相似兴趣的人创造联系；

---

① Amy Jo Kim's Community Building on the Web < Peachpit, 2000 >.

② Dan Gillmor, "Here Comes We Media", *Columbia Journalism Review*, January/February, 2003.

（3）想深入理解和想去了解某些事情的原理；

（4）传递和被传递信息，参与论坛、博客和协同出版等，也同时扮演着"瘦媒体"出版人的角色，提供主流媒体中无法获取的新闻、信息和专业建议等；

（5）娱乐和被娱乐；

（6）设置新的话题。

结合以上分析可以看出，人们参与信息传播基本动机，是为了获得更多更有价值的个性化信息。为了达到这个重要目的，自媒体平台通过降低网路社群中信息的信噪比，提高网络社群信息的信任度，吸引了更多自媒体信息传播的参与者。对于不真实信息，采取众人参与甄别和过滤方式，帮助参与式新闻系统甄别出来具有可靠性、准确性的信息。

为了满足人们通过自媒体获得信息的需求，自媒体传播自己制定新闻信息传播规则。首先是技术规则，例如各种社交网络软件使用和编写，网络社群信息发布各种格式要求等。技术规则不是技术壁垒，也不是自媒体传播规则的核心内容，掌握自媒体传播技术规则并不很困难。

其次，是网络社群成员形成的规则，这些规则一般由网络社群的主持人、版主提出契约的基本框架，通过网络社群共同制定，并对网络社群的信息传播运行进行监督和规范。虽然网络社群规则有一定的共同性，但是每一个网络社群还有差异。同样一条新闻信息可以在不同网络社群传播，是因为这种传播符合网络社群的共同性，但是同一条新闻信息在不同网络社群传播过程中，社群成员分享和评论存在差异。特朗普推文在有的网络社群传播受到欢迎，在有的网络社群中则成为大家取笑的材料。如果某位网络社群成员不喜欢特朗普推文，他可以在支持特朗普推文的网络社群退群，用这种方式表达自己对某个网络社群规则和传播内容的反对和否定。

还有一类规则来自社会对自媒体传播要求，这些要求有的也成为规则，是网络社群外部原因产生的规则，比如某些行业规则要求等。

网络版主和主持人是网络社群规则的发起人，可以扮演规则的执行者。他们可以清除不遵守所在网络社群规则的人，或者拉来其他兴趣相近人。网络版主和主持人还可以通过删除不当发言和评论，强化和维护网络社群规则。对于网络版主和主持人网络权力，社群成员可以遵从，也可以反对，表达方式分别是继续驻留，或者选择退群。

在所有网络社群中，成员无疑对于规则有不同的认知。"铁粉"和"吃瓜群众"不仅网络活跃程度差别较大，对规则态度也有差别。但是决定规则成立和持久的关键因素，不是铁粉的态度，而是后者。铁粉们是社群坚定分子，他们对社群的规则，对社群传播内容高度认可，对规则很少有补充修正意见，更不会推翻版主或者主持人提出的规则建议，但是他们是少数群体。网络社群在自媒体平台上存在时间取决于网络社群大小，粉丝的多寡，所以多数粉丝对规则的认可，是网络社群存在的基本原因。

最近短短十多年以来，自媒体在给予信息消费者传播的机会方面已经做得非常成功，但是发现或者制定自媒体传播规则常常被人们忽视。史蒂芬·乔森（Stephan Johnson）认为："了解这一新媒体是如何运作的，你不得不去分析互联网信息、媒介及相关规则。其实最有趣的研究不是互联网传播媒介本身，而是决定哪些信息能够在网上迅速传播，哪些却不能在互联网传播规则。"[1] 从更加深层意义上，意识到讨论规则实质上是在讨论控制，是在探讨如何应对自媒体传播中的新闻角色设置、互动管理控制问题，探讨如何防范自媒体传播对社会生活及其社会信息传播产生负面影响。

四　自媒体传播的信任

在传统的大众传播新闻模式中，新闻的信任度和可靠性是自上而下建立起来的，新闻和信息的汇聚和再次发布都是经由受过专业训练的记者们完成，通过合理的验证和报道方法来确保大众媒介为受众提供可靠性的信息。传统大众传播体系发展到今天，已经形成了一套新闻采编播报模式，保证大众媒介传播社会信息的可靠和真实。

从信息消费者角度看，信任大众传播媒体机构是比较容易做到的，如信任美国《华尔街日报》等。但怎样能够在自媒体传播中信任陌生人发出的信息，参与他们的社区活动，并与陌生人展开信息互动？这些问

---

[1]　Steven Johnson, Emergence: The Connected Lives of Ants, Brains, Cities, and Software (Scribner, 2001).

题值得深究。

密歇根大学一项实验研究表明："互联网信誉系统能够对参与者过去的行为及反馈信息进行收集汇聚，尽管几乎没有生产商和消费者是熟悉和了解彼此的，但互联网信誉系统能够帮助人们判断谁更值得信任，并且鼓励相互信任的行为，阻止那些不诚信和缺乏非技能的人士制造大量参与式新闻信息垃圾。"① 在新闻和信息交换的信誉系统建设过程中，自媒体传播所面对的挑战和电子商务所面对的问题不相上下。自媒体传播体系中信任和可靠性是自下而上构建的，一个匿名用户进入网络环境后，要通过自己的网络行为和提供的信息，从无到有建立起个人信誉。通过内容打分排级等网络信誉制度，很多网络社群已经成功地维了社群内的理性讨论和信息内容真实。在网络信誉系统建设方面，比较有代表性的是美国的在线技术讨论社区 Slashdot. org。他们主要通过三个方面来建立在线信誉体系：一是网络社群所有发布的信息都要经过版主的审核；二是网络社群版主由管理员监督，防止网络社群版主滥用所在网络社群的网络权力；三是建立对网络社群成员的贡献和良好行为进行的奖励和认可机制。

美国的各种自媒体平台正在涌现出很多不同的信誉评估机制。如基于口口相传的网络信誉机制，这种机制有一个预设的前提，如果一名网络新闻参与者能持续给出好建议，人们可能相信这个人将来会一直这样做。同理，一般人们会很清楚自己朋友喜好，如果自己朋友喜欢某个网络社群，那么他自己可能会相信自己朋友，加入这个网络社群。其实社会信息传播也是如此，朋友相信的信息更容易在朋友间相互传播，并且很少会质疑这类信息的真实性。在自媒体传播中，类似的朋友间信息传播还有很多其他方式，如朋友推荐的相关网页超链接、搜索引擎排级算法等，这样的推荐实际上是对朋友间信任的扩大化。

自媒体传播中的意见领袖是引导网络社群舆论的重要人物，意见领袖根据其网络行为，被众多参与传播人共同认可，不像大众媒介被动地推崇认定。美国人格伦·弗莱什曼（Glenn Fleishman）是一位西雅图自由

---

① Steven Johnson, Emergence：The Connected Lives of Ants, Brains, Cities, and Software (Scribner, 2001）.

撰稿人，也是在无线技术领域最领先专家之一。他利用微博报道无线技术最新发展，同时也与其他网友互动，大家通过这种交流和互动，了解在无线技术领域出现的新技术，一系列传播行为使他成为所在的网络社群的意见领袖。在自媒体传播时代，信任与威望是在所有传播参与者不断地互动比较中建立的，这是一种反复甄别、不断强化的过程。如果一个自媒体平台，自身坚持客观真实的原则，将会赢得人们更多的支持，在社会信息传播中发挥更加重要的作用，这不仅仅对个体自媒体传播者是适用的，对社会生活中的组织甚至政府的自媒体传播行为也是如此。

第三节　自媒体传播与美国社会
信息传播再造

　　每一次社会经济和技术的变化，都会出现媒介变化，导致媒体发生从内容到形式的变化。如1830—1840年电报发明后，人们创办了大量日报，电信成为人们使用的主要信息传播方式，并在美国南北战争时期发明了倒金字塔结构消息写作方式。1880年纸张价格下跌和移民潮为平民报纸出现提供了广泛受众基础，出现了"便士报"，报纸开始成为一般民众社会必需品。1920年无线电普及使收音机开始进入家庭，八卦新闻和名人新闻这类社会信息成为社会传播的重要内容。伴随着1950年以电视机为标志的视听电子媒介普及，大众媒介的娱乐功能泛化，电视机一度成为美国家庭的娱乐工具。

一　新闻业转型

　　互联网和移动通信技术的发展产生自媒体传播，具有重要的历史意义。在人类传播历史上，首次出现新闻由非新闻机构制作发布的自媒体传播现象，社会信息传播摆脱了以自我利益为中心的商业主义，全球化网络和新的传播技术，整合各类媒体资源，导致新闻业转型，并且成为美国社会民主变化的诱发因素。

　　自媒体正在重新定义新闻业自身。从社会分工角度看，新闻工作曾被看成是在报纸、杂志、电台电视台和通讯社一种职业，是一种搜集、编辑和发布新闻报道的专业工作。现在面对各类自媒体平台，人们很自然地思考谁是新闻工作者，谁能有资格称自己是新闻工作者这些最基本、最核心的问题。

由于自媒体的出现，对新闻工作的核心价值争议也随之而来。很多美国媒体从业者发现，客观、公正、中立这种模糊性词汇，很难阐述新闻的核心要素。他们认为新闻工作的主要目的是向公民提供他们自由和自治所需要的信息，自媒体等新媒体传播，本质上是对社会传播权力的挑战，是社会信息传播民主化的再分配。

大众媒介工作基本任务和理念都是为主流社会价值观念服务。美国许多从事大众传播的新闻工作者，对自媒体传播还持有一种轻蔑的态度，特别是对博客等由非专业人主持的自媒体平台和由这些平台发布的新闻信息，大众传播工作者常常嗤之以鼻，他们认为这只是一种自娱自乐的业余爱好而已。同样情况在自媒体传播中也存在，积极从事自媒体传播各类人群，也看不起大众媒介，认为大众媒介早已经变成充满社会偏见、态度傲慢、由少数社会传播媒体精英把持的私人会所，他们将传媒资本的经济利益和个人思想观点凌驾于新闻出版自由之上，凌驾于大众媒介的社会责任之上。大众传播与自媒体传播的对立和矛盾，反映了美国社会信息传播分裂状况，也是目前美国总统特朗普对大众媒介进行激烈批评的社会基础。

但是无论如何，自媒体正在促进新闻工作的转型已经成为一个既定的事实。人人都可以成为记者，在自媒体平台上传播新闻，致使传播新闻信息不一定具备专业性。虽然传播规律没有改变，但不可否认自媒体传播导致美国社会信息传播生态系统变化。美国大众媒介报道的新闻故事，在网络社群的讨论中得以延伸。这些网络社群中产生了参与式新闻和草根报道，补充、验证和评论已有的大众媒介的新闻报道，为那些放低身价的大众媒介提供源源不断的新闻线索、故事和媒体节目资源，构成新的相互作用、相互影响的社会信息传播生态系统。

大众媒介克服自媒体所带来的冲击，无疑是非常困难的。自媒体传播要求与陌生人沟通，线上人群和自己原有读者进行有效交流与合作，这对于有些在大众媒介内职业发展台阶上攀爬很多年、高高在上的专业人士来说，存在着巨大的心理障碍。他们需要重新认识自己，认识美国现在的大众传播和自媒体传播同处的社会现实，尊重社会公众对社会信息传播选择权利和批评权利，改变傲慢和自以为是职业态度，学会在开放社会信息传播环境中，发现比非专业传播者更有趣、更有意义的新闻线索。在这一过程中，他们要本着与受众合作的精神，运用平等方式在互动中传播更有价值的新闻信息。

大众传播机构专业记者和编辑还要进行新的职业学习。如何在自媒体和社会生活中发现和挑选有价值、可以引起广泛传播的新闻信息，以充满创意的形式与受众分享？美国一些大众传播机构记者和编辑开始了积极的尝试，并取得了较好的传播效果。美国 MSNBC. com 网站在新闻编辑时，注重新闻的完整性，提供了很多新闻背景材料，包含了大量的新闻信息，受众可以去自主选择自己需要的信息。网站改变了各个新闻界面相关版面的排版形式，改善受众博客阅读和留言写作环境，众多博主留言没有任何内容补充和加工，只是经过形式整理。这种把博主的内容直接呈现给受众的做法，改变了原来大众传播机构先过滤后发布的程序，结合专业新闻报道形式和博客内容，受到大家欢迎。

自媒体传播也要学习。做好自媒体传播，做有专业精神的记者，需要新闻专业训练和基本素质培养。这些不仅仅是训练写作技能，还必须培养自媒体平台设置某些专门话题的技巧，以及从事相关报道、写作能力等。

美国高等学校开始对新闻教学内容进行更新，让学生能适应未来新闻环境，了解自媒体调查记者和自媒体自由撰稿人的工作方式和写作方法，学习在自媒体平台发布各种新闻信息的基本方法，学会在自媒体平台上采集新闻线索、搜集新闻素材并制作有传播力的新闻。

二　开源理念的回归与传播

人类是一种社会动物，在前工业时期人们通过朋友、家庭和熟人等信息传播，形成复杂社交网络。信息传播长期依赖面对面实际接触，面对面分享经验和价值观念传播。这种一对一的人际传播充满情感色彩和体贴抚慰，所有信任、理解和认同都是建立在点对点的信息交流基础上。工业革命改变这一切，大众媒介成为美国社会信息传播的主体。社会信息传播责任由大众媒介担当，这种具有专业主义精神的信息传播机构，打碎了前工业时期人们的信息传播结构，切断人们建立在口口相传信息交流基础上形成的社交网络。人们共同行走的城市化道路上，彼此却变成没有信息交流的陌生人，个人之间信息交流减少，社会信息来源主要依靠大众媒介，人们情感抚慰和交流变得极其微弱和乏味。

自媒体传播开始影响人们对工作和住所选择、接受教育方式，影响人们娱乐方式和休闲消遣、政治参与等很多方面。口口相传的信息传播方式再次回归，自媒体传播正在制造新的社交网络。在自媒体参与下社会信息传播呈现出"去模式化"趋势，社会向"以媒体为中心"方向前行，自媒体把人的所有信息媒体化，人的所有信息可能被自己或者别人传播，甚至二次或者多次传播。互联网技术发展和自媒体传播出现，正在改变大众传播时代形成的社会信息传播关系，网络信息传播在一定程度上决定了人自身的社会存在。

当然，口口相传的信息传播方式再次回归并不是历史的简单重复，是基于计算机和互联网技术进步基础上的回归。霍华德·莱茵戈德（Howard Rheingold）在《聪明的暴民：下一次社会革命》一书中认为，这种信息传播的自组织行为是人类无法阻挡的自发行为，而互联网是自组织行为的工具箱①。这个工具箱里所有工具，全部是用开源理念（Open source）打造出来的。

开源理念在个人电脑和网络发展的过程中发挥着最重要作用，是互联网迅速发展的关键因素。1962年美国空军委托兰德公司的保罗·巴兰（Paul Baran），设计一种能经受核打击的计算机网络，要求计算机网络在部分损坏情况下，整个网络还可以运行，不同的新设备可以随时接入网络，替代损坏部分继续完成相关工作，保证整个系统在任何情况下都能够正常运行。为了做到这一点，保罗·巴兰提出了富有远见的设计方案，他在整个网络中不设置核心计算机，而是用网络连接所有的计算机，每台计算机接入网络不需要特别准许。这是国际互联网最初的设计思想，在这种思想的指导下，出现了类似原理但更先进复杂的 ARPANET 网络，即现在互联网的雏形。

开源理念的核心思想是接纳不同的使用对象，包容差异和个性化，在互利合作、求同存异中实现发展。开源理念思想完全颠覆了集合相同

---

① Weblog：http：//www.smartmobs.com.

的人共同做事的传统思想，指导人们可以找不同的人做相同的事，成为决定互联网和计算机技术进步的伟大思想。开源理念首先承认差异，认定差异是人类社会的必然存在，这实际上是承认了人类社会存在的一个基本客观事实：人有差异，或者说多数的人是有差异的。第二，开源理念认为异可以是同的一种前提，同不一定都是同的叠加，异也可以成为同。第三，众多差异不是技术进步障碍，相反，包容差异可以成为推动技术进步动力。第四，在共同的网络环境中，应该为所有相同的或者不同的参与者提供同样的机会，向网络提供服务的同时分享网络所有的信息，平等受益。开源理念初始是一种设计思想，计算机和互联网技术是这种设计思想的承载，两者成为当今美国、全球经济和社会进步重要推动力。

现在，开源理念在计算机软件开发中得到了广泛运用，成为一种开发源代码，一种软件发布模式，开源软件的源代码任何人都可以审看、修改和进一步增强。开源把源代码（Source code）这种软件中大部分计算机用户看不到的部分，对其他人开放，通过协作和分享，允许其他人对代码作出修改。现在人们把开源理念视为计算机软件开发的一种方式或是一种态度，指任何人的事务规划可以允许他人公开访问，提出各自的修改意见，参加分享。它包括了开源项目设立、产品、开放变化、协作参与和公开透明。开源理念意味着一种分享的愿景，作为一种积极改进的手段，欢迎人们在创造世界更加美好的过程中扮演积极角色。

这种思想形成了互联网易接入的基本特点，吸引各种不同的人使用互联网。在美国，互联网拓展人们社交网络，超越线下人与线上人之间差异限制，突破地理区域差异限制，使人与人之间有更加广泛的沟通和联系，极大拓展人们社交网络信息传播。人们更多地通过网络进行社交活动，互联网正在不断涌现各种生机盎然的网络社群，并与现实中人们的生活融为一体。

开源理念是互联网的核心思想，计算机和互联网技术，只不过是在不断深化这个核心思想。对互联网的核心思想理解其实并不困难，但是结合社会信息传播的实际，却出现了很多羁绊。如何从哲学的高度，思考理解和发扬这一核心思想，接受社会差异，共同促进社会进步，仍然是一个很大的现实问题。为了回避互联网思想，一些大众传播机构和记者编辑把计算机搬进自己的办公室，接入互联网，用计算机处理稿件，使用互联网传输稿件，用来说明自己已经接受互联网思想，是互联网时代的拥护者和实践者。但是骨子里一些大众媒介认为，网络社群与报纸的一个版面没什么区别，或者认为与一个广播频段类似。在大众媒介看来网络社群与新闻是完全不同的，是一个没有媒体机构参与、相对封闭的空间，是参与者相互讨论的区域。实际上网络社群有自己的管理员、领导者和大量珍惜网络社群的网民，他们经常围绕某一特定媒体机构的相关报道、故事，通过自媒体平台讨论互动，彰显各自的道德感、分享一些无法在大众媒介发表的信息、采访报道和个人感悟等。

例如，表面上看特朗普运用自媒体极大地影响了社会舆论，赢得2016年美国大选，是特朗普竞选媒体策略的选择胜利，他没有选择大众媒介，而是选择自媒体。但是结合互联网开源理念分析可以看出，这种胜利在某种程度上也可以说是互联网思想的胜利，互联网思想包容差异，承认个性，互利共赢。在特朗普大量推文中，的确谬论不少，错误连篇，成了很多人搞笑的材料。但是为什么这些错误反倒搭建起特朗普走向总统宝座的阶梯？仔细分析他的推文，可以看出他与其他总统竞选者存在着巨大差异，他的粉丝各路人马差异极大。他本人个性张狂，出言不逊，错误百出，大众媒介不可能接纳这样一位非建制派的政治人物。但是自媒体平台上，差异存在却是一个基本的事实。正是这样一位差异极大、富有个性和错误百出的特朗普，他的推文在互联网得到广泛传播。在传播中特朗普不仅没有因此受害，反倒受益匪浅，宣传了自己的思想，暗合美国大众希望"改变美国社会"的基本愿望，登上总统宝座。

自媒体传播正在发挥重新塑造社会结构的作用，它催生新的社会群体形成，发展并维护美国人某种特定的网络身份，强化人们的网络社群的归属。自媒体在传播信息的同时，也起到社会关系黏合剂作用，通过自媒体传播，美国人正在建立自己新的社会群体。开源软件的技术创新，使得每个人都能通过强大的自媒体传播工具，轻松地使用互联网，特别是利用移动设备在网上发布信息，建立和发展人们的网络社群关系。

三　内容制作和传播多样化

在美国，博客和网络论坛自媒体平台，已经将人们从单一受众身份变成了新闻的参与者。相对于大众媒介，自媒体传播众多的参与者在社会信息传播活动中创造了许多新的传播方式，也创造了新的社会信息传播价值。以推特（Twitter）为例，它是一家为美国社交网络及微博客户服务的网站，是全球互联网访问量最大的十个网站之一，也是一家典型的自媒体平台，推特在全世界非常流行，被形容为"互联网的短信服务"。它可以让用户发表和更新不超过 140 个字符的文字，这些文字也被称作推文（Tweet）。当用户发送推文的时候，他可以选择面向全网公开，或者仅仅对自己的好友圈公开。推特可以通过网站或者移动设备随时随地登录使用，具有极强的易接入性。据 2013 年年中的统计，全球 5.5 亿推特用户每秒钟大约推送 9100 条信息。推特用户大概每天发布 2.5 亿条推文，并且还在持续增长①。推特还可以即时发布动态信息，有 72% 的用户使用推特发布自己的动态信息。43% 的推特用户为 18—34 岁②，用户年轻化的特点十分突出。

在大众媒介无法预测受众需求信息的时候，互联网技术为受众提供廉价的移动终端和功能强大开放的自媒体传播平台，让受众可以根据自己的喜好在自媒体平台主动发布信息和评论。受众成为新闻加工过程中利益相关人，不只是被动接受由记者和新闻编辑一手操办的新闻，受众变为信息传播的创新者，变成了多种多样的美国社会信息传播的合作者。

很多人成为自由撰稿人，或者说自由撰稿人成了一种准专业的记者和编辑。2000 年 7 月，名为"现在"的法律保护和教育基金创立了"女性新闻"，这是一个由自由撰稿人创办的自媒体新闻机构，她们专注女性新闻，2002 年这个机构实现了完全独立，2003 年美国联邦新闻出版署为其中 4 位女性及相关调查报道颁发新闻奖，表明政府对她们从事新闻传播的认可。另一位自由撰稿人克里斯托弗·奥尔布里顿（Christopher All-britton）得到了 320 人的 14334 美元募集捐款资助，前往伊拉克战区收集报道第一手资料，他在自己的网站 Back - to - Iraq. com 每日发布伊拉克地区的报道，包括伊拉克提克里特（Tikrit）市的攻陷、伊拉克当地的种族

---

① Statistic Brain, 2013, "Twitter Statistics", Statistic Brain, May 7. Accessed March 12, 2014. http：//www. statisticbrain. com/twitter - statistics/.

② pears analytics（2009），"Twitter Study - August 2009, Whitepaper".

冲突等①。过去像克里斯托弗·奥尔布里顿的深度调查和战地报道，只有专业记者才能做到，但是在自媒体传播的时代，320 个人会自己资助独立新闻机构或者记者去挖掘有价值的新闻。另外的一位自由撰稿人大卫·阿佩尔（David Appel），得到 200 美元资助后，调查一个糖业游说团，这个游说团试图说服国会，终止美国对世界卫生组织的资助。大卫·阿佩尔揭露了这个游说团体根本不是为了维护社会公众的利益，而是因为世界卫生组织倡导的低糖饮食口号，伤害到美国糖业资本的利益②

　　还有一些不具备任何新闻记者和编辑专业背景的人，完全出于对某些事件的兴趣，模仿记者采访自己感兴趣的人物，他们将一些身边的故事和人物作为采访对象，随时发布在自己的自媒体平台上，吸引自己的粉丝注意，获得粉丝的认可。他们不是自由撰稿人，不在任何专业新闻机构任职，也没有获取商业利益的意愿，但是他们扮演成记者编辑的身份采访和写作，花时间传播自己喜欢的内容，其中有些人纯粹是出于对新闻传播和非虚构写作的喜好。这类自媒体传播时代非职业记者和编辑的出现，是自媒体社会信息传播的多样性一种新的现象。

　　自媒体传播过程中，由于对重要新闻事件的认识的局限和非专业背景，有些自媒体传播者不可能在短时间做出全面深入的报道。但是在博客或者论坛等自媒体平台，海量粉丝却能通过不同的分析视角对新闻进行不断复盘和再解读。这些草根作者、评论员、摄影师和视频制作人在参与新闻信息传播过程中，可以出现在媒体机构无法达到的地方，发表补充报道，做出相关评论。利用这些"编外"记者不同的道德价值取向和多样化知识结构，可以为重要的新闻事件提供更广阔视角和多种声音，这些都是大众媒介很难做到的。自媒体已经成为验证新闻的重要平台，验证重要新闻事件是否真实，验证大众媒介对重要新闻事件报道是否客观公正。

　　① Spencer Ante, "Have Web Site, Will Investigate", *Business Week*, July 28, 2003, http://www.businessweek.com/magazine/content/03_30/b3843096_mz016.htm.

　　② David Appell, "Sugar and Independent Journalism", Quark Soup weblog, May 14, 2003, http://www.davidappell.com/archives/00000080.htm.

四　自媒体传播促进美国社会民主

美国大众传播时代是一个只有拥有出版能力才有出版自由的时代，许多报纸和电视台，用了很多年在受众中建立了信任感，杂志行业为了生存，经历长时间苦心经营，投入大量资金开拓市场，才能够建立一个较大的订阅群体。大众媒介利用在社会传播的中心地位取得了实际上的出版权力，控制了社会传播舆论导向，大众媒介因为自上而下的传播方式而远离社会，因为具有出版权力而排他，因为专业而变得高傲，侵蚀着言论和出版自由的"美国精神"，已经引起受众不满。所以大众媒介自20世纪90年代以来受众下降，社会影响力降低。

在技术方面，早在20世纪八九十年代，随着桌面出版系统（台式印刷系统）的大量使用，许多小的独立出版商开始进入出版业，越来越多的竞争者进入杂志编辑和出版行业，对垄断出版业产生极大威胁和冲击。2000年以后，互动参与的自媒体传播迅速发展，具有信息透明和信息友好亲和力的自媒体传播，吸引了数以万计的粉丝和团队，他们自愿奉献个人力量，对事件报道分享转发互帮互助，人们对自媒体传播产生了更多信任，在自媒体传播中寻找到不同新闻资源和不同新闻观察视角。因为网络内容的传播成本非常低，各种网络公司对博客系统技术和资金加大投入，吸引很多人参与传播，带来自媒体的快速发展。目前，越来越多的人拥有自己的"出版系统"，每个人都有可能变成潜在的媒体，通过电脑或者手机等电子设备自己发布文字、图片和视频等，随时报道即时新闻。人们获取新闻的渠道不断扩展、获取新闻的效率不断提高，在新闻与社会大众之间增加了无数个新的信息传播渠道。

但是新的自媒体不是新的社会信息传播权威，只是正在削弱大众传播时代报纸、杂志、广播电台和电视台的影响力，博客、搜索引擎、揭秘网站等只是为社会公众增加信息来源和渠道，让社会公众参与新闻信息的评论。自媒体的广泛参与，无疑是美国媒体民主的一种新变化，它改变了大众传播时代媒体权力集中在传播精英手中的状况。

草根舆论专家和草根媒介监督人的崛起是另外一种美国媒体民主化的表现。互联网开放的环境造就了许多草根舆论专家和草根媒介监督人。麻省理工学院的媒体实验室正在开发的政府信息识别系统（Government

Information Awareness，GIA），运用信息筛查技术，搜集公民信息系统中恐怖分子的信息，跟踪其网络行为，发现网络极端行为和极端思想传播，维护美国社会的舆论安全。波特兰草根网站 CommercialAlert. org 的运营目的是"维护恰当的商业文化，防止商业伤害儿童，破坏家庭、社区和良好社会风气，维护社会民主等核心价值观念"。很多民间监督审查网站不断涌现，一些自媒体用户自发组建网络社群，监督公共机构是否真正履行相应的社会职责。在华盛顿，存在大量的草根网站或网络社群，对一些大公司实施监督，曝光这些公司伤害社会公众的新闻，揭露他们贿赂丑闻等商业腐败行为。

自媒体用户参与大众传播机构新闻生产过程，是对美国媒体民主的一种改造。根据 2003 年 7 月对"今日美国""CNN""Gallup"调查，只有 36% 的民众相信大众媒介会直接报道事实。面对自媒体的兴起，有的大众传播机构积极吸引受众参与到新闻生产的过程中，希望重新赢得社会声誉和受众信任。大众媒介引入参与式新闻，通过自身改变，重拾客观公正形象，也是一种美国媒体民主变化。长期在大众传播机构工作的记者和编辑，创造了很多新的方式，尽可能使新闻生产过程透明，借助自媒体机制和力量，增加大众传播机构新闻信息的影响力。他们与受众互动，分析社会公众新闻信息消费需求。通过开放新闻传播流程，让受众了解记者工作流程和方法，专业媒体如何挑选制作和传播新闻信息。大众传播机构的很多记者已经开始通过自媒体平台进行类似相关工作，公布他们的原始采访材料，在新闻报道发布后公布采访记录等，积极吸引读者网络互动和评论，对报道细节或者相关事实进行核实等，鼓励受众评论和拓展新闻故事，增进沟通与理解。这种信息体验和分享，增加了好的新闻故事的影响力和传播力，促进了大众传播机构自身的改变，制作出篇幅更小、针对性更强的新闻。

根据美国"在线报纸的互动特征"研究项目的分析，受众在参与新闻挑选、制作和传播过程中，更容易被吸引，更容易接受体验。受众与记者编辑的互动十分重要，在这种互动中大众传播机构把受众的被动接受信息，转化为受众与记者编辑主动去探索新闻信息真相的过程，在美国媒体新的民主建设中增加了大众传播机构影响力。[①]

记者编辑在自媒体平台与读者互动中还获取一些新闻线索或第一手资料，发现了新闻报道中利益相互冲突相关方的诉求，促进媒体与读者之间建立长久信任。现在这种互动不仅仅只存在于美国，英国 BBC 宣称将以公益的形式，在网上公布所有的档案。这些档案涵盖了 BBC 80 多年的影音资料，任何人都可以在网上免费查询。BBC 的负责人格里格·戴克（Greg Dyke）表示，根据自媒体传播发展实际情况，做出这个决定十分必要。社会信息传播进入数字革命第二阶段，将会更加开放、自由，大众传播机构应该向社会提供更多的免费服务，应该更加包容而不是排他。大众传播把社会公共资源与自媒体技术结合在一起，可以改变每个人生活和这个时代的媒体民主。[②] 当一些大众媒介开始尝试更加高效地利用自媒体获得发展的时候，今天美国新闻工作者面临着这样两种选择：要么充分利用用户的聪明才智，在自媒体的帮助之下，打造出更好的新闻报道；要么仍旧墨守成规，被这个时代抛弃。

经过表达权的再分配，自媒体获得了意见表达权。互联网开放、个性化、可拓展特点，赋予个人社会信息传播和表达自己观点权，参与政治事务和社会生活讨论的机会。自媒体传播不仅传播社会信息，还在影响人们的社会行为，这一点将在下面一章中分析，详细探讨自媒体如何影响人们的社会政治选择。其实自媒体对人们的日常生活影响更多、更大，比如在自媒体商业平台上，人们更倾向于通过了解网上陌生人的评论，决定自己的购买行为。亚马逊和专门发布产品评价的 Epinions. com 等公司，都投入大量精力处理用户的评论并参与讨论；斯巴鲁等汽车制造公司，也通过网络搜集在线社群中用户的意见，发现自己产品需要改进的地方。这些与美国 2016 年大选非常类似，自媒体传播对特朗普当选起到了重要作用，今后自媒体传播的社会影响将会越来越大。

2016 年以来，西方很多学者通过美国大选和英国脱欧事件，对自媒

---

　① Keith Kenney, Alexander Gorelik and Sam Mwangi, "Interactive Features of Online News-papers", FirstMonday. org, December, 1999, http：//www. firstmonday. dk/issues/issue5_1/kenney/.

　② "Dyke to open up BBC archive", BBC News, Aug. 24, 2003, http：//news. bbc. co. uk/1/hi/entertainment/tv_and_radio/3177479. stm.

体传播在社会政治传播的角色以及造成的社会影响有了较为充分地认识。悲观主义者一方面看到大众媒介在重大社会政治事件中越来越非中心化，不得不审视大众媒介在社会传播中的定位。另一方面他们质疑超过 20 亿用户的社交平台"脸书"（Facebook），虽然成为目前世界上最大的新闻媒体，但却无法保障政治传播与公众舆论之间良性互动，无法保证这类自媒体能够维护社会的正义，他们认为自媒体缺乏公信力。

从这个意义上来说，自媒体平台大量推送虚假新闻的确值得人们注意和重视，比如从技术角度截断社交媒体上虚假新闻传播的路径，在互联网公司层面建立一种共同的具有社会责任担当约束机制，使自媒体做到更加公正客观，这些从现在起都应该成为学者和业界人士关心的话题，防止由于"泛民主化"带来的社会危害，建立一种真正民主、健康和理性的社会舆论传播秩序。

第 四 章

美国社会信息传播与
自媒体三元悖论

　　客观公正、一致性和互动性是自媒体传播中最本质的三个基本元素，决定了自媒体传播的影响力。但是自媒体传播的影响力往往不是以上三元共同决定的，恰恰相反，在实际传播过程中，只要满足其中一元也会使自媒体信息传播。三元悖论在目前自媒体传播广泛存在，美国总统唐纳德·特朗普的推文也是在三元悖论的状态下得到了普遍传播。自媒体三元悖论传播对美国社会舆论、地域和代际差异、大众媒介地位、社会政治事件走向产生了诸多的影响，造成当今美国社会信息传播的分裂。

　　不论美国还是在国内自媒体的研究都是刚刚起步，很多的研究者做了很精细的研究工作。自媒体是建立在互联网基础上新的传播媒介，自媒体信息传播过程中可留存大量的数据，给偏重技术的专家提供了一个机会，进行细致的数据分析和数据挖掘，发现自媒体传播过程中一些有价值的现象。但是如果不深入观察和研究自媒体传播的基本元素，就很难发现自媒体传播的本质。

第一节　自媒体三元悖论传播基本理论

　　传播学理论认为，获取和传播新闻信息这种社会资源，是根据社会权力的结构或者财富的多寡衍生出来的一种分配特权。在大众传播时代，大众媒介掌控着社会传播，报纸、电台、电视台和通讯社等大众媒介决定了新闻传播的基本面貌。然而，在自媒体时代，这种情形发生了改变，当人人可以成为一个传者、拥有自己的传播和出版系统的时候，社会公众开辟了新的新闻信息传播渠道，信息传播变成一种极具个人色彩的相互分享体验，大众媒介不得不面对自媒体前所未有的挑战。

一 自媒体传播的三元悖论

自媒体传播与大众传播有着本质的不同，大众传播只有两元，即客观公正和一致性，客观公正和一致性决定了大众传播的影响力。大众传播不是"人人可传"的人际间传播行为，更不靠与受众互动扩大影响力，它是一种线性的传播行为。决定这种线性传播行为影响力有三个关键点：一是大众传播时代是机构传播的时代，社会信息传播有着专门媒介机构、专业人员主持，有着专业的传播理念，他们可以通过自己的专业知识和技巧，制作和选择社会信息传播的内容和方式。二是大众传播时代社会信息是由传播机构发布，向社会公众的传播，信息流动的方向是自机构（上）而向公众（下）流动，大众传播机构掌握着社会信息传播的主要渠道。在大众传播时代，经过长期训导社会公众已经不再相信口口相传的人际传播，并把这种信息传播观念视作工业文明社会的标志。三是大众传播时代是由传播机构对社会公众的一种信息"灌输"，社会公众的个体无法主动获取信息，也没有信息传播的工具，他们只有被动选择是否接受信息传播。以上三点是大众传播时代基本媒介原因，它们决定了大众传播行为方式和传播能力，如图4—1所示。

媒体影响力

客观公正 ———————— 一致性

图4—1 大众媒介二元的线性传播

大众传播时代，新闻媒介的线性传播影响受众行为和思想，其中客观公正和一致性是构成大众媒介影响力的关键。在美国新闻发展历程中，形成了新闻出版自由的核心思想，形成了新闻专业主义、社会责任理论及其他新闻和传播理论与行业协会规则，积累了丰富的新闻采访和编辑技巧等，所有这些维护着美国大众媒介的基本价值观和职业道德操守，使美国大众媒介居于美国社会信息传播的中心，成为社会信息采集和发布主体。

自媒体自兴起以来迅速成为一种传播媒介，它是不同于大众传播介质的新型传播媒介，但它延续了大众媒介的一些特点。自媒体保留了大众传播媒体的客观公正和一致性，一致性指的是媒体坚守的媒体原则和媒体立场，如同美国大众媒介中，报纸、杂志和广播电视等新闻传播机构，在一个相对的历史时间段内，坚持自己的媒体立场和媒体原则。

美国传播学理论认为，一致性又与客观公正联系在一起，二者是大众媒介的立身之本、立命之所，一致性与客观公正一直是美国大众媒介标榜的目标和追求。但是仔细考察以上两个概念，即便是在大众传播时代，能够做得很好也是很难的。新闻报道有的时候很难与媒介本身的一致性协调，因为在新闻报道中随时可能渗透记者或者媒体的主观评价，这种有意或者无意的主观评价，往往会使新闻报道偏离客观实际，影响新闻报道客观公正和公众对大众媒介的信任。如何做到一致性和客观公正完美融合，美国新闻学和传播学生发出多种彼此对立的学派。自由主义理论认为，只有客观报道事实才能做到公正，客观是新闻报道的基本前提，所以只要客观报道自然就可以保证媒体机构的一致性。社会责任理论认为，传播媒介是社会公器，肩负着重要的社会责任。客观报道新闻并不是一件容易的事情，需要经过专门的理论学习和技能训练，具备专门的新闻能力和业务素质，才能做到客观的报道新闻事实，在大众传播中担当媒体的社会责任。

自媒体三元悖论理论认为，自媒体与其他大众传播媒介一样，是一种社会信息传播媒介，首先必须具备客观公正、一致性两个基本元素，之所以自媒体有别于大众媒介，是因为它具备即时互动的功能，互动性、客观公正和一致性是自媒体传播中最本质的 3 个基本元素，这是构成自媒体影响力的关键因素，如图 4—2 所示。

其次，自媒体传播往往只需要满足一元即可实现传播，甚至是广泛传播。在实际传播过程中，自媒体的广泛传播往往是由互动性引发的。也就是说，很多自媒体传播现象是通过互动引发思想和信息的传播。互动传播的前提是粉丝的驻留，这是自媒体互动传播的受众基础，粉丝越多，自媒体互动的基础也越加雄厚，互动传播功能越强，这也是所有自

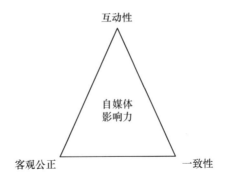

图 4—2 自媒体三元悖论的面的传播

媒体平台采取各种方式拉拢粉丝的基本原因。在美国总统特朗普的自媒体平台上，为了拉拢粉丝驻留，不惜使用各种手段和技巧，自黑自己、搞笑别人、调侃夫人、使用卡通形象等等。一般政治领导人的公开照片都要经过严格筛选，努力表现自己的正面形象，但是特朗普却反其道而行之，拿自己的形象开玩笑，粉丝丑化他的图片他自己主动转发，甚至还"鼓励"粉丝丑化自己。特朗普在自媒体平台上与普通美国人对骂，不但自己与粉丝对骂，而且还主动地转发别人骂自己的言论，让人感觉特朗普好像有一种越骂越高兴的受虐心态。如果不看他的总统身份，单就对骂的词汇而言，几乎看不出他与市井俗人骂街时有什么不同。这种与中下层人群"打成一片"、成为他们中的一员的做法，是一种故意压低身份的传播技巧，吸引了很多中下阶层的民众，这部分人成为特朗普的粉丝，长期在特朗普自媒体平台驻留。现在如果想要看各种特朗普的"丑态"的图片，搜寻批评特朗普政策的言论，关注特朗普自媒体平台无疑是一个很好的选择，特朗普自媒体账号已经成为总统信息的集成。

对于事件的各类评论是自媒体互动的一种基本路径。在自媒体平台上粉丝对某一新闻的看法和评论往往会引起其他人关注，粉丝之间可以就各自观点进行即时讨论，粉丝讨论不仅仅是分享彼此的观点，还可以传播和补充信息的细节。在这种互动的讨论中，粉丝关注的是彼此的观点，而往往忽略事实本身的真实状况。在自媒体传播时代，人们似乎更加关心彼此是怎么"看新闻"，各类评论分流了对新闻本体的关注，大家都在寻求变换多个角度理解新闻事件的意义，比较新闻事件真实对社会生活的影响，给自己存留更多的思考空间。这样就增加了新闻事件对社会生活影响的不确定性，人们很难预判某个自媒体"热点"新闻，会产生何种社会冲击或伤害。在自媒体传播中，由于众多的参与者互相影响，整个社会舆论的一致性大为降低，这种情况还会导致使用传统的媒体调查的方法失效，出现数据失真、结论错误的情况。

自媒体时代不论是业界内还是参与新闻传播的其他人，"新近发生的事实的报道"这一大众传播时代关于新闻的基本定义逐渐远离，新闻本体真实在自媒体传播过程中有的时候变得模糊起来。人们有的时候不再关心新闻是否真实，而在意彼此的看法。缺失对事实本身真实的关注，给大量虚假信息留下了传播缝隙。

另外，自媒体平台大量的新闻评论，为"民粹主义"在美国疯长提供了温床。对比"9·11"之后美国"爱国法案"前后高度一致的社会舆论环境，人们很容易发现，在今天的美国社会舆论高度地不一致。不仅整个社会是这样的，而且在大选时共和、民主两党内部，在一些关乎本党政治命运和前途的关键时刻，党内舆论也尖锐对立，相互不容，见解林立。面对美国如此这般的社会舆论环境，人们很容易得出美国社会撕裂的结论。

情绪宣泄是推动自媒体互动的一种情感方式。在大众传播时代情感因素一直是新闻报道中有争议的话题，冷静地描述新闻事实，客观地报道新闻事实是新闻写作和报道的基本要求，大众传播机构要求记者和编辑在新闻报道中，要摒弃个人的情感因素，避免由于个人喜好影响对新闻事实的真实报道。但是在自媒体传播中，却充满了个人色彩的主观情绪。这种主观情绪的宣泄对粉丝可以产生极大情感冲击，加深受众对传播信息的关注和体验。例如美国总统特朗普在竞选期间说的"I have a winning temperament！"充满了情绪化的色彩，虽然遭到各方戏弄，但是此话一经推出就风靡四方，成为他竞选期间的一句标志性口号被美国人熟知，表明"特朗普具有极高的外向性，表现为追求回报、享受过程，但其略微极端的言行又只能获得超低的宜人性"。特朗普推文中，"大量使用第一人称单数代词，在推文中经常使用 worst 和侮辱性词汇"① 表现了特朗普以自我为中心的"老板"心理特征和大开大合的情绪化人格。特朗普推文自己塑造的公众形象，完全不是以往建制派美国总统候选人的政治精英形象，但是恰恰是这些情绪化口号和"鄙俗"的政治草根媒体形象，与普通民众十分接近，反倒有利于他的政治理念在中下层美国民众中广泛传播。

在自媒体互动传播中，信息分享更容易被认作是真正的信息传播，但是应该特别注意，在实际传播过程中这种分享是为了引发互动，得到人际间的回应，形成信息的二次或者多次传播和评论。为了得到粉丝的回应和引发广泛的讨论，自媒体信息传播时通常采取短、频、快的传播方式，尤其是自媒体信息的标题制作，往往使用口语和街边语言，使用实词避免虚词，直指信息主题。自媒体信息写作完全抛弃了经典的倒金字塔结构写作模式，把新闻评论留给粉丝。有的时候信息可能是散乱的甚至相互矛盾的，传播价值极易耗散，所以自媒体传播短时间不可能对重大的社会新闻事件进行客观全面的报道，但是这并不影响自媒体信息分享，信息是否客观和公正并不会成为自媒体传播的主要障碍。自媒体信息的分享实际上是一种三元悖论的互动传播，这种三元悖论的分享传播，很容易形成短时间的新闻舆论热点，显示出比大众媒介更广泛的传播效果。

第三，自媒体三元并不是在同一个维度的传播元素，考察其中每一个元素，必须在自媒体传播影响力的意境下观察，而不能简单地用互动性替换一致性和客观公正，认为粉丝点赞多和阅读量多的信息一定客观真实；同样的原理，也不能用客观公正或者一致性简单地批判互动性，否则就无法分析自媒体传播巨大的影响力，甚至否认自媒体传播这种已经存在的社会传播。客观公正，是人们观察和叙写客观事物事件的维度，一致性是自媒体个性或态度的维度，互动性是维系传者与受者关系的维度。自媒体传播活动的目的是信息传播，表达个人对事物事件的看法和感受，维度不同的元素是这种传播活动的核心。比如在大众传播机构看

---

① 沈阳：清华大学新闻与传播学院研究报告《特朗普推特大数据分析（0.91 版）》，http：//m. yicai. com/news/5209989. html。

来没有某些新闻价值的信息，但是在自媒体传播中却能够广泛传播，就是因为自媒体传播活动中有人认为这条信息有可能引起某种特定人群的互动交流，这条信息在传播过程有可能引起不同的看法和体验。再如自媒体传播某一条信息，由于大众媒介坚守一致性可能不作报道，但是在众多自媒体传播平台中，可能就有某些个人特别关注这样的信息，他们可能认为传播出去会提高自己的影响力。

如何理解自媒体的影响力，除了一些既得利益干扰之外，如果简单地从大众传播理论出发，人们很容易陷入困境，机械地用大众传播理论解释自媒体传播现象只能带来更多的疑惑。具体表现为对自媒体传播巨大功能的本质茫然不知，无法理解为什么很多不具备新闻传播专业能力的传者成为社会信息传播的主要人群；为什么自媒体平台迅速成为社会信息传播的主要渠道；为什么自媒体出现以后，造成了传统的大众媒介收视率、订阅率连年大幅度下降，各类大众媒介机构经营困难，财务状况连年下降，专业人员大量流失，大众媒介影响力迅速衰减而逐步被受众抛弃；为什么人们开始质疑大众媒介的社会公正性；等等。除此之外，还有人极力否认自媒体作为新的社会信息传播媒介的存在。在传统的大众传播理论中，新闻传播是"新闻专业主义"主导下的一种社会信息传播，不论何种意识形态下的新闻传播，都会有一定的规制和范式，都会有新闻传播领域内特定的方法和道德操守，都有一定的"仪式感"，是一种定型组织结构的传播行为。对于自媒体这种"人人可传"的传播现象，特别是根据自媒体传播中大量的非主流、非专业和非机构的信息传播，有的人认为自媒体传播只是一种人际间的信息传播，是一种存在于现代社会的"部落传奇"。把自媒体传播认定为"部落传奇"，既是一种真实的传播现象描述，又有"反现代主义"意味的否定，强调自媒体传播充满了不真实的信息和非主流的解读，用大众传播理论的客观公正和一致性否认自媒体传播，把自媒体传播完全等同于"人际间的传说""口口相传"的个体传播行为，从根本上否定了自媒体传播在当前社会信息传播的社会地位。

第四，自媒体传播的三元悖论同样也存在于首次信息传播之后的阶段。由于三元悖论的存在，人们在自媒体传播过程之后，可以多次重复发布自己的信息，传播自己或者别人早已经发布过的信息，而不一定是

"新近发生的值得报道的事件"，因为自媒体平台所有的信息具有可追溯性，各种软件设计为人们检索过往信息提供方便，新闻信息由"易碎品"变成了一种信息积累或者是知识积累。自媒体平台上人们的评论，有时甚至会背反自己原先在自媒体言论的价值，造成自媒体平台上粉丝的反水。所以可以经常看到自媒体平台的言论，不论是博主、微主抑或是追随他们的粉丝，经常会出现前后矛盾的言论。价值判断相反的信息推送，反噬粉丝同样是自媒体三元悖论的一种现象。

第五，自媒体平台不仅仅具有传播信息的功能，还具有人与人的网络交际功能。目前人们对自媒体的讨论，对自媒体传播的各种褒贬，主要集中在自媒体的信息传播功能方面。但是很多讨论把自媒体的信息传播功能和自媒体的人和人的网络交际功能混为一谈，误以为自媒体平台的信息传播行为和自媒体平台的网络交际行为都是一种信息传播行为，因此认为自媒体平台的信息传播不真实，或者认为自媒体平台只是一种人的社交平台，彻底混淆了自媒体具有不同功能的界限。

二　传播结构是三元传播悖论的根本原因

不同的媒介有着不同的传播结构，传播结构决定了信息在传播过程中流动的形式和方向。自媒体与大众传播的传播结构不同，是自媒体区别与大众媒介的主要特征之一。大众媒介的传播结构如图4—3所示，信息是由传播机构发布、由传播机构向受众传播，信息是由上（大众传播结构）而下（受众）流动。

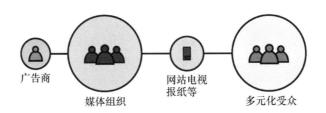

广告商　　媒体组织　　网站电视报纸等　　多元化受众

图4—3　自上而下的传播结构（大众媒介）①

---

①　Dan Gillmor, "Here Comes We Media", *Columbia Journalism Review*, January/February, 2003.

　　自媒体的传播结构完全不同，自媒体是一种扁平结构，是一种点对点的信息传播方式，传者和受者在社交网络中建立的是一种平行关系。美国学者肖恩·鲍曼和克里斯·威尔斯认为，在自媒体平台信息是在参与信息活动的所有人之间平等流动，具体表现为传者与受者互为一体，两者可以任意切换角色。[①] 这种传播活动中的角色平等甚至互换，在大众传播结构中绝不可能发生，如图4—4所示。

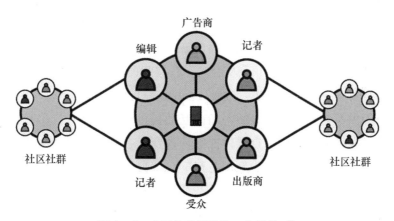

图4—4　扁平的传播结构（自媒体）[②]

　　从传播效果角度分析，自上而下的传播结构受众在信息传播过程中只能做出被动性的选择。由于自上而下的大众媒介的传播结构是一种点对面的传播，无法为受众提供个性化的信息，所以极易造成大量的信息浪费。美国的很多报纸送到客户家里以后，人们第一件事情是对送来的报纸"再加工"，扔掉报纸的2/3，通常扔掉的是广告版，其次就是根据自己的喜好决定哪些版面值得阅读。

　　美国政治学、传播学学者哈罗德·拉斯韦尔认为："任何（社会）过

---

　　① 原文："Participatory journalism: The act of a citizen, or group of citizens, playing an active role in the process of collecting, reporting, analyzing and disseminating news and information. The intent of this participation is to provide independent, reliable, accurate, wide-ranging and relevant information that a democracy requires." Dan Gillmor, "Here Comes We Media", *Columbia Journalism Review*, January/February, 2003。

　　② Dan Gillmor, "Here Comes We Media", *Columbia Journalism Review*, January/February, 2003.

程都可以从功能和结构两个框架去检验。传播分析主要是对它承载的某些功能的研究，体现在对环境的监视、局部社会回应环境的相关性、社会文明从一代到下一代的传承。"① 哈罗德·拉斯韦尔从传播功能和传播结构的两个方面研究媒体传播，在他的研究中，媒介的结构和媒介的传播功能是一种互为因果的关系，这一理论同样可以应用于自媒体传播研究。自媒体与以往任何传播模式的不同在于，传播结构发生了本质的变化。自媒体的传播结构中传者和受者的平行关系，是传者和受者间新的信息传播关系。在自媒体的传播体系中，传者和受者这种平等的传播关系又是一种信息友好型的平等传播关系，他们建立起相对友好和固定的网络社群，相互传播信息、分享意见，在彼此即时分享各自信息的同时，发表各自对某一信息的看法，达成社会见解修正。

平等关系为传者和受者间不断的互动提供了基本条件，信息在这种互动中多次传播和补充。自媒体能够使大众参与到新闻过程中来，成为信息传播参与者，甚至成为新闻生产的一部分。自媒体的参与式传播行为，有时候弥补了传者新闻传播某些能力的不足，倒置了大众媒介信息发布流程。人们在网络社群参与传播信息，产生了草根报道，补充、验证和评论已有的大众媒介新闻报道或者是其他网友的信息等。

简言之，自媒体的传播结构决定了传者和受者的平行关系，是自媒体信息传播平等关系的媒介基础，在这个基础上衍生出在自媒体传播中的互动性，互动传播是自媒体传播与大众传播的根本不同。通过以上对比可以看出，自媒体是一种"面"的传播，大众传播是一种"线"的传播，自媒体传播是一种互动传播，大众传播是一种"灌输"传播，两者不论从传播的几何效应，还是从信息流动方向都有着明显不同，呈现出不同传播效果。再加上自媒体传播还是一种集合文字、声音、图像和影像的多样式传播，可以调动人们听觉和视觉等感觉器官接受多重信息刺激，它的信息传播能力大众媒介根本不可相比。

---

① 哈罗德·拉斯韦尔：《社会传播的结构与功能》（英文版），展江、何道宽主编，中国传媒大学出版社 2013 年版，第 3 页。

三　自媒体的去"中心化"和"草根化"传播属性

自媒体传播平行结构，造就了自媒体去"中心化"和"草根化"传播属性。首先，去"中心化"和"草根化"传播属性决定了在自媒体传播中往往对抗大众传播或者主流媒体，这种情况在美国 2016 年总统大选中表现的十分明显。据美国加州大学圣塔芭芭拉分校的一项统计表明，2016 年 11 月 8 日抽样调查美国 100 家主要报纸，其中有 57 家报纸表示支持希拉里，只有 2 家报纸支持特朗普①。大众媒介被力挺希拉里的声音强势覆盖，占据大众媒介舆论话语中心。但是特朗普推文在交互传播的体系中广泛传播，形成了自媒体平台上强势的舆论，两个党派的总统候选人分别占据了截然不同的传播渠道和平台。

其次，去"中心化"和"草根化"传播属性决定了自媒体和大众传播的不同的舆论生态，两者在话题设置、话题内容和价值取向等方面有很大不同。大众传播追求话题的"正确性"，自媒体传播的话题设置基本是从大众传播的对立面而来的，充斥着对大众媒介的怀疑和不信任。他们在意的是对某一新闻的看法，而不太在乎这种看法是否正确，人们更愿意站在主流媒体立场的对立面，寻求对社会新闻事件个性化的解读。众多的参与者使自媒体传播话题十分庞杂，内容差异极大。很多时候自媒体传播不一定是社会政治、经济等中心事件和话题，呈现一种碎片化特点。不论是传者还是受者，拉杂街井，东西市卖，一些不可能在大众媒介上出现的新闻，则可以成为自媒体传播的内容。即便是一些社会中心事件，自媒体的解读往往也是只言片语，很难形成有系统的逻辑性分析。在 2016 年美国大选期间，特朗普的推特上各种去"中心化"的话题不断，中下层的利益诉求占据着自媒体平台的舆论中心，民粹主义、孤立主义和贸易保护主义在自媒体传播中甚嚣尘上，与希拉里在大众媒介上的治国理政系列主张形成鲜明对比。

第三，去"中心化"和"草根化"传播属性舍弃了"把关人"，或者是"把关人"重置。中国台湾地区把 We Media 翻译成"草根媒体"，从语义学的角度申明了 We Media 的属性，有一定修辞意义。大众媒介具

---

① 王欢、刘辉：《美国研究报告 2017》，社会科学文献出版社 2017 年版，第 17 页。

有自上而下建立新闻审核机制，新闻和信息发布前要经过专门的"把关人"过滤，推敲新闻信息的可靠性。这是一种先过滤然后发布的机制，目的是追求信息和新闻客观公正，把大众传播机构认为客观公正的结果传播给公众。自媒体传播一般并不先进行过滤，也不去设置"把关人"，信息是否发布主要由自媒体用户自己决定，自己决定发布信息或者转发信息，基本不会受到自媒体平台或者某种"规则"约束。自媒体信息基本依靠自下而上建立的信任机制过滤。一个参与自媒体传播的人，通过自己在各类自媒体平台上的发布、转播信息的网络行为，逐步建立自己客观公正的信誉。在某种程度上这个过程也是网络社群的逐步筛选过程，网络社群最终会在这种自然的筛选过程中，沉淀下来具有一定信任度和可靠性的新闻和信息，形成网络社群信赖的传者和受者，造就属于自媒体传播的客观公正。

获得网络社群信任的传者，或者少数已经在社会生活中某个领域有着权威影响力的人物，在自媒体平台上往往会成为意见领袖。他们的作用十分重要，可以引领自媒体平台的舆论走向，设置和解读不同的粉丝感兴趣的话题，他们的推文更易于被分享转发，成为讨论的中心，形成一定的影响力。自媒体的意见领袖形成机制不同于大众传播媒体，自媒体平台意见领袖依靠网络社群的认可，而大众传播媒体的意见领袖往往是由媒体自身的权威赋予。但是这种意见领袖也不是"把关人"，或者说担任"把关人"并不是意见领袖的主要职能，意见领袖并不能决定自媒体平台大量信息取舍，更不可能通过信息过滤，选择发布符合自己意见的新闻信息。

草根传播明显提高了公众在社会信息传播中的参与程度，降低了一般人参与社会信息传播的门槛，使他们的话语有了传播机会。"沉默螺旋"传播理论认为，小众观点在大众媒介几乎没有表现机会。现在媒体精英控制着美国大众媒介，实际控制社会主要信息传播工具，极少数的媒体精英反而成为社会信息传播的"大众"。在大众媒介强势覆盖社会舆论时，持小众观点的人就越会倾向沉默。这种现象在自媒体不断发展的今天发生了变化，草根的小众阶层有了自己可以利用的媒体，更多美国人可以在自媒体平台交换信息，分享彼此的见解并且随机传播，社会舆论生态发生了变化。面对自媒体日益崛起的事实，一些社会精英也改变了高傲的做派，在自媒体平台他们有意放低身架，主动与现在的社会传播生态环境融为一体。美国国防部就曾在网上发布一些高层访谈，以期传播一些真实和完整的敏感信息。在其他西方国家，很多政治领导人开微博发推文，积极从事自媒体传播活动。

第四，去"中心化"和"草根化"传播属性在地域上也有表现。美国主流媒体处于强势的中心城市，曾经掩盖了其他城市与中心城市信息传播的不均衡现象。在美国2016年大选中，一方面位于中心城市的大众媒介大量报道特朗普负面信息，希拉里在大众媒介明显占据舆论上风。在美国这些中心城市，大众媒介几乎达成又一次"统一口径"。美国的研究者发现，自媒体传播范围与大众传播的传播范围不同。在美国的一些非中心城市、内陆地区自媒体用户要比中心城市和沿海地区活跃程度高，两者在获取社会信息的渠道表现出一定的差异。自媒体用户，特别是依托手机上网的移动终端用户，大多数居住在非中心城市和广大农村地区，手机的自媒体用户成为传播的"大多数"。通过美国大选结果红蓝双方地域分布，也可以明显地看出这一点。希拉里获胜地区主要集中在美国东西两岸的中心城市，这也是美国大众媒介所在的城市、所影响的城市，而特朗普则获得了广大中部地区和非中心城市的支持，这些地区包含了几个重要摇摆州，基本是自媒体用户活跃的区域，反映出美国社会大众媒介传播与自媒体传播分裂的地域特征。

第五，去"中心化"和"草根化"的传播属性改变了美国的社会舆论构成。在自媒体出现之前，大众媒介占据社会信息传播的中心，是影响社会舆论的重要工具，社会舆论和民意围绕大众传播而形成。

互联网架构是在去"中心化"、开源软件和自由合作的哲学理念下发展起来的，随着互联网技术的快速发展，自媒体传播已经是一种多媒体传播，集合文字、声音和图像的互动传播，这些平台进入已经非常平民化，人们可以通过电脑特别是移动终端即时发布新闻，极大地提高了信息传播的受众参与程度，自媒体舆论已经成为与大众传播舆论不同的主要社会舆论。自媒体的出现和大量使用，使得社会舆论的基本方面发生了变化。除了大众媒介舆论，自媒体舆论已经成为重要的民意表达平台，有的时候甚至可能成为某些中下层民众集中表达舆论的平台。

从政治学的角度分析，自媒体传播与传统的大众传播排他性的新闻中介特点相反，动摇了大众传播在整个社会信息传播中的地位。越来越多的人都可能拥有自己的出版系统，都可能运用自媒体变成一个潜在的媒体。打破了具有资金和专业的出版能力的人才有出版自由的格律，所有参与传播的自媒体用户都可以对社会新闻进行互证，所有参与传播的人都可以提供不同的网络新闻资源和不同新闻的观察视角。这是社会信息传播发展的一种新的民主，其显著特征是美国社会信息传播有越来越多的人参与，他们不但参与传播，而且同时会对社会信息进行不同的解读，把更为丰富的社会信息和观点呈现给社会。

当今社会，人们依靠各类媒体获取自己所需的社会信息。美国社会大众传播与自媒体传播并存是一个基本的事实，不同阶层、不同年龄、居住不同地域的人获取社会信息的方式发生了改变。大众媒介和自媒体在传播社会信息时，传播的内容、受众和传播地域等也不同，这种现象毫无疑问是由于媒体介质引发的、首先发生在传播领域的变化。可能人们没有预料到，这种变化不仅仅是介质的变化，而且是一场传播领域颠覆性的变化，传播内容、传者和受者以及整个社会信息传播生态都由此发生了巨大的变化。这种变化对美国社会产生了一定的影响，这种影响对 2016 年美国大选尤为显著。

对于传播领域的这场变化，既有的研究和观察还不够深入，人们对这种变化的基本评价还很不到位。很多人认为，自媒体传播只是一种媒体介质的变化，并未认识到在新闻传播的历史上，任何一种介质的变化都会引发一场媒体革命，比如纸介媒体替代竹质、木质、羊皮记事，大工业印刷替代手工印刷，电子媒介出现等，更遑论传播介质的每一次变化，都与人类社会发展更迭的重大节点出奇的一致。所以自媒体传播究竟仅是一种介质变化、一场传播方式的变化，还是一场由介质变化引发的社会传播革命，都有待于我们更加科学的观察和解读。

第二节　特朗普自媒体推文的 三元悖论传播

从社会传播的角度观察历史上的美国大选，充分利用和发挥新媒介对于赢得大选在某种程度上有着决定性意义：1933 年罗斯福赢在广播，

1960 年肯尼迪赢在电视，2008 年奥巴马团队使用脸书、推特等社交媒体，动员选民特别是年轻人小额捐款，获得他们的投票支持，自媒体对美国总统选举进程影响已经开始显现，2016 年特朗普更是赢在自媒体。自媒体这种新的媒介通过自身元素变化发挥了更大的传播功能，对美国政治和社会产生极大影响。用自媒体三元悖论的传播理论分析特朗普自媒体行为，可以解释一直被美国大众媒介极力否定的特朗普，如何造就了自己的舆论场并成功当选美国总统。

自媒体平台客观公正和一致性不是引发特朗普推文传播的主要原因，特朗普推文追求引起互动和分享，甚至通过与自己的粉丝对骂，引发粉丝围观，追求所谓"人咬狗"的传播效应，从而传播自己的思想。特朗普自媒体传播的成功并不在于他传播了某种"正确"的思想和政策，而是他成功地利用了自媒体传播三元悖论的特点，实现了他思想和信息的传播。

一　特朗普自媒体的互动传播

据清华大学新闻与传播学院沈阳教授的《特朗普推特大数据分析 (0.91 版)》研究报告统计，特朗普自 2009 年 3 月 18 日开通推特账号以来，共发布了 3.42 万条推特内容，积累了 1800 万粉丝。特朗普在竞选期间的自媒体活动尤为活跃，呈现出频发布、强互动和高人气的特点。截至 2016 年 12 月 27 日，特朗普在全球推特粉丝排行榜中名列第 74 位。在所获取的 14 万条推特中，特朗普原创推特达到 13993 条①。他充分利用自媒体流行元素，竞选前一个月就做了 33 次自媒体视频直播，希拉里只做了 11 次。有美国媒体估算，特朗普的竞选经费只有希拉里的 1/4，广告费用不及希拉里的 1/10②，美国人在自媒体网站上阅读特朗普相关资讯的时间长度超过了 1284 年，特朗普在推特和脸书等自媒体的言论，为他赢得了超过相当于 20 亿美元的免费广告。

---

① 沈阳：《特朗普推特大数据分析 (0.91)》，http://info.ipieuvre.com/article/201702/1613.html。

② 朱佩：《美媒：特朗普竞选经费仅为希拉里的四分之一》，http://finance.huanqiu.com/gjcx/2016-10/9612300.html。

　　特朗普发布推文频度是他主动的自媒体行为，强互动则是自媒体传播的本质特点，前者是传者的主观意愿，后者是自媒体信息传播过程中的媒介功能。二者相加的结果是频繁的网络互动行为，导致特朗普的声音深入人心，获得民意，取得超高人气的传播效果。可以看出，特朗普在媒介选择上，适应了当今美国社会信息传播出现的新变化，采取了正确的媒体竞选策略，在竞选过程中充分调动互动元素，从而获得了比希拉里更多的粉丝的追捧。

　　同时也要注意到，这种超高人气并不一定是对特朗普的各类说辞的肯定，而是指网民的关注和网民之间的转发、分享的网络互动行为。特朗普在竞选期间很多反常理的说辞，并没有多少道理，也很难经得起推敲。他甚至经常在自媒体平台与粉丝互污，吸引众多自媒体用户的围观，引发自媒体用户在交互传播中的广泛关注，从而形成了自媒体平台上强势的舆论，这对后来特朗普成功当选产生了重要影响。

二　互动中的"思想众筹"

　　在美国的政治传统中，充分利用大众媒介是美国政治家重要的政治手段。政治家通过传播思想，达到自己的政治目的，他们往往具有影响大众传播机构意见表达的能力和技巧。美国政府有专司管理政府和总统的新闻事务的部门，一般情况下，包括总统在内的政府官员都愿意与大众媒介保持良好的关系，尽量避免发生冲突。美国的政治家从踏上政治征途的第一天，就知道大众媒介是社会的"第四种权力"，更知道通过媒体还可以获得更加广泛的民意支持。特别是在总统选举过程中，大众媒介除了可以制造舆论，还能扮演智力支撑的角色，有一种"思想众筹"的功能。美国历史上不同的大众媒介常常会选择支持不同政党的总统候选人，并且通过不断刊发文章评说总统候选人的政策主张，提供自己的分析和判断。但是现在美国的大众媒介笃信"竞技框架"政治报道，新闻内容过分渲染各种博弈细节，大量报道政治人物的各种"八卦"消息，并不关心各类政治人物提出的治国理念，很少就其内容进行深入的讨论。大众媒介这些弊端在 2016 年美国总统大选期间显得越发突出，他们再一次热衷于总统大选竞技技巧的观赏性和戏剧性，动摇了社会公众对大众媒介自己、对自己支持的总统候选人的信心。

从特朗普宣布参加总统大选到最后就任美国总统，美国大众媒介几乎都是站在反面来观察这个"非建制"派人物，从根本上否定特朗普的政治图谋，事实表明特朗普根本不可能得到大众媒介支持，不论是大众媒介还是传统的智库，包括既有的政府行政机构，都不能给他提供"美国第一"的思想和政策参考，更无法获得有帮助的思想和政策建议。

但是支持特朗普的人们在自媒体平台上找到了出口，他们在各类自媒体平台十分活跃，占据着自媒体舆论中心，与大众媒介呈现出截然不同的舆论气氛。它改变此前的只有大众媒介占据社会舆论话语中心的状况，成为美国社会舆论的十分活跃的一端。特朗普团队在推特和脸书等自媒体平台上占有绝对优势，并进行了多层次推广。推特这些特点，均转变成特朗普竞选团队的媒介优势。在频繁的网络互动过程中，特朗普不断地修正自己的选举策略和政治主张。仔细观察特朗普某一项说辞从开始出现到最后的变化，很多是在与众多"粉丝"互动和分享中实现的。特朗普关于在美墨边境修建隔离墙的言论、关于限制移民言论和一些对华言论，都属于这一类的情况。

在选举获胜以后，特朗普还坚持运用自媒体平台，推送自己的思想和理念，寻求在互动中的思想众筹。据统计，2017 年 1 月 21 日—4 月 8 日，特朗普推文有 316 条转发量超过 1 万次，其中以总统身份发出的推文共 143 条，占据总数的 45.3%；对外国政要访问表示欢迎、怒斥媒体有偏见的报道等以个人身份发布的推文共 173 条，占 54.7%。如果按照另外的分类统计，其中政治议题 135 条，占比约为 42.7%；经济议题 62 条，占比约为 19.6%；福利保障、社会医疗、媒体形象等社会性事务的议题 47 条，占比约为 14.9%；外交相关议题 56 条，占比约为 17.7%；涉及家庭及其他事务的推文则有 16 条，占比约为 5.1%。① 这组数据的统计时间是特朗普当选总统之后，其中占到 80% 以上的内容是关于美国内政的推文，如果结合第一组总统身份和个人身份数量占比分析，特朗普

① 赵路平、于泓洋、叶超：《特朗普怎样使用推特——对特朗普推文的大数据分析》，《新闻记者》2017 年第 7 期。

推文中个人身份的推文数量明显高于总统身份的推文数量，说明特朗普在谈论自己治国理政的思想和理念的时候，有意压低自己的政治身份，拉近与粉丝距离，便于在自媒体平台上实现思想众筹。

特朗普在竞选期间大量通过推特等自媒体发布自己的竞选主张，他的媒体策略成功撇开了大众媒介对他的政治偏见，在传播的互动中不断修正自己的政治理想、治国理念，并通过互动和交流迅速建立起自己在自媒体传播中意见领袖地位，扩大自己的政治影响，在获得选民支持的同时实现了思想的众筹。这种情况就如美国学者霍华德·瑞格尔德（Howard Rheingold）当年指出的那样，"我觉得人们希望建立一种权威机制，可以第一时间获得准确的新闻故事，而不需要借助《华盛顿邮报》和《纽约时报》"。①

三　特朗普推文的影响

种种反常理、挑战大众媒介的话题是特朗普推文的常见内容，与其他自媒体平台推文一样，特朗普在自媒体平台也表现为标题党、短促的文字和大尺度的极端言论，带有强烈的个人情绪。特朗普自媒体平台的每一条推文，不一定追求政治上或者常理判断下的正确，而是追求传播的广泛性，追求自己粉丝的增加和追捧。在特朗普粉丝中，有拥护者、反对者、围观者，也有其他大众媒介及其在其他自媒体平台上有影响力的意见领袖，他们共同构成了一个没有信息过滤的舆论场，各路人等可以直接看到特朗普在关键时刻的所思所想、所作所为，触及特朗普话语的核心，体会他的情感变化。毫无疑问，特朗普占据的话语的中心，成为这个垂直舆论场的意见领袖，他通过话题设置，政策解释和修正，攻击政治对手，造成广泛的信息扩散，从而影响社会公众对美国社会、政治的看法，拉拢人心，取得人们的信任。

特朗普将推特打造成其传播政治主张的有效平台，而粉丝的围观和关注，深受特朗普推文信息浸染，把特朗普的各种竞选主张更加广泛地传播，使更多人了解特朗普，了解他"美国第一"的竞选纲领，唤起了

---

① J. D. Lasica, "Where Net Luminaries Turn For News", *Oline Journalism Review*, Oct. 24, 2002, http：//www.ojr.org/ojr/lasica/1035486868.php.

人们对他的支持和肯定。

　　所有这些在美国大众媒介眼中，却是另一番景象，他们认为自媒体是一个信息错乱、谎言丛生的地方，在 2016 年大选中没有对社会公众产生积极影响。很多美国政治和大众传播精英，认为自媒体传播和制造了片面甚至虚幻的世界，他们在特朗普成功当选以后对美国选民深感失望，不愿意承认脸书和推特等自媒体平台的信息传播，对社会政治生活巨大的影响力。有的大众媒介认为 2016 年美国大选的结果，影响了社会公众对真实事实的探究，是众多自媒体用户集体做出的错误决定。大众媒介在不能直面当初的舆论形势、不断质疑自己的同时，也怀疑自己是不是生活在一个虚假的世界。大众媒介对自媒体的这种芥蒂，又可以解释为什么直到现在特朗普及其团队仍旧对一些主流媒体不理不睬，拒绝一些对他不友好的主流媒体记者提问，不参加由媒体组织的总统晚宴，甚至大胆呵斥主流媒体的新闻道德和虚伪。

第三节　自媒体三元悖论传播与
美国社会传播的分裂

　　不同的社会信息传播方式促进社会发展，各种媒介的不断进步推动了人类传播历史。自媒体是一种新的媒介形式，与大众媒介有着诸多不同，它的发展和存在改变了美国社会信息传播的基本面貌，同时也造成了美国社会传播分裂。

　　谈论社会分裂，一定要注意它与社会多元的区别，社会分裂与社会多元有着本质的区别。社会多元是指一个社会在共同认可下的不同表达，包括不同的行为，这些不同表达和行为最终指向是共同的，可以看作是实现社会共同价值的不同路径。但是社会分裂是社会成员在这方面发生了根本性的变化，并与其他社会成员形成了价值对立。大众传播与自媒体传播不是美国社会信息传播的多元化，而是由于传播介质、价值观念不同以及传播造成的社会行为不同形成的社会信息传播的分裂现象。

一　传播介质发生改变

21 世纪以来随着信息技术的高速发展，互联网已经渗透到了普通美国人生活的方方面面，美国社会信息传播发生了根本性的变化。据统计，2005 年美国的家庭宽带接入量超过了拨号上网接入量，2008 年年初大部分美国成年人在家都保持着宽带的接入状态①。网络技术发展为自媒体的社会信息传播提供了新的媒介条件，到 2010 年从网上获取新闻资源的美国人，已远超过大众媒介获取新闻的人数②。美国人的阅读新闻来源趋势见图 4—5。

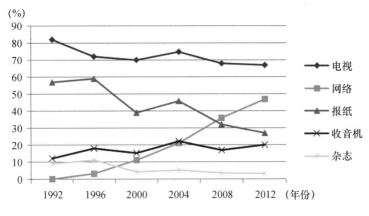

图 4—5　美国大众阅读新闻来源趋势调查

资料来源：Pew Research Internet Project（2013），"Home broadband vs. dial‐up"，2000 – 2013，http：//www. pewinternet. org/2013/08/26/home‐broadband‐2013/。

图 4—5 表明，在 1992—2012 年的 20 年间，包括电视、收音机在内的所有美国大众媒介受众数量都在下降，图中下降斜率最大的就是报纸。在所有社会信息传播媒介中，只有网络自媒体传播的受众数量是逐年上升，而且上升斜率很大。社会信息传播受众数量的变化，揭示了美国自媒体传播迅速发展的基本情况，也表明了美国社会信息传播分裂的受众

---

① Pew Research Internet Project（2013），"Home broadband vs. dial‐up"，2000 – 2013，http：//www. pewinternet. org/2013/08/26/home‐broadband‐2013/.

② 同上。

基础。

　　自媒体是一种多媒体技术的社会信息传播平台，可以通过已有的多种视、听和阅读方式获取社会信息，满足人们的多重信息刺激需求。自媒体的传播介质、传播方式与大众媒介、传播方式完全不同，自媒体传播是基于互联网或者移动互联网技术的一种新的媒介传播，传播方式与人们的日常信息传播行为融合，移动终端特别是手机日益成为社会信息传播的基本工具。这种变化使人们获得或者发布社会信息更加随机，只要手机可以连通，人们就可以随时获取或者发布信息。

　　各种自媒体平台由于设计不同，其发展过程中的用户数量也不尽相同，其中脸书美国的用户占比最高，几近 80% 是脸书的用户。美国2012—2016 年各类自媒体用户占比分析，如图 4—6 所示：

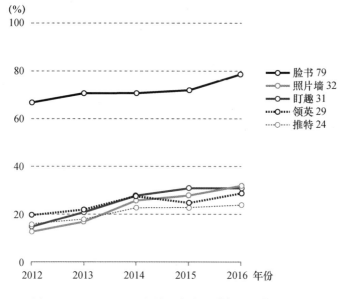

图 4—6　2012—2016 年美国各类自媒体用户占比分析

　　资料来源：Shannon Gpeewood, Andrew Perrin, Maeve Duggan, "Social Media Update 2016" http：//www. pewinternet. org/2016/11/11/social – media – update – 2016/。

　　近年来，不仅仅在美国，在世界其他国家，以推特为代表的自媒体迅速发展，已经成为人们获取社会信息的主要平台，2015 年主要欧美国家各类自媒体用户占比分析，如图 4—7 所示。

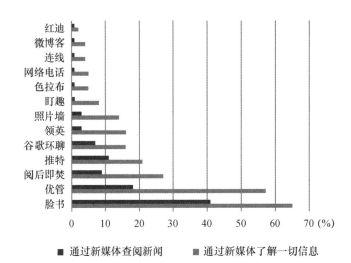

■ 通过新媒体查阅新闻 　■ 通过新媒体了解一切信息

图4—7　欧美2015年自媒体使用情况

资料来源：Nic Newman，David A. L. Levey，Rasmus Kleis Nielsen，Reuters Institute Digital News Report 2015，Reuters Institute for the Study of Journalism，p. 12（Data Samples from US，UK，Germany，Spain，Italy，France，Ireland，Denmark，Finland，Urban Brazil，Japan，Australia）。

使用媒介习惯的改变同时意味着美国人新闻消费的改变，美国皮尤中心（Pew Research Center）2013年10月对美国数字新闻的相关情况进行的调查分析①，描述了这些变化的12个方面。

（1）超过50%的美国人主要通过互联网获取新闻；

（2）18—29岁的年轻美国人中，有71%的人通过互联网获取新闻；

（3）社交媒体已经成为获取新闻的重要平台，19%的美国人通过社交媒体获取新闻；

（4）60%以上的美国人主要通过移动终端设备阅读新闻；

（5）大部分新闻消费用户主要是通过移动终端浏览器获取新闻；

（6）平板电脑用户会阅读浏览更多的新闻；

（7）65%通过网络获取新闻的用户更倾向于认为新闻组织机构存在报道偏见和失真；

（8）越来越多的美国人通过网络了解政府竞选新闻（2012年达47%）；

———————

① Ander Caumon，12 trends shaping digital news，http：//www. pewresearch. org/fact - tank/ 2013/10/16/12 - trends - shaping - digital - news/.

（9）越来越多的美国人同时通过电视和互联网"双屏"观看实况转（直）播；

（10）推特或微博成了迅速了解突发或紧急事件的重要渠道；

（11）年轻人依托手机之外的途径获取的新闻越来越少；

（12）定制新闻变得越来越流行。

从美国人以上的 12 种变化可以看出，自媒体不仅改变了一般美国人的新闻消费习惯，而且反映出了美国人对自媒体的"信息依赖"，已经走完了大众媒介几十年甚至上百年走过的道路，自媒体已经成为美国社会的媒体新宠。在千禧一代中，有 61% 的人利用社交媒体获取政治和政府相关新闻，他们认为社交媒体是最主要的信息接收工具。皮尤研究中心的另一份调查显示，有 44% 的美国人声称从社交媒体上可以获得与主流媒体不同的总统竞选信息。其中社交媒体所承载的很多信息，都可以影响到主流媒体渗透较少的地区。① 自媒体互动参与对美国年轻的新闻消费群体有很大吸引力，波因特媒体学院高级编辑斯蒂夫·奥汀（Steve Outing）指出，"现在的孩子喜欢在媒体进行互动。从互动的在线网络游戏到即时网络在线聊天工具，再到互动网络电视。今天的孩子们喜欢通过媒体进行双向的沟通"。② 现在美国的青年一代，已经很难接受大众媒介单向的信息输出和主流观点的灌输，他们更愿意接受自己主动检索得到的信息，或接受与自己年龄相当的人掌控的媒体信息，并在相同年龄的人群中分享。皮尤中心《2015 年青少年社交媒体与技术报告》表明，92% 的青少年每天保持在线，其中 24% 的青少年 24 小时在线。在 13—17 岁的青少年中有 56% 每天会多次上网。在上网使用平台选择方面，13—17 岁的青少年中，71% 的孩子使用脸书，其次是共享照片为主的社交网站照片墙（Instagram），占 52%，即时聊天工具"阅后即焚"（Snapchat），占 41%。③ 青少年喜欢通过新媒体进行互动交流，形成了通过自媒体双向

---

① 吴非、柯超：《社交媒体对美国大选结果影响研究》，http：//www. charhar. org. cn/newsinfo. aspx？newsid＝11672。

② Dan Gillmor，"Here Comes We Media"，*Columbia Journalism Review*，January/February，2003.

③ Andea Caumont，"12 Trends Shaping Digital News"，http：//www. pewinternet. org/2015/04/09/teens－social－media－technology－2015/.

沟通的信息消费习惯，青少年自媒体用户已经成为社会重大政治事件传播的主要人群，他们是自媒体用户的主要人群。媒介不同也反映出构成社会舆论、特别是社会重大政治事件舆论代际差异。

另外自媒体用户、特别是依托手机上网的移动终端用户，多数居住在非中心城市和广大农村地区，手机的自媒体用户成为传播的"大多数"。自媒体的互动性和社群共享特点，使这部分自媒体用户更热衷自媒体互动，成为自媒体舆论最重要的互动人群。

如果结合大众媒介受众下降的数字对比，包括美国在内的西方国家社会信息传播媒介的变化更加明显。自媒体与大众媒介的排他性、特权性、可靠性和新闻中介等特点相反，动摇了的大众媒介"独有"的地位，自媒体平台设计初始的开放性，使得所有参与传播的粉丝都可以对社会新闻进行互证，并为所有参与的人提供不同的网络新闻资源和不同的新闻观察视角，改变了大众媒介居于中心的社会信息生态。

2016 年美国总统大选，把自媒体与美国大众媒介分裂演绎得十分充分。在美国，政治家与媒体的关系非常密切。没有媒体的支持和帮助，特别是缺少大众媒介的支持和帮助，美国总统很难获得社会舆论的支持。2016 年大选中很多人认为特朗普改变了这一定律，他不像以往"建制派"总统善于和媒体交往、善于和媒体做朋友。但是如果结合特朗普的自媒体传播行为，就会发现他自己实际上直接掌控着通向社会传播的自媒体渠道，自媒体传播已经可以满足他信息传播的基本需求，赢得他所需要的舆论支持。在社会信息传播媒介发生变化的时候，特朗普他自己和他的团队认为，没有必要通过那些对他怀有偏见的大众媒介，向社会传播他的治国理念。对于特朗普这样的从商人转身的政治家而言，其深谙媒介已经发生了变化。所以在对待媒体这个问题上，特朗普并没有抛弃媒体，而是抛弃了大众媒介，选择了传播影响力更大的自媒体。

二　自媒体传播与美国大众传播的社会对立

2016 年美国大选，自媒体不仅引起美国政治传播中传播介质的变化，而且进一步引发了自媒体传播与美国大众传播的社会对立。

第一，大众媒介与自媒体在美国社会生活中分别扮演不同角色，政治取向对立。美国的大众媒介在 2016 年美国大选中设定了"必须击败特朗普"的立场，千方百计地寻找证据支持自己的观点。他们忽视了自媒体舆论的存在，以为仍然像过去那样，任何一位美国总统的竞选者必须依靠大众媒介，才能获得公众支持最后赢得大选。特朗普当选后，美国大众传播机的立场并没有多少根本性改变，他们揪着特朗普"通俄门"不放，把挖掘下一个"水门事件"作为自己的追求目标。在他们看来只要抓住这个把柄不放，就是坚持"政治正确"，坚守美国媒体的"一致性"，坚守美国媒介社会价值的底线。这期间美国大众媒介的版面和画面中，实际上已经出现了这样一个很奇怪的现象："通俄门"是否真的存在并不重要，但是坚持"政治正确"很重要，大众媒介以为设定好"通俄门"就是击中了特朗普的软肋，点到了特朗普的死穴，深究"通俄门"成为大众媒介标榜自己"政治正确"光鲜靓丽的标志之一。但是人们观察这一现象的同时，自然会联想到类似的新闻现象在伊拉克战争期间也曾出现过。当年美国发动伊拉克战争的口实是对方制造、储存和使用生化武器，美国大众媒介当时也是在这个"政治正确"的口号下，失去了自我判断的基本能力，几乎"舆论一致"地支持美国政府发动了伊拉克战争。

　　2016 年 11 月 1 日《大西洋月刊》引用了保守派政治评论员斯科特·内尔亨斯的评论指出："媒体和民调机构唯一能告诉我们的消息是特朗普正在输掉大选。但自媒体上却是另一番现象：特朗普的受欢迎程度是希拉里的两三倍。"大选过后，2017 年 11 月 10 日微软全国有线广播电视公司（MSNBC）著名新闻评论栏目《早安，乔》检讨美国大众传媒时指出："本次大选中美国主流媒体从业者，为自己设定了必须击败特朗普的立场，千方百计地寻找证据支持自己的观点，这些机构的记者，实际上报道的是他们的偏见，根本无视自媒体舆论的存在。"2016 年美国大选结果表明，选择大众媒介的人们基本选择支持希拉里，选择自媒体传播的用户是支持特朗普的主要人群。在 2016 年美国大选期间，自媒体实际影响了很多美国人的投票行为，但是在公开的现实社会，相当一部分人对自己投票支持特朗普的行为并不声张，甚至是寂寞无语。

　　第二，自媒体传播撕裂了大众媒介固化的精英政治框架，形成社会舆论场"草根政治"与"精英政治"对立。社会政治舆论在大众传播时代，两党的"圈内人"及精英集团中的资深政治家是大众媒介关注的对象。这些"圈内人"和政治精英都是通过大众媒介制造舆论获得选民支持，大众媒介形成的垄断和影响构成了一种强大的过滤机制，阻止"圈外人"的冲击。

特朗普利用自媒体打破了美国的精英媒体筛选政治精英的传统，碎片化的草根阶层"圈外人"通过自媒体进入美国政治中心的地带。[①] 特朗普从竞选开始就提出了"美国第一"的政治主张，他的很多做派和行事风格，都与"建制派"政治家不同。作为一位"政治草根"，特朗普实际上也缺少必要的政治准备和官僚背景，没有习得多少治国经世之道，甚至也不懂得美国官僚政治中某些"政治正确"。在自媒体平台传播中，他可以自由地说出自己的主张，在自媒体三元悖论传播中可以取得更好的传播效果。这是特朗普非常惯用的商人行事风格，用最小的代价换取最大的利益。他懂得用鲜明的口号推销自己的产品，宣传自己的理念，并且成功地利用了自媒体互动传播的特点，实现了他思想和信息的传播，在美国政治领域中成功地推销了自己。

自媒体成为社会信息传播平台，既可以认为是打破大众媒介的媒体传播格局，又可以看作为民粹主义流行提供了传播的可能。周琪、付随鑫认为："崇拜人民和反对精英是民粹主义意识形态的核心"[②]，在自媒体传播中，自媒体平台上众多的参与者模糊了人民的概念，他们是传者也是受者，利益诉求实际上也无法在自媒体去"中心"化传播中集聚和提炼，形成自己一致性的政治诉求。

第三，大众传播和自媒体传播的社会价值观念充满了矛盾并相互的否定。崇尚自媒体传播或者接受并使用自媒体传播的人们对大众传播充满了怀疑和抵触，而大众传媒则认为自媒体传播根本不具备起码的"专业主义"精神和能力，坚称只有自己才可以担当社会信息传播的社会责任。事实上，自媒体传播并没有完全取代大众传播，当电子媒介产品已经成为普遍消费品的时候，在一些深度阅读的领域，美国社会中还有不少人习惯传统纸介媒体。在以自媒体为标志的 3.0 媒体时代，《纽约时

---

① 魏迪英：《社交媒体对美国精英政治的冲击》，《文汇报》2016 年 6 月 24 日。
② 周琪、付随鑫：《美国政治中的民粹主义传统及其功能》，《当代世界与社会主义》2017 年第 2 期。

报》也殚精竭虑地建立了付费墙，实现了数字化报纸转型成功，但这一切并不能改变自媒体成为今后美国社会传播的重要方式的趋势。

这些矛盾将会对现在和未来美国的社会信息传播格局产生重要影响，决定了在今后的一段时间内，大众传播和自媒体传播两种不同结构的社会信息传播方式，两者既分裂又同处的状态，它们将会存在于美国社会信息传播的体系中。

三　自媒体传播成为改变人们社会行为的因素之一

在传播学研究中，经典作家麦克卢汉等已经注意到，传播介质变化对于人们社会行为的改变有着重要影响。中国早期的新闻学者戈公振先生在他的《中国报学史》中认为，中国报业经历了邸报、官报和民报几个不同的发展阶段，其中媒介变化是报业发展的主要因素之一，报业发展的不同阶段对人们的社会行为影响显著不同，社会传播由皇室逐步向民众转移。媒介社会学一直关注媒介对于大众行为、个体交往等方面的影响，认为媒介的变化将会导致社会环境的变化，从而引起人们行为的变化。在媒介社会学看来，人类传播的历史，也是一部媒介变化导致大众行为变化的历史，这种变化甚至可以对当时的政治或经济结构产生深刻影响。

所谓自媒体网络时代，也正是这样一个媒介变化的时代，社会传播正在向数字化自媒体网络传播转变，人们的社会行为不可避免地会发生一些改变。介质的变化首先引发新闻传播方式的变化，同时也会影响人们获取新闻信息的方式，影响人们对社会和世界的认知，以至于改变人们的某些社会行为。例如，自 2015 年 6 月以来，特朗普在推特和脸书平台发言和分享超过 6000 次，在所有自媒体平台共与粉丝互动超过 8500 万次，远高于希拉里的 3100 万次。此外，竞选期间特朗普推文转发共计 4.3 万条／次，希拉里只有 9800 多条／次。美国著名政治新闻及舆情网站 politico. com 在分析了从 2015 年 11 月 2 日起至总统大选结束，300 多家美国的媒体机构的共计 28 亿页面浏览量数据后发现，自 2016 年 5 月中旬开始，特朗普的故事就比希拉里吸引了更多的受众关注。凭借这种"围观"和关注，有关特朗普的各种竞选信息更加广泛地传播，使更多人了解特朗普，了解他"改变美国"的竞选纲领，唤起人们对他的支持和肯定，改变了普通选民对特朗普的看法，从而影响了选举的走向。

这些变化是自媒体传播中互动行为的结果。自媒体可以实现即时互动，在互动中人们可以即时表达见解，形成彼此影响的自媒体网络舆情，进而影响彼此的投票行为。大众媒介以"灌输"的方式影响人们的投票行为，自媒体以"互动"影响人们的投票行为，二者影响社会公众投票行为不同，这是自媒体传播与大众传播在影响人们社会行为方面的本质区别。

自媒体的互动是在各类网络社群中进行的。网络社群（network communities）又称"虚拟社群"（virtual communities）、"在线社群"（online communities）。"随着网络工具的更加多样化，网络的社会属性更加凸显和多元，网络工具的发展，更像实体世界的各个细节，网络的社会性不仅只是网络上的互动，而是当代社会的新形式。"① 根据网络社群中个体彼此关系、社群认同和网络社群间关系对信息传播影响的研究发现，网络社群的信息传播与个体在网络社群中对所处社群关系疏密、其他网络社群认同存在着重要关系，网络成为连接和构筑网络社群的纽带，信息传播成为网络社群的基本活动内容。②

在信息社会中，人们的聚拢有的时候依照特定的信息环境而形成，信息环境在某种程度上决定了人们的生存环境和生存质量，同时也决定了人们对现实社会的态度。在共同或者近似的信息环境中，以信息传播为主要内容的线上网络社群，个体活跃程度较高，每天自媒体平台上人们或多或少地都会参与自己所在的网络社群的互动、浏览信息或者分享信息，许多自媒体用户都会加入各类兴趣小组，加入各种由线下"陌生人"组成的群组，通过了解彼此信息、浏览照片私密信息来交换和讨论对现实世界各种问题的看法，并在信息黏性和兴趣黏性的作用下发展成网友，具有了特定群体的网络身份，网络身份类似的成员在不断的网络互动中组成了自己的网络社群。他们在相同或者类似的信息环境中，逐步产生了对自己所在的网络社群依赖，更愿意在网络社群中表达自己的观点，倾诉自己的诉求，这些网络表达看上去更有个性。在社交媒体网

---

① 余丽丽：《网络社群的结构与行动机制探析》，《今传媒》2012 年第 2 期。

② 李根强、刘人境、孟勇：《基于社群用户特征的网络舆情传播趋势分析》，《情报杂志》2016 年第 9 期。

络社群的信息交流和分享过程中，不追求精致的"专业主义"标准，但喜欢个性化的信息需求和供给；重视与网络社群内的信任关系，积极维护社群共同的价值观与世界观，而不在意"政治正确"的一致性。

这种网络编织起来的网络社群，较之以社会关系交织而成的社会社群，是一种松散的社会关系，人们在其中缺少对社群一致性的价值认同，在挑战社会权威的同时也在质疑网络社群的权威和意见领袖，所以"朋友圈"粉丝的对立和"退群"时常发生。尽管如此，这种依托网络建立的松散网络社群，在社会生活中已经开始影响人们的信息传播，并对现实社会人们的行为产生了影响。2016 年美国大选本来就是 4 年或者 8 年一度的举国政治游戏，民主党和共和党为主要政治舆论集团的宣传造势活动，引发了美国人民的政治焦虑，两党纷纷宣传各自的政治理念、传播自己在政治上的主张，这些成为美国社会信息传播的共同目的，人们关注的重点是哪一个党派的政治人物可以坐上美国总统的宝座。不同政治取向的人们在如此强大的传播活动中，由于党派的、建制派和非建制派等等各种原因出现了不同的群体，他们获取信息的方式也完全不同。在自媒体平台上的人们，由于信息分享组成的网络社群，成为继社区和党派之后的另一种社会社群，他们关注相似的社会信息，采取相似的行为模式和行动策略，对其他信息做出相似的反映。由自媒体传播编织的网络社群，打破了人们以往的社会社群，形成了一种新的社会社群形式。

2018 年爆出的"数据门"事件，为自媒体时代媒介平台如何有效地推送信息，影响人们社会行为勾勒出大致的轮廓。2018 年 3 月，《纽约时报》和《卫报》爆料有近 5000 万名用户[①]的数据"资料泄露"，剑桥分析公司（Cambridge Analytica）利用在脸书获得的用户数据，对这些用户进行心理分析，有选择地推送相关信息，影响这些用户的政治选择，从而影响了美国大选、英国脱欧等重大社会政治事件的走向。丑闻爆出以后，脸书股价暴跌 10% 多，英国美国要求脸书高管出席听证会，对数据泄露事件作出说明。扎克伯格不得不在相关报纸上整版刊登致歉广告，以平息人们的不满情绪。

早在 2013 年，剑桥大学学者、俄罗斯裔美国人亚历山大·科根

---

① 还有一种说法是 8700 万名用户，其中多数是美国用户。

（Aleksandr Kogan）开发了一个名为"this is my digial life"的 App，并请求在脸书链接这个 App，抓取用户数据进行心理测试进行学术研究。这个 App 上线后大约有 27 万人下载，同意科根的 App 抓取数据，提供自己的个人资料、在脸书发布信息内容和点赞评论等网络行为数据，加上朋友圈的用户，科根最后总共获得 5000 万人的网络基础数据。科根把这些基础数据交给剑桥分析公司，这家公司在 2016 年美国大选和英国脱欧过程中，运用科根提供的数据分析进行网络画像，通过自媒体平台推送个性化信息，影响自媒体用户政治投票。虽然脸书最后知道科根违反最初承诺，要求他和剑桥分析公司删除这些数据，但实际上科根和剑桥公司都没有真正删除，而是继续使用这些数据，很多人认为正是由于这 5000 万人数据泄露，对特朗普胜选和英国脱欧产生了重大影响。

但是绝不能高估这起事件的影响，准确地讲，科根 App 和剑桥分析公司信息推送，对美国大选和英国脱欧这样大体量的社会政治事件走向的确有影响，但仅就传播层面来说，这也不是最大的媒介传播原因。自媒体在实际传播过程中，大量的是用户自己的互动传播，是用户自己的接受和转发个性化信息传播行为。在这一过程中，海量用户的互动行为才是自媒体传播影响人们社会行为的基本原因。从自媒体发轫到现在，自媒体平台的商业模式是抓取用户数据，积累用户社会背景、职业、收入、个性、爱好等数据库，努力使自媒体平台做到"比你自己更懂你"。自媒体推送个性化信息，影响人们的社会行为，是一个较长时间的过程，对短时间人们社会行为改变的影响十分有限。

但是不得不承认，互联网时代用户信息所包含的大量数据，是一种新的人类社会基础资源，已经成为各类互联网公司竞相开发的对象。现在，在自媒体平台上每一个人都有可能变成没有遮蔽的"数字白人"，准确的网络画像可以帮助商家更加精准地投放广告，影响用户的线下行为。所以如何保护人们的网络信息，避免受到不正当的侵害，既是一个规则和制度安排的问题，也是一个有关保护公众隐私安全的社会伦理问题。

2016 年《牛津词典》的年度关键词为"后真相"，认为我们正在处在一个"后真相"时代之中，他们依据的主要事实是英国脱欧和美国大选这样重大的社会事件。"后真相"概念用来描述在社会生活中，社会公众的情感和社会某个人的价值，比新闻事件的事实真相更能影响社会舆论，更容易左右社会公众的社会行为。在这样一个时代，社会公众似乎不再关心事实真相，转而偏向贴近自己的情感抚慰和个人价值的表达，把事实真相置于次要位置，是一种"坏的主观性"的集中体现。政治上"后真相"时代推动民粹主义上位于庙堂之高，甚至有摧毁西方社会和美国社会主流价值观的趋势。

社会信息传播领域中一些人把"后真相"的帽子扣在了网络和自媒体传播头上，认为在自媒体分享和交流信息的过程中，人们不再关心信息的真实性，而是在意彼此在信息传播过程中的情感体验，把个人的意见评判视作个人价值的实现，容不得人们甄别事实本身。这种观点的确有一定的批评意义，也指出自媒体传播中一些不顾事实真相的虚假传播行为。这种传播行为把事件的主观体验上升为传播第一冲动，谎言或者不真实与传者的情感表达结为同场舞伴，他们用大尺度的刺激性标题和离奇内容吸引大众眼球，用极端偏激的修辞手法挑逗公众情绪，完全不顾及事实真相和合理的解说。

但是要看到这种批评是来自传统的大众传播理论视角和框架，是对自媒体传播时代从哲学、政治学到传播学的根本否定。虽然这种观点承认自媒体传播已经对社会信息传播以及人们的社会行为产生了巨大的影响，但是他们把这种影响认作是一种"坏"的影响。我们应该知道，"后真相"理论逻辑起点，是社会公众对大众媒介的失望，大量数据和调查表明，人们对大众媒介的媒体真相并不满意。长期以来，美国大众媒介实行自由主义的市场驱动型新闻体系，奉行"流血上头条"和"人咬狗"的新闻价值学说，人们实际一直怀疑大众媒介真的就是受众的唯一选择。在大众媒介无法为社会公众提供社会真相的当口，所有人都不知道在哪里可以找到社会信息传播的工具，于是社会公众开始拆分社会信息传播工具，建立自己的社会信息传播平台。所以从逻辑上看，用"后真相"理论否定自媒体传播，并没有事实的合理性，反倒暴露了"后真相"学说的虚伪。

如果不拘泥于所谓"后真相"的理论框架，而是从自媒体传播的实际看待这个问题，我们就会发现，与生动的社会信息传播实际相比，"后真相"理论的悲怆色彩，并非能够描绘出当代社会信息传播的全部丰富内容。

第 五 章

大众传媒的变化——
以《纽约时报》为例

在自媒体传播快速发展的背景下，一些美国大众媒介根据自身优势，采取了积极的应对措施。2011 年 3 月《纽约时报》付费墙上线，它的在线计量收费模式改变了十多年来业绩下滑的局面，2014 年订阅收入首次超过广告收入，这种变化引起美国报业的广泛关注。建立付费墙后，《纽约时报》数字化多维度内容和自媒体技术运用，增强了读者体验，改变了新闻信息消费习惯，在激烈的新闻传播竞争中取得了优势，为美国大众媒介特别是报业转型发展开辟了一条道路。

第一节　付费墙基本概念

随着互联网发展，20 世纪 90 年代美国报业转型经历了两个发展阶段。初期美国的报业集团开始利用互联网新兴数字平台发布网络新闻，建立各自的新闻网站，希望聚集新读者发展广告业务，提升报业集团的综合经营能力。到了 20 世纪 90 年代中期，大部分美国日报的新闻网站逐步发展成为网络版报纸。报纸出版商认为，只要能够吸引足够高的点击率，逐步培养更多的网络版报纸订户，就能给报业综合性经营带来利润，既可以发展新兴的网络报纸，又可以带动传统报纸的发行。所以网络版报纸一直延续下来，也没有要求读者付费。

不论是做新闻网站，还是做网络报纸，美国的报纸出版商的思路其实是一样的，就是希望提高点击率，提升阅读流量，扩大受众人群，获得好的综合性经营收入。这种与新兴电子媒体的同质化竞争取得的实际效果并不好，网络报纸的读者并不多，免费阅读不但没有形成新的读者聚集，相反却使传统报纸的发行量下降。可见，报纸内容免费上网后，点击率和知名度上升与报业发展没有关系。

报纸付费墙早为美国广大读者知晓，这种付费阅读始于 1997 年《华尔街日报》（wsj. com）①，随后，《阿肯色州民主党人公报》在 2002 年开始建立网络版付费墙（paywall）②，到2011年《纽约时报》全面开启了美国报业付费墙的时代。

付费墙是一个阻止不付费网络用户随意登录阅读内容的系统③。付费墙有两种类型，分别是"硬"付费墙和"软"付费墙。"硬"付费墙又称"水泥墙"，如果用户不付费，完全看不到墙内的内容。"软"付费墙又称"篱笆墙"，比"硬"付费墙灵活，允许用户在不付费的情况下阅读部分内容。报纸在其官方网站上建立付费墙主要是为了增加付费阅读收益，减缓报纸订阅量减少和广告收益下滑④。《纽约时报》采用的计量收费付费墙，是一种"软"付费墙，允许读者每月在线免费阅读一定数量的内容。

《纽约时报》建立付费墙，是应对互联网时代高速发展的重要改革举措。进入 21 世纪以来随着信息技术的高速发展，互联网已经渗透到了美国普通老百姓生活的方方面面，计算机计算能力和处理器稳步高速发展使得世界变成了一个高速互联的社会。

自媒体在 21 世纪的兴起彻底冲垮了报纸百年来铸就的界限，报纸的发行量和广告量迅速下滑，直接影响广告商的报纸广告投入，降低了报

---

① The Week, "The Media's Risky Paywall Experiment", http: //theweek. com/article/index/205465/the – medias – risky – paywall – experiment – a – timeline, July 30, 2010.

② Schulte, Bret, "AJR: Against the grain", March 2010, available at: http: //ajrarchive. org/article. asp? id = 4859.

③ 原文: "A paywall is a system that prevents Internet users from accessing webpage content without a paid subscription", Radoff Jon, "A Brief History of Paywalls", Jon Radoff: Internet Entrepreneur, 2009. 2。

④ Preston Peter, 7 August 2011, "A Paywall that pays? Only in America", The Guardian (London), Retrieved 22 October 2011, available at: http: //www. guardian. co. uk/media/2011/aug/07/paywall – that – pays – only – in – america.

纸的收入，对自由主义理念下广告驱动的报纸商业模式带来了巨大冲击，美国报业整体陷入经营的困境，美国报业广告收入走势见图5—1。

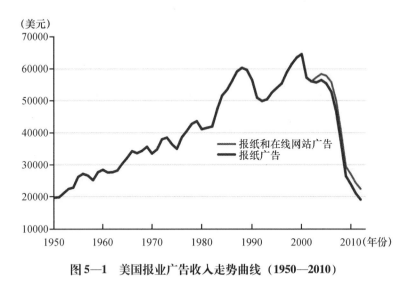

图5—1　美国报业广告收入走势曲线（1950—2010）

资料来源：美国报业协会，http：//mashable.com/2014/04/18/newspaper – revenue – decline – 2013/。

与此相反，网络在线新闻的收入超过了报纸。虽然报业集团的新闻网站和网络报纸收入也有增加，但是网络新闻的收入主要是流向了谷歌、雅虎等互联网搜索引擎及门户网站公司，而不是在线网站和网络报纸。从20世纪90年代开始，美国报业的在线网站在经营十余年后，其总收入只占报纸业总收入的11%①。

在21世纪最初的10年中，一些报纸尝试的在线新闻收费制基本上都失败了。2009年10月《每日新闻》在线网站newsday.com设置了付费墙，要求用户每周支付5美元。3个月后，只有35人在他们的网站注册②。密

①　Newspaper Association of America（2013），"Trends and Numbers spreadsheet"，available at：http：//www.naa.org/Trends – and – Numbers/Newspaper – Revenue.aspx.

②　New York Observer，"After Three Months，Only 35 Subscriptions for Newsday's Web Site"，Jan. 16，2010，http：//observer.com/2010/01/after – three – months – only – 35 – subscriptions – for – inewsdayis – web – site/#ixzz2wiiIOZoX.

苏里大学新闻学院迈克·詹纳（Mike Jenner）教授① 2010 年 4 月对 301 家报纸出版商进行了电话采访，表明其中 41% 的出版商开始着手建立不同形式的付费墙。调查发现恰恰是一些发行量不大的报纸，成为报纸在线付费墙制的先驱者。

美国报业付费墙具有转折意义的时间是 2011 年 3 月，这时《纽约时报》建立了在线计量收费模式的付费墙（Metered Paywall），允许读者可以免费阅读部分在线内容②，值得注意的是，这种付费阅读内容并不是纸质报纸的在线网络化，而是一种全新的数字化报纸，是一种具有多维度丰富拓展内容的报业自媒体，记者和编辑可以充分发挥自己的采集和编辑新闻的能力，借助自媒体技术传播新闻信息，强化了读者体验，实现了记者编辑与受众的线下与线上的互动。

《纽约时报》付费墙订阅页面，告知用户每月可以免费阅读 10 篇文章，可以利用订阅的折扣价阅读当天的精彩内容，吸引读者付费阅读内容。可以看出高质量、多维度的丰富新闻及相关分析内容，是《纽约时报》吸引读者付费的重要方式。

《纽约时报》计量付费墙推出后取得了很大的成功，成为公司的主要盈利点，2011 年建立付费墙之后，《纽约时报》逐步摆脱了困境。此后 4 年的财务年报显示，《纽约时报》的股价逐步回升，从 2011 年 4 美元起步，到 2014 年突破了 17 美元③。

《纽约时报》付费墙从一开始就引起了读者关注，其他报纸出版商纷纷仿效。根据 2011 年 4—5 月密苏里大学新闻学院社会高级研究中心对 1390 家美国日报的随机抽样调查，发现发行量在 2.5 万份及以上的报纸中，46% 建立了不同程度的付费墙；发行量在 2.5 万份以下的，有 24%

----

① 我们在进行美国报业付费墙研究时，通过美国报业协会（Newspaper Association of America）联系了长期对美国报业付费墙进行调研的美国密苏里大学新闻学院迈克·詹纳教授，他通过电子邮件和电话访谈的形式与我们分享了部分他的调研成果，并同意我们进行规范引用。据美国报业协会介绍，该教授的调研比较客观，所以我们对其数据资料进行了部分参考。

② Adams Russell, 2011, "Wall Street Journal: New York Times to Launch Pay Wall", March 28, 2011, available at: http://online.wsj.com/news/articles/SB10001424052748703818204576206493926595616.

③ 吴佳明：《美国报业巨头 Gannett 股价 5 年涨逾 20 倍》，证券时报网，2014 年 8 月 6 日，http://epaper.stcn.com/paper/zqsb/html/epaper/index/content_599871.htm。

的已经建立了付费墙。那些还没有建立付费墙的报纸中，有 35% 开始考虑在一年内建立收费墙，50% 的报纸表示会在未来建立在线付费墙①。从 2012 年开始美国报业掀起了建立付费墙的热潮，当年 2 月甘尼特（Gannett）报业集团宣布旗下 80 多种报纸开始准备建立付费墙，几乎同时《洛杉矶时报》也声称将建立在线付费墙②。迈克·詹纳 2012 年调查发现美国 416 家日报在线收费比 2011 年增长了 33%，《纽约时报》的付费墙模式迅速成为在线收费的基本模式。

第二节 《纽约时报》数字化转型和自媒体技术

从免费阅读到建立付费墙收费，美国报业的转型过程引起了国内外相关专业学者的关注。目前国内关于美国报业转型的研究中，主要集中在美国报纸网络在线付费墙的研究上，鲜有涉及付费墙后的内容的相关研究。

2014 年 10 月，我们对美国威斯康星大学麦迪逊分校新闻与传播学院教授凯瑟琳·卡尔文（Kathleen Culver）等美国十大新闻学院的教授和教师③进行了邮件和电话采访，他们的意见基本上是一致的：美国报业建立付费墙，表面看是报业从免费到收费的一种商业模式的转型，但决定报业转型成功的关键是建立付费墙后所提供的新闻内容价值，以及借助自

---

① Jenner M., 2011, RJIonline. org, "Small papers lead the way in charging for content", available at: May 31, 2011, http: //www. rjionline. org/news/small－papers－lead－way－charging－online－content.

② Hirsch Jerry, 2012, Los Angeles Times: "Los Angeles Times launches new membership program", Feb. 24, 2012, available at: http: //articles. latimes. com/2012/feb/24/business/la－fiw－times－20120224.

③ 他们是：哥伦比亚大学新闻学院助理教授史蒂夫·科尔（Steve Coll）、宾夕法尼亚大学安南伯格传播学院教授加勒特·布罗德（Garrett Broad）、马里兰大学助理教授克里斯托弗·汉森（Christopher Hanson）、北卡罗来纳大学圣殿山分校新闻与传播学院教授斯宾塞·瑞安·巴恩斯（Spencer Ryan Barnes）、佛罗里达大学新闻与传播学院院长黛安·麦克林（Diane McFarlin）、威斯康星大学麦迪逊分校新闻与传播学院教授凯瑟琳·卡尔文（Kathleen Bartzen Culver）、密歇根州立大学传播艺术与科学学院的露辛达·D. 杜夫普（Lucinda D. Davenport）、密苏里大学新闻学院的珍妮·艾伯特（Jeanne Abbott）、德州大学奥斯汀分校传播学院的 R. B. 勃伦那（R. B. Brenner）、南加州大学安那伯格传播与新闻学院的达娜·秦（Dana Chinn）。

媒体技术对优质新闻内容进行有效传播。

目前通过数字化技术，《纽约时报》已经建立起了从 1851 年至今的动态数据库，这个数据库包含 160 多年来 14723933 篇往期文章①。这是一种具有大数据意义的新闻档案，使《纽约时报》所提供的信息综合服务超过了传统意义的新闻机构。他们在报道新闻的同时，在海量数据库的支持下，能将相关新闻的背景、前后关联报道、新闻事件历史追溯等诸多新闻元素多维地立体地告诉读者，在激烈新闻竞争中做出差异化的新闻。通过对《纽约时报》的稿件来源和类别相关计量分析，可以很清晰看出这种变化。

一　《纽约时报》稿件信源与自媒体的占比分析

我们通过内容来源分析，选取了《纽约时报》数据库 2014 年 2 月至 2015 年 2 月的全部文章，对其中包含的推特、脸书、优管关键词的文章总量进行统计（包含其中任何一个关键词即可），研究《纽约时报》对自媒体内容的选用情况。

从美国东部时间（纽约）2014 年 2 月 9 日 00：00 至 2015 年 2 月 8 日 23：04，《纽约时报》刊发文章数共计 58456 篇②，其中提到了优管（视频自媒体）、脸书（社交网络）或推特（微博）的文章数相关情况，见表 5—1。

表 5—1　　　《纽约时报》网站采用稿件中涉及自媒体的新闻数

	2014 年 2 月 9 日—2015 年 2 月 8 日 12 个月文章数（篇）	自媒体名称	涉及文章数	占总文章数比例（%）	内容分析随机抽样自媒体相关文章数（10%）（篇）
《纽约时报》	58456	Twitter	2846	4.9	285
		Facebook	1642	2.8	164
		YouTube	494	0.8	49

---

①《纽约时报创新报告》（Innovation：Executive Summary），The New York Times co.，March 24，2014. p. 28。

②《纽约时报》数据库，http：//query. nytimes. com/。

2014 年 2 月 9 日—2015 年 2 月 8 日 12 个月文章数（篇）	自媒体名称	涉及文章数	占总文章数比例（%）	内容分析随机抽样自媒体相关文章数（10%）（篇）
合计	—	—	4982	8.5	498

资料来源：《纽约时报》数据库，http：//query.nytimes.com/。

如表 5—1 中所示，三家美国最具代表性的自媒体网站的内容，在《纽约时报》数据库中所占的比重并不大。其中视频自媒体（优管）报道篇数不足 1%。在 2014 年 2 月 9 日—2015 年 2 月 8 日这 12 个月中，《纽约时报》采用脸书的文章数占 2.8%，《纽约时报》采用推特的文章数为 4.9%。从表 5—1 中可以看出，自媒体已经成为《纽约时报》报道的一部分，但在新闻信源中，所占的比重很小，自媒体平台不是《纽约时报》新闻采编信息主要的信源。

二　《纽约时报》源于自媒体信息的内容分析

为进一步分析《纽约时报》对自媒体信息采用情况，我们对表 5—1 中涉及自媒体的文章抽取 10% 的样本共计 498 篇，进行统计变量分析，内容如下：

（1）自媒体关键词与具体报纸文章的关系：既是文章标题的一部分，也是文章的内容。

（2）对报纸文章内容进行了分类：政治、经济、体育、杂谈、媒体、文化艺术、法律与案情、技术、科教、战争、其他。

（3）文中是自媒体所涉及的事件当事人：政客、政府权威、商业人士、公众人物、专家、社会名流、运动员、普通民众和其他。

从这 498 条与自媒体相关的新闻分析样本进行的信源统计分类可以看出，从自媒体上获取的新闻信源所占比例不大。同时，将自媒体新闻信源作为标题的一部分（即直接引用）的新闻共计占 27.4%，为 136 篇。内容引用的为 362 篇，占 72.6%。由此可以看出，《纽约时报》对自媒体信息基本上要进行第二次加工才刊发使用，见表 5—2。

表5—2　　　　　《纽约时报》文章中源于自媒体信息中的文章数

	标题引用（标题中包含关键词）	内容引用（标题中无相关内容）
498 篇抽样文章（篇）	136	362
占总样本百分比（%）	27.4	72.6

资料来源：《纽约时报》数据库，http：//query.nytimes.com/。

有些新闻与经济和技术关联性较强。498 篇来自自媒体新闻中，有 413 篇（占比82.9%）的新闻只是将自媒体新闻当成新闻信源之一，也就是说，自媒体和其他新闻线索渠道一样，只是撰稿记者的参考之一，见表5—3。

表5—3　　《纽约时报》中自媒体是文章唯一信源或者信源之一情况

	自媒体是唯一信源	自媒体新闻是报道的信源之一
498 篇抽样文章（篇）	85	413
占总样本百分比（%）	17.1	82.9

资料来源：《纽约时报》数据库，http：//query.nytimes.com/。

在《纽约时报》采用的自媒体新闻中，所涉及的自媒体新闻涵盖面比较广，涉及社会生活各个方面，各类新闻所占比例，大致与《纽约时报》纸质版版面比例相当，见表5—4。

表5—4　　　　　　　来自自媒体的新闻内容分类

498 篇抽样文章内容分类	相关文章数（篇）	占总样本百分比（%）
政治	81	16.3
人文（Humanity）	73	14.7
文化艺术	66	13.3
媒体秀和商业演出等	57	11.4
体育	48	9.6
战争与冲突	46	9.2
其他	42	8.4
经济	31	6.2

续表

498 篇抽样文章内容分类	相关文章数（篇）	占总样本百分比（%）
犯罪与审判	29	5.8
科教	25	5.0

资料来源：《纽约时报》数据库，http：//query. nytimes.com/。

从这种意义上说，自媒体可以帮助记者拓宽新闻线索来源。与此同时，记者也利用它跟踪了解各种名人、娱乐明星的动态，找准机会俘获新的大众八卦新闻。正如表5—5中所示，《纽约时报》中源于自媒体的新闻主要涉及的是普通市民。通过深度阅读我们发现，在极个别情况下《纽约时报》的记者也会引用具体某个人的自媒体信息作为新闻信源，但大部分情况都是基于自媒体信息进行综合采编的。同时在表5—5中也可以看出，报纸新闻记者更倾向于报道普通的市民新闻。

如果《纽约时报》人物新闻中采用了自媒体的信息，一般也都是众所周知的名人，他们在提升自身知名度的同时也可以通过自媒体获益。在《纽约时报》中人物新闻中有1/4来自自媒体，见表5—5。其中名人艺术家、明星占17.9%，政客占9.6%、政府官员或企业高管占7%。分析表明自媒体作为报纸记者新闻线索来源，直接采用的可能性很小。

表5—5　　　　来自自媒体的新闻所涉及的报道对象身份分析

《纽约时报》美国版（样本总计498篇）	相关文章数（篇）	占总样本百分比（%）
大众和普通公民	208	41.8
名人艺术家、明星	89	17.9
体育明星	51	10.2
政客	48	9.6
其他	43	8.6
政府官员或企业高管	35	7.0
专家	24	4.8

资料来源：《纽约时报》数据库，http：//query. nytimes.com/。

三　《纽约时报》数字化报纸提供了比自媒体更为专业的新闻内容

以上数据的分析表明，现在《纽约时报》的记者和编辑对自媒体保持着高度的关注，自媒体平台也成为记者和编辑获取新闻线索的渠道之一。但自媒体并没有主宰《纽约时报》新闻的信源，源于自媒体的新闻比一般人们感觉要低很多。从采用情况看，源自推特和脸书的新闻采用情况要远大于来自视频网站优管的采用情况。

数据还进一步表明，从自媒体采用新闻类别和新闻报道对象看，在报道次序上，并不存在传统报纸报道中的名人优先等级制，这与传统的大众媒介新闻报道次序不同，在人物报道中《纽约时报》似乎正在颠覆传统报业的金字塔，这也是自媒体本身的特点。很多普通人能够通过自媒体的传播迅速成为名人，知名度甚至能够超过其他名人。从趋势上看，《纽约时报》改变了传统报纸围绕"精英"的习惯，这种报道方式的传播效果虽然短期内还不明显，但却是非常鲜明的发展方向。

较之于其他自媒体平台，《纽约时报》数字化报纸通过对原有信息资源的整合和优化，极大地提高了历史信息和新闻信息的利用效率和价值，具有强大的新闻综合能力，提升了读者付费阅读的内在价值。这既是自媒体传播知识和信息积累的特点，也是传统报业依托自身优势打造的权威性数字化报纸必由之路。

四　《纽约时报》关于 2014 年密苏里弗格森镇迈克尔·布朗枪杀事件的报道

2014 年 8 月 9 日，在美国密苏里州的弗格森镇 18 岁黑人学生迈克尔·布朗被警察枪杀，引发当地持续性抗议活动，并很快演变成一起骚乱事件。一时间美国媒体争纷不断，关于枪杀事件的争论在美国各类自媒体平台上持续激化发酵，不断地刺激美国人关于种族歧视的神经。2014 年 11 月 25 日，《纽约时报》以"弗格森到底发生了什么?"[①] 为题

---

① 该专题的链接为：http：//www. nytimes. com/interactive/2014/08/13/us/ferguson – missouri – town – under – siege – after – police – shooting. html？hp&action = click&pgtype = Homepage&module = first – column – region&region = top – news&WT. nav = top – news&_r = 1。

进行了全面而客观的报道，使得整个舆论逐渐趋于客观。该报道的内容
结构如表5—6所示。

表5—6　　2014年密苏里州弗格森镇布朗枪杀事件纽约时报网络版报道框架

关联文章（7个方面）	涉及内容
1. 什么事件导致（警察）射杀黑人迈克尔·布朗	以事件发生时间为主线，精确标识两张高清卫星拍摄的事发地点图片，精确还原相关过程和当事人行走路线、遭枪杀时警察与当事人所处的位置
2. 涉事警官威尔逊（Wilson）的证词	公布了11页涉事警官的调查证词和相关的5张图片证据（扫描版法院档案）
3. 目击者的法庭证词及相关证据	公布了108位目击证人的完整证词（扫描版法院档案）
4. 布朗被枪击情况	公布了23份法医及涉案现场记录（扫描版法院档案）
5. 大陪审团宣判结果（Grand Jury）	公布了24卷大陪审团笔录（Grand Jury Transcripts），267张涉案现场及相关人员照片，部分补充法医报告等
6. 法庭宣判后发生了什么	公布了6组弗格森镇超市烧毁，街边门面店、餐馆、咖啡吧遭遇打砸抢等的照片，对因为宣判不满而引发的暴乱进行了客观报道
7. 其他相关报道	除公布了大量一手材料外，还就此次事件宣判争议焦点、此次事件与以往的黑人枪杀事件有何异同、多少政府机构参与了调查、警察对平息抗议和暴力骚乱采取了怎样的措施、导致弗格森镇种族关系紧张的原因、弗格森镇整体犯罪率在全美的排名情况等进行了报道和分析

资料来源：《纽约时报》数据库，http：//www.nytimes.com/。

　　如表5—6中所示，由于受到多种客观条件限制，其他自媒体平台
很难在短时间内迅速发布大量的照片，用140个英文字符很难写出来一
些有说服力的分析文章。报道如此复杂的新闻事件，自媒体更不可能系
统地获得和发布法院、陪审团原始档案材料。自媒体短、频、快的传
播方式决定了短时间信息可能是散乱的甚至相互矛盾，造成信息价值

的耗散，降低传播效果，很难聚拢起强大的社会共识，不可能对这样重大的社会新闻进行客观全面的报道，产生像《纽约时报》那样的传播效果。

《纽约时报》对弗格森案的报道，也是传统纸介报纸很难做到的。传统报纸不可能刊发 24 卷上千页的法院和陪审团的原始材料，也不可能同时刊发如此多的事件图片，更做不到对新闻事件的即时发布、与读者即时互动，从而使读者及时了解事件发展进程，表达自己的信息需求和观点。《纽约时报》借助自媒体技术形成的广泛而迅速的报道，远远超越了传统纸质的《纽约时报》，促使记者和编辑拓宽新闻视野，了解读者动态化的需求，提高新闻采集能力和编辑质量。从这种意义上说，《纽约时报》借助高速发展的自媒体技术，在付费墙模式的利益驱动下创建的这种数字化报业自媒体，已经成为一种新的媒介形态，在传统报业和其他自媒体传播竞争中取得优势。

第三节 《纽约时报》付费墙对美国 报业数字化转型的影响

尽管在 2010—2013 年期间，美国大部分报纸已经开始从在线免费向在线付费转型，但要建立一个成功的付费墙模式并非易事，各个报业集团仍然处于探索的过程中。从报业集团运营的角度看，建立付费墙，转变媒体经营模式，需要考虑一系列关键变量，这些问题直接涉及付费墙的运营基础、它的长期利润绩效、从免费转至付费后的损失与收益比较等。

一 《纽约时报》付费墙直接降低了运营出版成本

对于美国报业经营者而言，纸质报纸刚性成本是逼迫报业推动网络付费墙建设的重要原因。纸质报纸成本居高不下和自媒体冲击导致报纸广告收入的减少，严重影响报业的经营。从其成本结构看，一是纸质报纸的固定成本高，报纸开支增加；二是发行量不断下降，报纸营销收入减少。仅从印刷出版和运营成本来看，印刷 10 万份报纸和印刷 15 万份报纸的实际成本是差不多的，因此，发行量下降 10%，并不等于印制和发行报纸的成本也会相应下降 10% 。所以，纸质版报纸的订阅量越来越少的情况，并不意味着成本也会越来越低。

降低纸质报纸的刚性成本，成为报业公司的主要问题。在发行纸质版报纸成本不变，发行量减少的情况下，报业公司都在寻找新的利润增长点。不论是否建立付费墙，纸质报纸的发行量都在不断萎缩，这是整个美国报业必须面对而且很难扭转的趋势。在早期电子网络报纸免费模式难以为继的前提下，建立网络付费墙自然就成了报业集团的首要考量。

《纽约时报》数字化出版基本不顾及印刷成本因为各种原因而上涨，电子出版通过复制或者点击阅读，使得成本构成一旦形成基本就固化了，与具体的发行数字基本没有关系，边际成本趋于零。

二　《纽约时报》付费墙基本解决了美国报业转型的几个关键问题

1. 收费模式问题。在 2011 年以前，无论是"硬"付费墙还是"软"付费墙，各类报纸都进行了不同的收费模式的探讨，但基本上都以失败告终。正如前文所示，《纽约时报》的计量收费制，为其他报纸提供了优秀的参考收费模型。

2. 部分免费的内容是否能够吸引读者在将来付费问题。研究显示，无论是短期付费还是长期付费模式，在吸引读者进一步付费方面，结果都比较乐观[①]。但这需要设计者考虑以下关键问题：即读者阅读免费文章后能否继续付费阅读？多少免费文章能促使读者继续付费阅读？《纽约时报》的免费内容设置和专题的策划起到了示范作用。

3. 建立付费墙报纸内容变化以后，付费墙的期望收益怎么估算？是所有的都需要付费吗？还是只有新闻和相关专业评论需要付费呢？一般而言，读者持续付费依赖于提供内容的价值，付费新闻需要比免费新闻更专业，更加具有吸引力。如果报纸决定设置付费区，就需要仔细研究付费内容的价值。

付费墙预期收益，目前美国报界通常采用如下计算公式：

---

① Gedenk K. , Neslin S. A. , "The Role of Retail Promotion in Determining Future Brand Loyalty: Its Effect on Purchase Event Feedback", *Journal of Retailing*, 2000. 4, pp. 33 – 59.

付费墙期望收益 = （在线用户订阅数 × 订阅费）－（免费用户数 × 广告费）＋（纸质版订阅数 × 订阅费）①

这个付费墙期望收益公式，最初是由美国学者保韦尔斯·维斯于 2008 年提出，后来在各大报纸建立付费墙的过程中得到了验证。但是由于不同报业公司的收益目标各不相同，所以不同的报业公司对公式中每个变量也有不同的权重分配。

结合对《纽约时报》付费墙的分析，不难看出对以上关键问题，《纽约时报》付费墙已经基本解决。

三　付费墙使大众媒介逐步摆脱了对广告商的依赖，建立了一种全新的商业模式

《纽约时报》付费墙极大地促进了当代大众媒介向新闻本源的回归。收费阅读摆脱或者减少了大众媒介对广告收入的依赖，记者编辑和大众媒介的管理者将会更加相信新闻专业主义的基本信条，通过"卖"新闻而不是"卖"广告，达到收支平衡或盈利，保证大众媒介正常健康发展，从而实现自己的新闻理想。新闻传播不再是过去的新闻传播与商业信息等信息传播的杂混，商业信息、广告信息传播将会与新闻传播主动分离，依赖大数据分析潜在消费人群，实现广告精准投放的目的。也就是说，广告商将不会再看大众媒介的受众数据，而单独设计自己的广告投放数据模型。这种改变或将一定程度上促使新闻业与商业广告业分离，对两方都带了巨大的发展机遇。这可能是一种历史的改变，促使新闻传播的向前回溯，倒逼新闻从一开始就要做到有利新闻信息的传播。

2012 年《纽约时报》线上线下订阅者收入首次超过了当年广告总收益，占到了 50%（广告收益占 45%），到 2013 年，《纽约时报》线上线下订阅者收入占到了总收益的 52%（广告收益占 43%）②，订阅收入成为《纽约时报》的主要收入。

---

① Pauwels K., Weiss A., "Moving from Free to Fee: How Online Firms Market to Change Their Business Model Successfully", *Journal of Marketing*, 2008.3, pp. 14 –31.

② 《纽约时报创新报告》（Innovation: Executive Summary），The New York Times co.，March 24, 2014. p. 60。

表 5—7 为《纽约时报》主要收费项目及价格设计，从收费类别可以看出，对目标用户需求进行了细分，提供不同方式的灵活付费墙。同时在价格设计上，还对纸质版订阅用户（捆绑赠送电子版所有权限）进行诱导性电子阅读优惠，逐步培养纸质版用户的在线阅读习惯。对于偏爱某一具体栏目和某一特定形式的用户，设计了单项收费方式，提升用户的阅读体验。

表 5—7 **《纽约时报》主要收费项目**

收费类别	价格	服务权限
Home Delivery 纸质版订阅	最低每周 4.5 美元，连续订阅不低于 26 周	每日日报投递到家 《纽约时报》网站所有权限 所有手机 App 和电脑接入权限
Digital Subscriptions 数字版订阅	笔记本/台式机登陆 + 手机 App 前 26 周每周 1.8 美元，此后每周 3.75 美元 笔记本/台式机登陆 + 平板电脑 App，前 26 周每周 2.5 美元，此后每周 5 美元 笔记本/台式机登陆 + 平板电脑 App + 手机 App，前 26 周 4.38 美元，此后每周 8.75 美元	《纽约时报》网站所有权限
NYT Opinion 《纽约时报》评论	每周 1.5 美元	提供评论模块的所有阅读、存储、下载权限，并提供其他模块累计免费阅读 10 篇文章的权限
Gift Subscriptions 《纽约时报》礼品券（第三方付费）	（1）《纽约时报》数字版礼品券，最低 30 美元起，价格和数字版订阅相同 （2）《纽约时报》纸质投递版礼品券，最低 69 美元起，价格和纸质版订阅相同	（1）包含各种终端接入时报网站的全部权限 （2）包含每日早上纸质版投递和数字版各终端接入所有权限
Replica Edition 纸质版报纸扫描版	（1）前两周免费，此后每 4 周 19.99 美元 （2）前两周免费，此后每年 259.87 美元	提供与纸质版报纸一模一样的电子阅读体验，并提供《纽约时报》数据库往期报刊全部权限

收费类别	价格	服务权限
International New York Times 国际版	国际版订阅价格根据不同地区的价格各有不同，但参照美国用户价格设定	相关服务权限参见本表前几项介绍

资料来源：本表根据《纽约时报》官方网站公布的收费政策制作，制作时间为北京时间 2012 年 2 月 15 日 16：30，http：//www. nytimes. com/subscriptions/Multiproduct/lp3HY66. html？campaignId = 4JKYJ。

第四节　付费墙用户体验及新闻消费习惯改变

长期以来，人们已经习惯了免费阅读电子产品。虽然《纽约时报》付费墙建立的不是第一种付费阅读产品，但却是一种经常性的消费品。从免费阅读到付费阅读，要改变受众的新闻消费习惯，要改变新闻受众的消费心理定式，甚至要改变受众由纸质到电子媒介获取新闻信息的基本阅读方式，逐步培养受众付费获取新闻信息消费习惯。从这个角度看，《纽约时报》在受众市场做出了成功实践。

一　付费墙开始建立时，读者态度比较消极

《纽约时报》网站于 1996 年正式上线开始，一直是免费开放的，到 2011 年秋季网站在线用户数达到了 3400 万人。2011 年 3 月开始试行付费墙，接受"数字化订阅"。按照计量付费的方式，通过在线订阅的读者每月可以免费阅读 20 篇文章。到 2012 年 4 月免费阅读的文章数每月减至 10 篇，2017 年进一步下降到 5 篇，一部分喜欢《纽约时报》的读者不得已，只好利用付费墙的漏洞或者翻墙的办法免费阅读。

习惯于长期免费的读者忽然要面对付费墙，在消费心理层面上会是怎样的转变？目前的研究和调查并不多。因为对于类似消费者心理行为调查需要非常好的时机，并不是任何时候都可以进行的。国内外文献主要集中在对《纽约时报》付费墙机制的介绍和运作模式研究，对《纽约

时报》付费墙前后读者心理变化研究也很少。美国宾夕法尼亚大学心理系的教授乔纳森·库克（Jonathan E. Cook）就付费阅读对消费者进行了系统的调查和研究，分析《纽约时报》读者付费前后的心理转变过程。经本人同意，我们采用了其部分调查结果作为案例进行说明。库克教授的调查相关情况如下。

库克采用了链式抽样调查法①，发送电子邮件对美国 954 名《纽约时报》读者进行了调查。这些受访者分别来自美国 46 个州的 520 个地区（根据地区邮政编码统计），以及除美国之外的国家（如哥伦比亚等，占 7%）。调查分为两个阶段：第一阶段是在《纽约时报》付费墙建立前后一个月，时间为 2011 年 3—4 月；第二阶段是在《纽约时报》付费墙建立之后。受访者平均年龄为 42 岁，其中 51% 为女性，49% 为男性。年收入为 5 万—8 万美元，基本属于美国中等收入阶层，93% 的受访者受过高等教育，受访者结构与《纽约时报》在线读者结构近似（第二阶段的调查样本是 656 人，实际参与人数为 400 人，人员结构和第一阶段类似）。

调查的问题：第一阶段主要集中在读者阅读《纽约时报》（含线上线下）的习惯、阅读目的、对《纽约时报》付费墙的态度，例如他们登录《纽约时报》的频率、他们认为《纽约时报》新闻的价值、他们对《纽约时报》付费墙的建议等。第二阶段的问题与第一阶段问题类似，但因为第二阶段付费墙已经实施，所以侧重点主要调查读者使用付费墙的体验和感受。

调查结果：（1）从第一阶段的结果看，受访者基本上都是《纽约时报》网站的常客。48% 的读者每天至少登录一次《纽约时报》网站，受访者给《纽约时报》网站打出平均 78.5 分，大部分读者对《纽约时报》有着良好和优秀的评价。但同时只有 7% 的读者有付费的打算。另外 12% 的读者因为已经订阅了纸质版，同时有在线阅读账户。16% 的读者表示有付费的意愿。65% 的读者表示未来不会为付费墙付费。调查结果还显示，受访者

---

① 链式抽样（chain referral sampling）又称滚雪球抽样（snowball sampling），是指先随机选择一些被访者并对其实施访问，再请他们提供另外一些属于所研究目标总体的调查对象，根据所形成的线索选择此后的调查对象。该抽样调查法的优点是比较适合寻找一些在总体人群中比较少的特有调查对象。

认为，付费价格和其他可替代的新闻产品是影响《纽约时报》付费墙的最大障碍，其中68%的读者认为付费墙每周3—4美元定价过高。在这68%的受访者当中，只有18%的读者认为自己真的无力负担这笔费用。数据显示，对于不愿意付费的受访者，主要有两个原因：一是认为可以找到可替代的新闻产品，二是认为可以找到付费墙的漏洞，后者可以利用第三方软件破解付费墙继续免费使用。具体情况见表5—8。

表5—8　　　　《纽约时报》付费墙第一阶段调查情况汇总

序号	主要调查的问题	调查反馈
1	每周登录几次纽约时报网站	3.2次
2	不准备付费阅读在线内容	65%
3	你认为价格是否能够接受（心里接受程度）	76%
4	你认为纽约时报在线内容价值多少（100分为满分）	78.5分
5	你准备怎样应对付费墙？	
	（1）利用其活动折扣进行预订	5.3%
	（2）只阅读其免费的20篇文章	59.9%
	（3）利用付费墙漏洞，翻墙阅读	39.4%
	（4）开始订阅纸质版（同时开通在线账号）	3.5%
	（5）在已经订阅的纸质版基础上增加开通网络账号	0.8%
	（6）用别人的账号登录	9.5%
	（7）不再上其网站阅读新闻	11.8%
	（8）寻求其他免费网络新闻网站	44.3%
	（9）还在考虑，目前没有想法	21.9%
6	不想付费的原因	
	（1）我没有能力负担这笔费用	2.2%
	（2）我不想支付这笔费用	2.5%
	（3）看其他网站提供的免费新闻就可以了	3.1%
	（4）每天送到家门口的纸质版是最好的，无须再在线看	1.4%

（2）根据付费墙实施近4个月后的2011年7月进行第二次调查显

示，付费墙建立后，在本来就不打算付费的受访者中，有95%的受访者在《纽约时报》付费墙试行4个月后仍旧不准备付费。但是受访者对《纽约时报》的价值评价依然很高，较之于付费墙建立之前对《纽约时报》平均78.5分（满分100分）的好评，第二阶段读者对《纽约时报》的好评的平均分为76.5分。调查显示57%的读者知道《纽约时报》付费墙的漏洞，可以绕过付费墙自己上线免费阅读，他们甚至还可以帮助别人绕开付费墙免费阅读相关内容，分流了一些读者，也是影响部分读者做出付费决定的关键因素。

二　《纽约时报》的实际发展概况显示：与最初读者调查结果相反，《纽约时报》取得了较好的订阅增长，付费阅读已经成为一种消费者习惯

可以明显地看出，《纽约时报》付费墙开始建立时，受到读者一定程度的心理抵触。但优秀的新闻内容、较为合理的运营模式使消费者逐渐接受了网络在线付费墙，2011年以来付费读者数量持续增长，由开始时不足20万人，增长到2014年4月80多万人，付费用户翻了4倍，如图5—3所示。

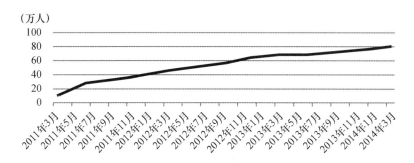

图5—3　2011年3月—2014年3月《纽约时报》付费读者数量曲线

资料来源：根据《纽约时报》公司2011—2013年年报和2014年第一季度季报绘制，www.nytco.com。

受众新闻消费习惯的改变也可以从实际收益看出。在2014年第四季度，《纽约时报》公司的总收入上升了0.2%。纸媒广告收入下降了9.2%，数字广告收入上升了将近19.3%。发行总收入上升了1.4%，其

他收入上升了 10%。数字付费用户从第三季度末的 875000 人上升到
910000 人。数字广告收入和数字付费用户的增长成为公司利润的增长
点，2014 年的数字产品的发行收入超过了 1.75 亿美元[①]，2017 年经营收
入达到 17 亿美元，主要得益于数字付费订阅业务的强劲增长，总计有
260 万名用户开通了付费墙服务。目前订阅（含线上和线下）收入占到了
纽约时报整体收入的 60%，报纸对广告客户的依赖度持续下降，现在
《纽约时报》已经在讨论是不是彻底放弃印刷版，实现全数字化出版。

在《纽约时报》付费用户中，绝大部分是在线阅读，其中非移动电
脑用户最多，如图 5—4 所示。

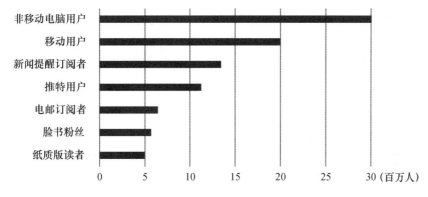

图 5—4　《纽约时报》读者来源分析（含线上线下）[②]

更为深远的是，《纽约时报》打造的数字化报纸，能够延长生命力，
把新闻这种"易碎品"变成了一种可资查阅的历史档案。《纽约时报》公
司曾做过实验，发现专题性和多维度的解释性报道的生命力远大于一般
新闻报道，数字化报纸为保存和查阅这种报道提供便利，见图 5—5 和图
5—6。

图 5—5 为一般新闻报道的读者关注浏览曲线。图 5—5 中数据曲线表

---

① The New York Times Company Reports：2014 Fourth－Quarter and Full－Year Results. Feb.
3，2015，available at：www. nytco. com.

② 《纽约时报创新报告》（Innovation：Executive Summary），The New York Times co.，March
24，2014. p. 81。

明，新闻刊出后，在1—2天之内关注度急剧下滑，过往后基本不会再被关注。图5—6为2013年《纽约时报》的一篇关于利比·罗森塔尔的"结肠镜检查"的解释性报道在刊发后的半年内，依然保持着持续关注热度。付费墙驱动下的高质量多维度的解释性新闻，不仅增强了用户体验，而且也保持了新闻的生命力。

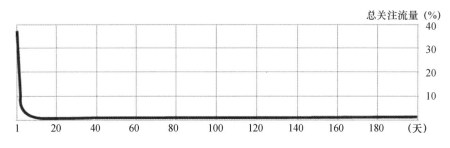

图5—5　一般新闻报道的读者关注流量曲线

资料来源：《纽约时报创新报告》（Innovation：Executive Summary），The New York Times co.，March 24，2014. p.29。

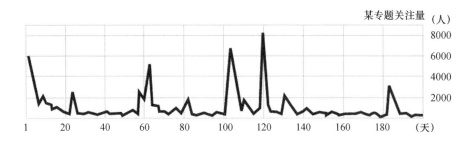

图5—6　某专题报道的读者关注浏览曲线

资料来源：《纽约时报创新报告》（Innovation：Executive Summary），The New York Times co.，March 24，2014. p.29。

　　如同《纽约时报》内部讨论的话题一样，建立付费墙以后，实际上纸质版的《纽约时报》还在继续发行。当年的广告商曾经抱怨纸质版发行量下滑，质疑投放广告以后的宣传效果，可是现在他们也并没有大胆地在《纽约时报》数字化报纸上投放广告。从受众角度看，虽然电子媒介产品已经成为普遍的消费品，但是在一些深度阅读的领域，不少人还是习惯纸介媒体。此外，付费墙本身也有缺陷，软件设计仍旧存在漏洞，防止翻墙的程序不是很完备。这并不是《纽约时报》付费墙没有能力做得很好，而是担心作为一款被消费者经常使用的网上软件，过于繁复的软件设计往往要求人们在使用时也会相对繁复，影响对于整个付费墙的使用。新的盈利模式的确受到欢迎，但只是一些社会精英可以付费阅读，随着"付费墙"高起的门槛，一般低收入人群可能会减少获到高品质新闻产品，无法从中受益。2017 年年底《纽约时报》"付费墙"外的非订阅用户每月可阅读文章由 10 篇减到 5 篇，这样是否有悖于大众媒介一直标榜的社会责任？加剧美国社会信息传播的极化倾向？如此等等，都有待于人们继续观察。

在以自媒体传播为标志的 3.0 时代，《纽约时报》建立付费墙后的数字化报纸的成功，引起的美国新闻界的广泛关注，为今后美国报业转型提供了一条现实可行的路线，它的基本方向就是建立报业自己各具特色的数字化报纸，开辟一个"有报无纸"的时代。

第 六 章

自媒体传播对社会行为的影响
——以美国"独狼"犯罪为例

　　自媒体传播不仅影响美国总统选举这类社会公众参与度较高的社会活动走向，对于人们社会组织和行为方式，也产生着深刻影响。在美国及其西方国家的"独狼"犯罪活动中，自媒体传播开始只是一种极端思想和意识形态的传播方式，但是这种网络信息传播方式变成了构建网络恐怖组织的主要手段，产生了"传播即组织"的现象，网络恐怖组织的线下行为与传统的恐怖袭击不同，他们一般不发动类似"9·11"有组织的恐怖袭击，而是大量采取"独狼"袭击。在此类研究中，我们不仅可以揭示极端主义犯罪的媒介原因，还可以进一步了解媒介变化是怎样改变了人们的传播方式，以及人们的社会组织方式和社会行为。

　　恐怖主义在自媒体时代浸染上网络化浓重的色彩。在自媒体平台，恐怖组织信息采取病毒式传播方式，在公共自媒体平台形成二次传播和多次传播，把公共自媒体变为恐怖组织信息传播的主要工具，它改变了恐怖组织从组织到点、由无数个点构成组织传播的信息传播方式，每一个"键盘圣战分子"都是具有传播功能的基本单元，具有向"群"无限扩展传播的功能。这种传播形态是一种无组织的群的无限传播形态，每一个点的自我传播行为都可以建立新的群，传播力呈现几何级数增加。与此同时，恐怖组织的组织结构和恐怖袭击方式也发生新的变化。恐怖组织在自媒体传播过程中发布大量黏性信息，建立网络社群，构建了新的恐怖主义网络组织。这种网络组织有三种基本结构，它们混杂融合，依托自媒体的海量用户，形成了复杂的网络组织系统，由无数的节点向外发散。恐怖袭击的形式由原先"攻城略地"、建立恐怖组织大本营"非国家行为体"，变为煽动发动大量

"独狼"袭击。从世界范围内看,"独狼"袭击不断发生。2017年4月初,一周之内3个国家遭受4起"独狼"恐怖袭击。英国曾在一个月内连遭3起"独狼"恐怖袭击,陷入40年来最严重的恐怖危机。2017年10月2日,美国遭受到历史上最严重的"独狼"袭击,59人死亡,500多人受伤。阻断恐怖主义信息传播,防止"独狼"袭击发生已成为世界各国共同关心的问题。

第一节　自媒体与恐怖组织信息传播发展

世界各国对恐怖主义概念有着不同的界定,存在着一定的差异。"使用暴力进行威胁、政治性、无差别打击,是定义恐怖主义的3个关键词,也是区别恐怖主义活动和一般意义上的政治报复或者犯罪活动的关键。"[①] 在自媒体时代,以上3点并没有根本性改变。在暴力威胁方面,恐怖组织信息传播过程中有着明显的暴力指向,教导受众使用武力手段达到极端主义目的;在政治性方面,鼓励人们效忠某一恐怖组织,遵从某一恐怖组织的政治意志;在确定袭击目标时,选择那些可以引起舆论关注、渲染恐怖气氛的公共目标。

恐怖组织信息传播经历了不同阶段,目前自媒体成为主要传播平台。恐怖组织利用自建和直接控制的网站,大量散布自源性信息,并采用病毒式传播方式,通过链接指向各类自媒体平台,感染其他公共自媒体平台,实现二次传播或者多次传播,这是自媒体恐怖组织信息传播的基本路径。个体自媒体传播代替了原先的组织传播,点到群不断滚动发展,建立一种无限扩展的传播网络结构。

一　恐怖组织信息传播的四个阶段

美国新基金会认为恐怖组织信息传播可以分为以下四个阶段[②]。

第一阶段,大致以1984年为起点,恐怖组织主要通过宗教布道、小册子、杂志、新闻简讯、包含战争场景或者布道的录像带等传播恐怖组织信息,例如阿扎姆具有宗教色彩的导游系列宣传品,供车臣、波斯尼亚和阿富汗的家庭播放的录像带以及圣战杂志等。

---

① 刘涛:《恐怖主义的定义与发展新趋势》,《犯罪研究》2010年第5期。

② Arron Y. Zelin, Richard Borow Fellow, Washington Institute for Near East Policy, The State of Global Jihad Online, New America Foundation, https://www.newamerica.org/, 2014.7.4.

第二阶段，20 世纪 90 年代初，恐怖组织开始建立自上而下的网站，这些由极端恐怖组织控制的官方网站，统一发布内容及决定宣传基调。

第三阶段，进入 21 世纪以后，恐怖组织开始设置互动式论坛，其中有代表圣战组织的管理员，负责归类引导话题、删帖和管理成员发言。论坛管理员发布一些重要的新闻信息，对违反论坛管理规定的人员进行禁言等。这些论坛允许论坛成员发表自己的言论和见解，管理员通过删帖、加分和置顶操作，引导参加论坛成员的讨论，在某些价值观问题上达成统一意见。

第四阶段，个体的传播代替了组织传播。2002 年前后随着新媒体兴起，特别是出现了以自媒体为主的社交网络平台，内容完全由个人控制，传播个体可以在推特、脸书、优管等自媒体平台发布视频、文字等信息，传播的内容取决于个体对内容本身的认可及价值认同。具体见图 6—1。

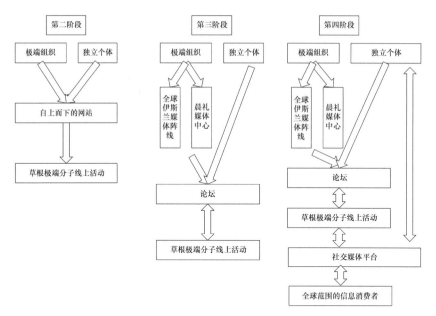

图 6—1 恐怖组织利用自媒体的各阶段图解（第二阶段至第四阶段）①

说明：（1）晨礼媒体中心（al - Fajr Media Center），基地组织的网络喉舌。

（2）全球伊斯兰媒体阵线（Global Islamic Media Front），基地组织与其他伊斯兰恐怖组织的联合官方宣传机构。

---

① 本图部分参考了 Arron Y. Zelin, Richard Borow Fellow, Washington Institute for Near East Policy, The State of Global Jihad Online, New America Foundation, https：//www. newamerica. org/，2014. 7. 4。

根据以上简单的回顾可以看出，恐怖组织紧随时代发展不断变更传播方式。近年来随着互动性极强的社交网络及自媒体的出现和普及，恐怖组织由被动等待支持者上门接受宣传，转向主动使用全球网络互动传播，把恐怖组织信息变成全球信息消费重要的产品，恐怖组织信息的传播力呈几何级数增加。

二　其他国家研究概况

在研究过程中，我们先后与欧洲和美国、以色列、澳大利亚等国[①]的相关专家教授和研究机构进行沟通，了解到这些国家恐怖主义的意识形态传播、恐怖组织发展以及恐怖主义犯罪相关研究的情况，具体结果见表6—1。

表6—1　欧洲和美国、澳大利亚、以色列主要研究概况及研究难点[②]

国家或地区	概况
欧洲	欧洲议会连续发布《2014/2015全球恐怖主义趋势》报告，对恐怖主义的基本概念和数据来源、2014年恐怖主义组织演化和区域发展、2015年的恐怖组织内的竞争、领土扩张和巩固、演化的策略和战术做了较为详尽的描述，发布2015年欧盟恐怖主义应对政策。报告研究指出，由于受恐怖主义影响的国家数量增加，2014年的恐怖袭击数量是2004年的两倍之多。撒哈拉以南的非洲地区、中东和北非地区以及南亚地区上升势头尤其显著，上述地区已经成为受恐怖主义影响最大的地区。在短短两年间，这些地区的恐怖主义袭击数量增加了40%，伤亡数字翻倍 欧洲议会还规范了恐怖主义定义，在其报告"Understanding Definitions of Terrorism"中界定了恐怖主义定义、提出了在联合国合作框架下反恐合作的具体建议

---

① 他们分别是以色列海法大学传播学教授盖博·威曼（Gabriel Weimann），美国南加州大学公共外交研究中心阿里·费雪尔（Ali Fisher）教授，德国汉堡联邦国防军大学行为科学教授克里斯托弗·费弗（Christoph P. Feiffer），以色列特拉维夫巴伊兰大学社会网络研究教授耶阿·沙朗（Yair Sharan），澳大利亚莫纳什大学全球反恐研究中心莉丝·霍岗（Shandon Harris - Hogan）教授等。

② 此表部分参考了周炜乐《起底ISIS：数据库和检索平台清单》，全球深度报道网，2015年11月20日，http：//cn. gijn. org/2015/11/20/% E8% B5% B7% E5% BA% 95isis% EF% BC% 9A% E6% 95% B0% E6% 8D% AE% E5% BA% 93% E5% 92% 8C% E6% A3% 80% E7% B4% A2% E5% B9% B3% E5% 8F% B0% E6% B8% 85% E5% 8D% 95/。

续表

国家或地区	概况
美国	由斯坦福大学国际安全与合作中心（Center for International Security and Coopera-tion）和国际问题研究所（Institute for International Studies）联合建立的"标识武装组织"（Mapping Militant Orgnizations）项目，对全球恐怖武装组织进行全面跟踪，除海量数据外，还用互动式地图展现各类武装组织之间的互动关系，提供深度解析武装组织的资源链接，查询各类极端组织"宗谱"，深究各类极端组织发展脉络 美国对外关系委员会（Council on Foreign Relations，CFR），提供目前全球最大恐怖组织"ISIS 研究资源链接"（Islamic State Research Links），分为新闻、背景、研究和时间轴，数据和数据来源，ISIS 的资金来源，美国政府相关新闻和政策 马里兰大学恐怖主义及应对策略全国研究联盟（The National Consortium for the Study of Terrorism and Responses to Terrorism），拥有"全球恐怖主义数据库"和在线检索平台"Big，Allied and Dangerous"（BAAD），他们最近发布了全球恐怖组织检索平台，囊括了 1998 年以来全球排名前 50 位恐怖组织的关系网数据、发展历史和调查。这些数据可以用作研究恐怖组织演变的特征、发展趋势，恐怖组织如何选择目标，使用生化甚至核武器
澳大利亚	澳大利亚智库经济与和平研究所（Institute for Economics and Peace），发布"全球恐怖主义指数"报告（Global Terrorism Index），绘制全球恐怖主义指数地图、恐怖主义事件地图，对全球受到恐怖主义影响最多的 10 个国家情况进行统计，对比研究恐怖主义和其他暴力类型不同点。他们统计发现，恐怖主义事件导致的死亡数量呈不断上升趋势，2014 年全球死亡人数达到了 32685 人，为历史新高，比前一年上涨 80%，其中多达 78% 的死亡人数集中在 4 个国家，他们分别是伊拉克、阿富汗、巴基斯坦和叙利亚，受影响的国家数量也由前一年的 88 个上升为 93 个。澳大利亚莫纳什大学全球反恐研究中心，侧重澳洲本土社会网络恐怖主义行为分析
以色列	以色列的主要大学，如特拉维夫大学、巴伊兰大学、以色列理工学院和希伯来大学等均有相关研究中心或者机构，主要侧重于社会网络相关的量化分析研究，他们不同程度地与政府及军方配合，密切跟踪网络"独狼行动"个体或者小规模恐怖袭击，所有研究不对其他国家研究人员开放

当前世界各国普遍重视恐怖信息的自媒体传播，不少国家建立了专门的研究机构，投入大量的人员和资金，密切跟踪网络恐怖主义分子和组织活动，努力阻断恐怖主义信息的自媒体传播通道。

第二节　恐怖组织信息传播的分类及组合

目前恐怖组织自媒体平台可以分成两大类：一是恐怖组织自己自建的传播平台，二是恐怖组织利用现有的一些公共自媒体平台。前者是恐怖组织信息传播内容的基本信源，它们通过与后者建立链接，吸引关注，实现二次传播和多次传播，扩大传播效果。

一　自建传播平台

"9·11"之后恐怖组织十分重视网络信息传播信源，积极发展自建传播平台，依托自建平台为全球公共自媒体平台提供源源不断的信息内容。他们把传播内容作为传播的核心，大量制作各种反恐技术难以发现和清除的恐怖主义内容，通过各种技术手段与公共自媒体平台建立链接，保障恐怖主义自媒体信息及时更新和及时发布。

二　利用全球主流自媒体平台组合式传播

恐怖组织熟练掌握了全球主流自媒体平台的特点，根据这些不同自媒体平台的特点进行资源和功能整合，实现传播价值利用的最大化，如图6—2所示。

恐怖组织首次发布的信息是一种自源性信息，在他们自己搭建的网络平台发布。这些自源性信息链接到其他公共自媒体平台，信息内容快速扩散，产生病毒式传播效果。在这个过程中，恐怖组织自源性信息是病毒式传播的病原体，传播内容是否合理，政治或宗教教理是否正确并不重要，重要的要有反常理的信息元素，吸引受众关注，刺激受众强烈的心理反应，实现最大传播效果。

恐怖组织利用全球影响力最大的推特（Twitter）、脸书（Facebook）和优管（You Tube）自媒体平台，根据它们不同功能属性广泛传播恐怖

图6—2 恐怖组织对全球三大自媒体平台综合利用示意

组织信息。例如，根据2010年美国国土安全部的报告①，恐怖分子根据脸书信息传播特点，主要推送以下信息：一是用于分享宣传和培训信息，如炸药配方、武器维护、保养和战术射击等；二是用于为自建极端主义网站、在线激进内容的论坛等提供引流和推广的窗口，建立相关链接；三是打造恐怖主义意识形态和极端主义的宣传平台；四是了解和侦察攻击目标的信息。

恐怖组织公共自媒体平台的二次传播或者多次传播，接续了自源性信息首次发布的传播内容，设置恐怖组织网络社群的中心话题。经过其他自媒体平台的二次传播和多次传播，病毒式传播的效果明显增强。这种传播效果得到延续和加强。

三 暴恐事件报道吸引粉丝，增强恐怖信息传播效果

传播效果与其粉丝量变化密切相关。伦敦国王学院国际极端主义研究中心教授朴孺查和现任美国南加州大学教授费雪尔通过分析发现，推

① Department of Homeland Security, 2010, "DHS Terrorist Use of Social Networking Facebook Case Study", PublicIntelligence. net, December 5, http: //publicintelligence. net/ufouoles – dhs – terrorist – use – of – social – networking – facebook – case – study/.

特已经成为引导用户前往其他数字信息平台的"中心车站"。两位学者对基地组织和叙利亚努斯拉阵线官方推特账号进行了分析，发现其粉丝一直保持着持续增长。2012 年 8 月 25 日在其创建账号一天后，就有了24000 余名粉丝。基地组织利用推特发布其"招牌"电子杂志，也因拥有大量粉丝，传播力大幅提升[①]。

　　我们通过研究 ISIS 制造的暴恐事件与新增 ISIS 相关推特的粉丝用户数量的定量分析，发现 ISIS 的"独狼"袭击新闻头条数与推特新增ISIS 相关账户粉丝量增长呈强烈正相关性，证明策划恐爆事件也是恐怖组织粉丝增加的重要原因。他们通过策划暴恐事件迅速聚集舆论关注，形成舆论中心话题，吸引更多粉丝加入和驻留，转发恐怖组织信息，在其他自媒体平台形成二次传播或者多次传播，相关回归分析如下。

　　（1）2014 年 1 月—2015 年 1 月关于 ISIS"独狼"袭击事件新闻头条谷歌趋势，见图 6—3。

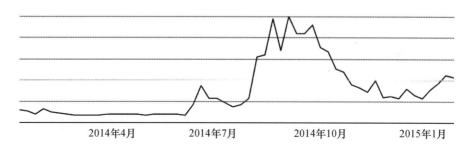

图 6—3　2014 年 1 月—2015 年 1 月关于 ISIS"独狼"
袭击事件新闻头条谷歌趋势

　　（2）定量分析变量选取：将 2014 年 1 月至 2015 年 1 月，每月谷歌搜索全球 ISIS 暴恐事件，包括大量"独狼"袭击头条新闻数量设为自变量X，将对应的每月新增 ISIS 相关推特的粉丝用户数设为因变量 Y，见表6—2。

---

　　①　Prucha, Nico, and Ali Fisher, "Tweeting for the Caliphate: Twitter as the New Frontier for Jihadist Propaganda", 2013, CTC Sentinel 6（6）: 19 - 22. https: //www. ctc. usma. edu/posts/tweeting - for - the - caliphate - twitter - as - the - new - frontier - for - jihadist - propaganda. 2015. 2. 7.

表6—2   定量分析相关基础数据

	2014年1月	2月	3月	4月	5月	6月	7月	8月	9月	10月	11月	12月	2015年1月
X	44	34	29	39	40	82	97	292	431	202	151	104	156
Y	747	664	783	685	701	869	850	1273	2488	1570	866	861	1211

注：X为当月谷歌搜索全球ISIS暴恐事件（包括大量"独狼"袭击）头条新闻数量，Y为2014年1月至2015年1月每月新增ISIS相关推特的粉丝用户数。

（3）ISIS"独狼"袭击新闻头条数与其同期新增相关推特粉丝数回归分析。

我们通过MATLAB（R2015a）软件计算可得如下结果：

$$Y = 4x + 520.3 \quad (R^2 = 0.873)$$

回归分析结果表明，ISIS恐暴事件的新闻头条数能直接刺激ISIS推特用户数量暴增，见图6—4。

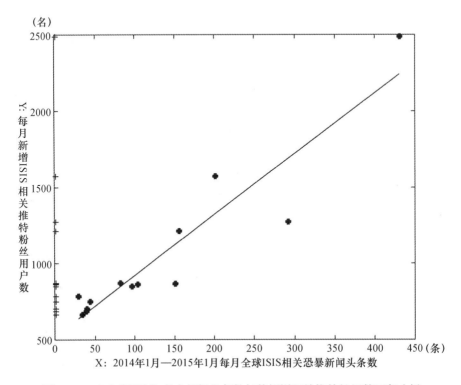

图6—4　ISIS"独狼"袭击新闻头条数与其新增相关推特粉丝数回归分析

四　各类自媒体对恐怖组织信息的审查和限制

事实上，所有自媒体平台都有针对煽动暴力行为言论和视频的严格审查。优管表示可以应各国政府要求，大量删除渲染激进行为的视频。脸书也有敏感词过滤体系，禁止煽动犯罪、暴力和仇恨的内容传播。但脸书并不屏蔽包含谴责"暴力、犯罪"等字眼的内容①，因为这类文字在其他新闻信息中也会大量出现，这就给删除恐怖组织信息带来了很大困难。2013 年 2 月，英国下议院就曾向推特和脸书等公司施压，要他们拿出具体的计划，限制恐怖主义信息在其媒体平台的传播。推特也和其他自媒体平台一样，建立了内容审查制度。但推特的内容审查和删除制度较之平台上的海量传播信息来说，显得微不足道。

首先，从技术角度来看，每天的海量数据甄别是一个巨大的工程，敏感词审查不仅要在字面上进行判别，有时还要通过上下语句甚至整个段落的内容进行分析，具体到每一条内容分析难免有偏差。其次，恐怖组织经常张贴谴责西方发动的反恐战争，如阿富汗战争、伊拉克战争、和加沙的战争等，这种信息传播并不完全违反脸书敏感词过滤的原则，所以在海量内容审查过程中，即便使用计算机甄别也是非常困难的。因此当前自媒体平台所采用的技术管制措施，对恐怖组织信息传播的抑制作用有限。如何有效阻止恐怖组织信息在自媒体传播，依然是一个全球性的难题，急需新思路和新方法应对。②

第三节　网络恐怖组织的构建

"9·11"事件之前恐怖组织信息依靠自身组织完成信息传播，此后由于受到国际社会不断的军事打击，恐怖组织的信息传播活动转向自媒

---

①　Oreskovic, Alexei, "Facebook Removes Beheading Video, Updates Violent Images Standards", Reuters UK, October 23, 2013, http：/uk. reuters. com/article/2013/10/23/uk - facebook - violence - idUKBRE99M01O20131023.

②　Department of Homeland Security, "DHS Terrorist Use of Social Networking Facebook Case Study", PublicIntelligence. net, December 5, 2010, http：//publicintelligence. net/ufouoles - dhs - terrorist - use - of - social - networking - facebook - case - study/. 2015. 3. 7.

体，这种传播行为不仅起到了恐怖组织内部的信息沟通和交流作用，通过自媒体不断的信息互动和分享，恐怖组织构建了恐怖组织网络社群，并把这种网络社群变成了网络恐怖组织的基本单元。恐怖信息传播的过程也是建立网络恐怖组织的过程。传播即组织，是自媒体时代恐怖组织构建的显著特点。

一　构建网络恐怖组织虚拟社群

自媒体时代恐怖组织最大变化，是建立了具有组织行为能力的网络社群。它不受线下场所的限制，通过网络即时互动和分享信息构建网络社群。

在恐怖组织自媒体社群中，恐怖分子通过精心装扮的各类网络身份，与某些特定主题的共同兴趣小组、朋友圈融为一体。他们先是广泛接触各类自媒体用户，利用各种网络身份与其他人建立网络联系，然后筛选潜在发展对象，采取点对点交谈，发布针对性极强的黏性信息，很快建立了自己的网络社群，并主导这些网络社群日常活动。

1. 主动接触兴趣网友。在互联网上许多自媒体用户都会加入各类共同兴趣小组、朋友圈，这为恐怖分子通过共同兴趣拉拢粉丝提供了契机。有的人并不介意被共同兴趣的陌生人拉入新的共同兴趣小组或者朋友圈。在新的共同兴趣小组和朋友圈，这些陌生人之间了解彼此信息、浏览照片等私密信息，一部分人会在信息黏性和兴趣黏性的作用下发展成网友。

2. 发布黏性信息。在恐怖组织信息传播过程中，恐怖分子运用宗教、民族极端理论解释社会现象，为共同兴趣小组及朋友圈，提供与宗教、民族和政治等兴趣接近的各种消息，分享各种图片，延长受众关注某种信息的时间，最终实现黏性信息对受众充分地信息侵染。

3. 制造或者担当意见领袖。自媒体意见领袖不但可以有效地传播信息，而且可以充分地解读信息，为网络社群提供价值判断。

4. 培训"独狼"，教授有关从事"独狼"袭击具体手段。这不仅是网络恐怖组织的极端行为教唆的结果，也是网络恐怖组织的最终目的。他们非常详尽地说明如何利用各类极易取得的材料，制作恐怖袭击武器，为方便共同兴趣小组和朋友圈的人群，在不同时间不同地点通过自媒体进行学习和讨论，掌握使用方法，这些材料会较长时间地存留在各类自媒体平台上。

二 恐怖组织由单中心垂直管理，向网络多中心网状结构转变

"9·11"事件以来，世界各国的网络恐怖组织之所以难以控制和清除，就是因为他们在国际互联网建立了网状组织。这种网状组织与传统垂直组织结构不同，可以分为三种基本结构类型[①]：一是链条式，即单线联系，这种结构在恐怖组织情报网中比较常见；二是全通道式，他们相互之间多对多互联，没有明确组织等级；三是星状式枢纽，围绕某一个中心节点衍生出许多关联结构。这些基本网络结构混杂融合，依托自媒体的海量用户，形成了复杂的暗网组织系统。这一系统具有多中心、多通路的特点，节点之间难以回溯，给世界各国阻止网络恐怖组织发展带来巨大挑战，见图6—5。

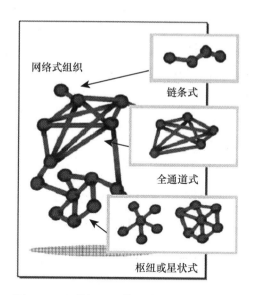

图6—5 恐怖组织网状结构的三种基本类型

资料来源：张海：《基于社会网络理论的恐怖组织隐蔽网络研究》，硕士学位论文，国防科技大学，2010年，第15页。

---

① Ronfeldt D., Arquilla J., *Networks and Netwars：The Future of Terror, Crime and Militancy.* RAND, Santa Monica, CA, USA. 2001, pp. 21 – 32.

自媒体时代恐怖组织网络化发展，并不是传统恐怖组织简单的网络转移，网络组织形态在控制组织权力、信息传达、资源分布、发动攻击、反侦察等方面的优势非常明显。恐怖组织网络化，反映出恐怖组织借助自媒体迅速发展的结构属性。网络恐怖组织与传播紧密联系在一起，有着"传播"即"组织"的特点。从传播视角看，恐怖组织信息传播的"传播者"可能就是恐怖组织信息传播的"受众"，还有可能就是恐怖袭击的"执行者"，多种角色在网络组织自由切换，相互影响，逐渐融为一体。

三 网络恐怖组织与传统恐怖组织的结构区别

恐怖组织传播方式及恐怖组织结构的网络化，是自媒体条件下传统恐怖活动非常重要的改变，也是"9·11"事件以来恐怖组织重要的转变。建立网络社群从事"电子化的圣战"，不但准入门槛很低，而且可以消匿恐怖人群的社会标识，便于恐怖分子散落和藏匿在日常社会中。与此相反，这些人在网络社群中的网络归属十分鲜明。传统恐怖组织结构与网络式恐怖组织结构特点对比，见表6—3。

表6—3　　　　　　　**传统恐怖组织与网络恐怖组织特点对比**

	等级组织	网络组织
权力控制	自上而下，逐级减少，有较强的指挥、控制力。类政府组织，一般有明确的政治述求	没有明确的权力控制链，有自发性、平等互联性的特点，政治诉求不明，更容易受宗教或者恐怖组织信息影响，自发构建网络恐怖组织
信息传达	单向信息传递，条块分割	平等、多对多、多对点、实时沟通
资源分布	资源主要集中于组织上层，由上层进行系统分配	资源离散分布，每个个体都是资源的组成部分，不同组合拥有不同功能的资源配置
袭击目标倾向	多数选择政治目标，一般更倾向于攻击政府组织或者经济目标，赢取更多民众的支持，因此会谨慎考虑是否袭击民众	无固定袭击目标，追求关注度或者袭击事件传播效果。传播越广泛，其组织受关注程度越高，所主导的思想意识传播越广。组织较为松散，袭击毫无防备的平民目标更多

续表

	等级组织	网络组织
如何反恐	对领导层进行定点打击即可达到摧毁或者加速组织瓦解的目的	难以找到直接反恐目标，反恐目标泛化

关于网络恐怖组织目前国内外并没有一个很明确的界定，这也是学术界应该结合联合反恐解决的一个难题。但是有一点很明确，恐怖组织网络化过程中，保留了传统恐怖组织通过非正常武装或者非政治手段、实现自身政治目的的一些特征，但是在组织结构上发生了很大变化。网络恐怖组织的网络结构与传统的恐怖组织等级结构是完全不同的两种组织结构，用政治学语言描述，网络结构是高度的去中心化、去权威化；等级结构是高度统一、强烈的个人崇拜和极端极权主义。网络恐怖组织的终极指向十分明确，就是发动线下恐怖袭击，与传统恐怖组织的终极目标完全一致。这是恐怖组织建立网络恐怖组织的主观目的，也是与其他网络组织区别的重要指征。

第四节　自媒体时代恐怖组织的线下行为

网络恐怖组织为自杀式的"独狼"提供孵化温床。由于网络恐怖组织不断引导，对投身自杀式袭击进行积极暗示，粉丝产生对"组织"的归属感和依附感不断增强，错误和虚拟的民族或者宗教使命，促使他们在这种心理变化的道路上越走越远。美国 CIA 原官员麦克·沙格曼研究发现，大部分恐怖分子都是极端主义网络论坛或者自媒体中极端主义小组、群或朋友圈中的成员[1]。因为网络恐怖组织缘起网络恐怖主义信息传播，受到自媒体传播平行结构影响，网络恐怖组织犯罪具有去"中心化"和"草根"犯罪两个基本属性。大量"独狼"袭击案例充分反映出这两个基本属性：去"中心化"决定了"独狼"的系统组织性质，他们一般不需要层级指令，而是自己决定袭击目标和时间。每一个人或者小团伙

---

[1]　Marc Sageman, *Leaderless Jihad: Terror Networks in the Twenty - First Century*, University of Pennsylvania Press Philadelphia：2008，pp. 41 - 52.

都是一个独立的单元。他们在实施恐怖袭击时，一般不与其他恐怖组织单元的人们协调，表面上看起来是一种自发行为，但是他们的极端主义理想与传统恐怖组织完全一致。"草根"犯罪指的是"独狼"个体的非职业化行为，他们在未实施"独狼"袭击之前，在社会公众的目光里没有明显的犯罪标识，平时社会生活中往往被认为是个好人，很多"独狼"罪犯此前并没有犯罪记录，线下生活中不与恐怖主义组织接触，恐怖主义倾向并不明显，甚至多数人没有去过恐怖组织所在地区和国家，是一种非典型的恐怖主义分子。"独狼"袭击目标一般会选择平民目标，而不是政府、军队这类对恐怖组织的仇恨目标，袭击目标泛化，是不具有社会公共属性的一般平民目标。但是他们一旦实施"独狼"袭击，就个体而言，对社会造成的危害要比传统的恐怖分子大得多。

一　"独狼"概念界定

1990年白人至上主义者亚历克斯·克鲁兹和汤姆·米兹葛提出"独狼"（Lone Wolf）的概念，用于描述个体或者小团体极端主义行为。克鲁兹和米兹葛鼓动个体或者小团体像"独狼"一样，发动攻击政府或其他目标的袭击，传播他们信奉的理念[1]。随着这种形式的恐怖主义行为日渐增多，"独狼式恐怖主义"（Lone Wolf Terrorism）一词也在最近20年中逐渐得到广泛使用。

"独狼"是"独狼式恐怖主义"的简称，其定义存在很多争论。综合来看，"独狼"主要是指不受任何实际外部指使，没有任何团体和个人实际协助，个体或者自发组织的小团体针对平民目标发动的恐怖袭击犯罪行为。"独狼"恐怖袭击有着鲜明的特点，他们虽然没有与恐怖组织直接接触，但通过媒介受到某种极端主义意识形态或者理念感染，产生恐怖主义信仰和自发的组织归属，通过网络接受恐怖袭击技术指导，个别的还接受极端组织行动命令，单独针对平民目标或者社会公共目标发动恐怖主义袭击。

"独狼"不是以"攻城略地"建立"非国家行为体"为目的，而是

---

[1]　Kimmel, Michael（2013）, Angry White Men: American Masculinity at the End of an Era. Avalon, pp. 228 - 229, ISBN 1568585136.

通过袭击平民目标，引起舆论关注，造成社会压力，表达恐怖组织的政治诉求，威胁国家政权。简单地说，"独狼"怎么杀人、杀什么人并不重要，引爆舆论关注，造成社会压力才是他们的目的。"独狼"发动的恐怖袭击多数发生在传统恐怖主义组织没有控制的城市或者人口聚集的地方，是一种严重的恐怖犯罪，因为具有强烈的极端主义政治倾向，所以同一般的个体严重犯罪完全不同。

二 自媒体时代"独狼"袭击变化趋势

随着自媒体高速发展，运用新的传播形式，"独狼"袭击以低成本、随机性、信息快传播愈加受到恐怖组织的青睐，是全球各国需共同面对的难题。从统计数据分析发现，过去一个国家发生的恐怖主义袭击案，"独狼"袭击通常只占到2%；但近年来迅速增加，"独狼"袭击波及范围扩大，在澳大利亚、加拿大、丹麦、法国、德国、意大利、荷兰、挪威、波兰、葡萄牙、俄罗斯、西班牙、瑞典、英国和美国均有出现，见图6—6。

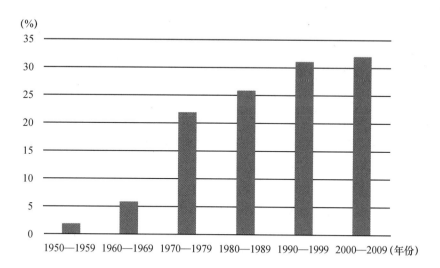

图6—6 1950—2009年美国"独狼"袭击发生数量

资料来源：Mark Hamm and Ramon Spaaij，"Lone Wolf Terrorism in America：Using Knowledge of Radicalization Pathways to Forge Prevention Strategies"，National Criminal Justice Reference Service，February 2015，accessed June 8，2015，https：//www. ncjrs. gov/pdffiles1/nij/grants/248691. pdf.

美国恐怖主义危机管理研究所利用兰德公司恐怖主义信息数据库分析发现，"独狼"袭击数量日益增加，发动者主要来自极端主义和宗教极端分子，与自媒体传播密不可分，[①] 见图6—7。

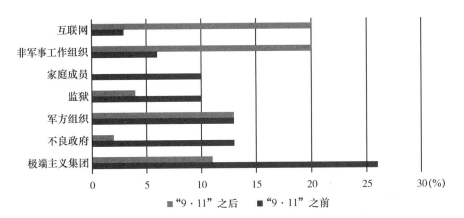

图6—7　"9·11"前后"独狼"袭击恐怖分子激化根源对比（前后五年）

资料来源：Mark Hamm and Ramon Spaaj, Lone Wolf Terrorism in America：Using Knowledge of Radicalization Pathway to Forge Prevention Strategies，Indiana State University. 该项目为美国司法部美国司法部项目，资助号：2012－ZA－BX－001，文件号：248691。

"独狼"形成虽然有多重原因，但总的来看，恐怖主义组织运用自媒体传播恐怖主义思想，主动构建网络恐怖主义组织，教唆实施"独狼"袭击是其主要原因。"独狼"袭击无论是以何种形式出现，使用何种犯罪工具，均具有袭击平民和公共社会目标的突发犯罪行为、造成社会心理压力、推动恐怖主义传播的明确指向。

第五节　美国"独狼"袭击特征

美国是"独狼"犯罪的高发国家之一，为了应对和打击"独狼"袭击，美国很早就建立专门数据库，开展"独狼"犯罪研究。

---

① The RAND Database of Worldwide Terrorism Incidents；it can be accessed at http：// smapp. rand. org/rwtid/search_form. php.

一　"独狼"罪犯平均年龄较大，主要为男性，受教育程度高，结婚比例较低

根据 1980—2015 年美国联邦调查局恐怖主义研究与分析中心数据库中的 267 起恐怖袭击事件数据[①]分析发现，其中"独狼"袭击 65 起，占24%，这些"独狼"袭击多数发生在"9·11"事件之后。"独狼"罪犯平均年龄为 38 岁，要比团伙式恐怖主义罪犯（以下简称团伙罪犯）大 4岁。同时，"独狼"罪犯受高等教育比例达 91%，团伙罪犯为 63%。此外，"独狼"犯罪的结婚率为 29%，团伙犯罪分子结婚率为 57%。数据同时显示，高学历、低结婚率的"宅居"模式，表明"独狼"对自媒体等数字化社交网络更为依赖。

二　"独狼"式恐怖袭击成功率略低于团伙式恐怖袭击

如表 6—4 所示，在美国"独狼"式袭击的成功率比团伙式恐怖袭击低 7%，这与 2014 年吉尔教授研究的研究结果刚好相反[②]。吉尔认为在恐怖袭击中，没有命令、与恐怖组织没有直接联系的"独狼"袭击成功率，要比团伙式袭击的成功率高。但吉尔所采用的研究样本涵盖了欧洲和美国的恐怖主义案件，而我们的数据样本仅限于美国。

表6—4　　　　　"独狼"式与团伙式恐怖袭击成功度对比　　　　　（%）

	攻击成功	攻击未遂
"独狼"式（样本 65）	34	66
团伙式（样本 199）	44	56

注："独狼"式恐怖主义罪犯样本，共计 65 个。包含了在具体犯罪准备、犯罪实施过程中无其他人协助，但其通过互联网等非物理接触途径与某一恐怖组织团伙产生过联系，这种与某一恐怖组织产生过虚拟联系的"独狼"式恐怖主义罪犯，在此表中我们也视为是"独狼"的一种。

资料来源：美国联邦调查局恐怖主义研究与分析中心数据库。

---

① 数据由美国密歇根大学刑事司法学院凯恩教授协助提供。

② Gill, P., Horgan, J., & Deckert, P., "Bombing Alone: Tracing the Motivations and Antecedent Behaviors of Lone – actor Terrorists", *Journal of Forensic Sciences*, 2014, 59（2）, pp. 425 – 435.

三　大部分策划周期在 3 个月以上，属于长周期行为

很多人以为"独狼"袭击由于缺乏与他人沟通，会是非常仓促的行为。但从表 6—5 中可以看出，2/3 的"独狼"式袭击策划时间超过 6 个月。结合"独狼"罪犯年纪较大、受教育程度高的特点，可以看出大部分"独狼"袭击和团伙式恐怖袭击一样，都是经过精心长期策划的蓄意行为。

表 6—5　　　　　　　"独狼"式与团伙式恐怖袭击策划周期对比　　　　　　　（％）

	小于 3 个月	3 个月至 1 年	大于 1 年
"独狼"式（样本 30）	33	33	33
团伙式（样本 154）	33	31	36

注：团伙式样本中有部分样本无策划周期记录，未列入统计表中。

资料来源：美国联邦调查局恐怖主义研究与分析中心数据库。

就时间而论，超过 2/3 的"独狼"袭击有 3 个月以上的准备时间，其中包括"独狼"参与恐怖主义网络社群、思想不断被恐怖主义信息浸染、心理不断激化和学习掌握发动恐怖袭击基本技巧等复杂过程，基本反映出网络恐怖组织对于"独狼"培养和使用的大致周期。

四　作案距离远大于团伙式恐怖袭击距离

通过表 6—6 的中位数比较，"独狼"的作案距离为 527 千米，是团伙式恐怖袭击作案距离 190 千米的近 3 倍，说明"独狼"更倾向于远离住所和熟悉的地方作案，以便伪装行动躲避抓捕。这表明提前发现和制止"独狼"式袭击，比提前发现和制止团伙式恐怖袭击犯罪的难度更大。同时也说明，消匿现实社会的极端主义标识，是"独狼"的主观选择，而自媒体平台的网络恐怖组织，为他们这种主观选择提供了可能。

表6—6　　　"独狼"式与团伙式恐怖袭击者住所与案发地点距离　　　　（千米）

	"独狼"式	团伙式
平均距离	972	601
中位数	527	190
标准差	1102	874
最小距离	0.92	0.51
最大距离	4125	4338

资料来源：美国联邦调查局恐怖主义研究与分析中心数据库。

五　"独狼"作案后生存能力更强

从表6—7中可以看出，22%的团伙式恐怖袭击罪犯会在3个月之内被抓获，28%会在3个月至一年中被抓获。由于"独狼"式袭击罪犯的反侦察能力强，以及对社会公众的隐瞒和欺骗，有79%的"独狼"能在大于一年的时间内躲避追捕，甚至长时间逍遥法外。

表6—7　　　"独狼"式与团伙式恐怖主义罪犯案发后生存周期

（案发至被逮捕/消灭时间）　　　　（%）

	小于3个月	3个月至1年	大于1年
"独狼"式（样本24）	8	13	79
团伙式（样本279）	22	28	50

注：团伙式样本为有抓捕周期记录的人数。

资料来源：美国联邦调查局恐怖主义研究与分析中心数据库。

通过对美国恐怖主义犯罪和"独狼"犯罪样本的实证分析，可以看出"独狼"是目前恐怖组织发动袭击的主要方式，网络恐怖组织是"独狼"产生的直接原因。"独狼"的作案范围大、犯罪手段凶残、受教育程度高、恐怖袭击经过精心策划，实施恐怖袭击以后反侦察能力较强。

恐怖组织网络化的过程和存在方式，也进一步验证了传播社会学有关媒介变化对于社会大众行为方式改变的理论，体现了从传播学出发研究恐怖组织信息传播的实际意义。使用报纸杂志等大众媒介，传播恐怖信息建立的恐怖组织是层级机构，其特点是发动有组织的恐怖袭击。由于使用自媒体媒介，网络恐怖组织发动袭击的方式也随之发生了变化，"独狼"袭击就是这种变化的一种，去"中心化"和"草根"犯罪成为"独狼"恐怖袭击的主要特征。

对于恐怖组织自身而言，充分利用自媒体网络平台，首先是为了节约信息传播的成本，隐蔽传播的渠道，增强信息传播的能力。恐怖组织信息带有强烈的宗教和政治色彩，具备极强的信息黏性，有着强大的行为指导能力，所以这种信息在传播的过程中十分有利于构建恐怖组织的网络结构，形成网络恐怖组织。网络恐怖组织已经成为与恐怖主义实体组织并行存在的恐怖组织，"独狼"袭击亦成为一种新的恐怖袭击犯罪方式，引起世界各国的强烈关注。

随着国际社会对恐怖主义组织的军事打击不断深入，类似 ISIS 实体组织这样的"非国家行为体"将会逐步消失，而网络恐怖组织由于自媒体的存在和"独狼"恐怖袭击自发性和隐蔽性，不可能随着恐怖实体组织的消失而消失。目前发生在欧洲和美国的"独狼"袭击，案件发生数量、造成人员伤亡人数都在不断上升，网络恐怖组织有不断扩散和发展的趋势。对国际社会来说，阻止网络恐怖组织发展，防止"独狼"袭击将会成为今后一段时间主要的反恐目标。

值得注意的是，欧美国家在这类案件发生后的第一时间，往往都会说暂时没有发现"独狼"袭击者与恐怖组织有关系的证据，但是很多国家经过网络调查后，又不得不承认"独狼"的确是受到极端主义思想影响，极端主义思想是他们犯罪的主要思想根源。2017 年 10 月 2 日美国拉斯维加斯发生"独狼"袭击案，造成 59 人死亡，500 多人受伤，是美国历史上死伤人数最多的枪击犯罪，64 岁的罪犯史蒂芬·帕多克（Stephen Paddock）使用自动射击步枪在酒店的 32 层房间向距离 600 米以外 2 万多人扫射，由于自动射击步枪扫射时产生大量的烟雾，触发了房间内设置的烟雾报警器，警察通过酒店烟雾监控系统很快锁定枪手所在的房间，史蒂芬·帕多克自杀在警察冲进房间之前。事件发生以后，美国联邦调查局第一时间认定这是一次"独狼"袭击，但是同时又说未发现罪犯与恐怖组织有关系的证据。ISIS 也在第一时间发表声明认领这起"独狼"袭击事件，说史蒂芬·帕多克是他们的战士，早在几个月之前就皈依 ISIS。几乎同时法国马赛发生了持刀行凶的"独狼"袭击，法国政府的措辞与美国政府的措辞几乎完全一致，官方声明中都使用中性的"未发现证据"措辞。西方一些大众媒介认为，ISIS 主动认领这些"独狼"袭击的声明是"蹭热度"，意在扩大自己的影响，用刷存在感挑战国际社会。

2017 年 10 月 31 日，时隔仅仅一个月，美国纽约曼哈顿下城再次发生一起皮卡冲撞行人事件，导致包括 5 名阿根廷公民、1 名比利时公民在内的 8 人死亡，12 人受伤。纽约市市长比尔·德·布拉西奥（Bill de Blasio）第一时间认定这是一起恐怖袭击事件。发动这次"独狼"恐怖袭击的 29 岁嫌疑犯萨乌夫洛·赛波夫（Sayfullo Saipov），2010 年通过"绿卡抽签"项目①取得永久居留签证，从乌兹别克斯坦合法移民美国，2017 年居住在佛罗里达州的坦帕市。赛波夫一年以前开始策划"独狼"袭击，两个月前在新泽西用租借的皮卡车作为犯罪工具，以"伊斯兰国"名义在万圣节期间发动曼哈顿下城恐怖袭击。根据美国警方初步调查，这是一起典型的一人作案"独狼"式恐袭案，是"9·11"事件以来美国遭到的最严重恐怖袭击。

美国联邦律师第二天以恐怖主义相关罪名起诉赛波夫，赛波夫坐在轮椅上出席庭审，没有为自己辩护。他承认自己受到了恐怖组织自媒体平台上的视频影响，在赛波夫的手机里保留了约 90 个视频和 4000 余张照片，很多内容与此次"独狼"袭击案件有关。他承认自己受到袭击组织视频传播的影响和启发，他说选择万圣节发动袭击，用皮卡撞击伤害更多的行人，对平民造成大规模伤害，这样可以造成广泛影响，传播恐怖组织信息，向美国政府施加压力。

袭击发生后，美国总统特朗普连发数条推文，谴责"独狼"袭击者的暴行。2017 年 11 月 1 日他要求国会立即采取行动终止"绿卡抽签"项

---

① "多元化移民签证抽签项目"即所谓"绿卡抽签"项目，是美国国会 1990 年通过的移民法的一部分，联邦政府据此每年以抽签方式，从赴美移民比例较低的国家和地区绿卡申请者中选取 5 万人，向其发放绿卡。申请者须至少取得高中文凭或满足相关工作经验要求，"绿卡抽签"的初衷是增加意大利、爱尔兰等欧洲国家移民的比例，后来在促进人口"多元化"理念指导下纳入更多对象国。"绿卡抽签"实行以来一直存有争议，当年推动此项立法的联邦众议员、现任参议院民主党领袖查尔斯·舒默，2013 年又主张废除这个法案，获得参议院通过，但被共和党控制的众议院否决。支持者认为它是美国开放文化的体现，反对者批评项目实施中存在程序漏洞，为欺诈者提供机会，危及国家安全。

目，阻止危险人物进入美国，采取以才能考量为主的移民政策。

面对如此严峻的恐怖主义威胁，美国的政客再一次把问题引向有利于自己的政治方向，助力新一轮政治缠斗。特朗普总统重提这个话题，显然在于推动自己的移民紧缩政策。一些民主党议员表示，以维护国家安全为由取消"绿卡抽签"没有必要，违背当初希望这项政策促进美国人口"多元化"的初衷。政客们拿这样一个争斗多年的问题背书恐怖袭击，显然解释不通。事实上，即便是没有恐怖袭击案件发生，美国政客在移民问题上也是反复缠斗，包括政客自己也在反反复复，前后不一。

欧美国家政府和媒体面对发生在本国的恐怖袭击事件，释放出的信息有一个共同点，就是极力淡化"独狼"犯罪的意识形态色彩。美国把这个话题引向美国的枪支泛滥等问题，欧洲国家则把这个话题引向移民问题，利用这类案件转换国内问题焦点，或者设置有利于党派利益的话题，谋取党派和利益集团的利益。这一方面反映出欧美国家对恐怖主义的回避态度，不愿意站在反恐斗争的第一排，希望这股祸水不要流淌到自己的脚下，对网络恐怖主义采取一种新的"绥靖主义"态度，逃避各自在国际反恐斗争中的责任。另一方面也反映出人们普遍对由网络恐怖组织发动的"独狼"袭击缺少深入的研究，缺少防范和应对措施。这些都给搜集犯罪证据增加了难度，给犯罪定性带来了困难，不利于全球合作打击新型网络恐怖主义发动的"独狼"袭击。

美国司法部部长杰夫·塞申斯（Jeff Sessions）称，2017年10月31日的恐怖袭击事件是纽约自"9·11"事件以来遭受到的最严重的攻击，承认美国还不能预先发现所有的恐怖袭击。"9·11"事件之后美国政府每年投入约800亿美元，建立和维护庞大的反恐体系，这一体系包括国家立法，设立国家情报中心、国家反恐中心等机构。因为这套反恐体系，是针对类似"9·11"事件有组织成体系的恐怖袭击，而"独狼"袭击的特点与有组织成体系恐怖袭击完全不同。2017年6月12日奥兰多"独狼"恐怖袭击和10月31日纽约"独狼"袭击事件表明，美国花费巨资建立和维护的这套反恐体系，不能有效地预警和应对"独狼"袭击，用这套体系应对"独狼"袭击基本失效。

有关"独狼"袭击的研究表明，恐怖主义已经成为国际社会必须共同面对的问题，需要世界各国共同携手，加强信息沟通，阻断恐怖主义信息在自媒体平台上的传播，共同应对恐怖主义的挑战。中国政府反对一切针对平民目标的恐怖主义行为，2017 年 6 月，中英两国举行高级别安全对话，取得积极成果，受到广泛好评。国际社会认为这是两个不同社会制度、不同意识形态国家在安全和反恐领域达成共识的典范和样板。但是一些西方国家，对中国反恐斗争一直抱着令人费解的双重标准，他们有意歪曲发生在中国的恐怖袭击事件，经常把发生在中国的恐怖袭击事件解读为民族矛盾或者是宗教矛盾。事实表明，由于互联网是全球性网络系统，应对这种国际性的新型恐怖袭击犯罪，需要世界各国通力合作，一些西方国家应该改变双重标准，各国共同携手预防和应对"独狼"袭击案件发生，保障世界各国人民的和平安定生活。

第七章

中美自媒体研究比较分析

自美国新闻学会发布自媒体报告以来，自媒体发展至今已逾十多年，自媒体随着信息技术在不断高速发展，近几年国内相关研究也与日俱增。我们运用数据挖掘技术，对中国知网、JSTOR、谷歌学术搜索等国内外主流期刊数据库，以及其他重要学术引擎搜索的 2764 篇相关论文和 2462 项谷歌学术搜索专题检索词条进行分析，对比分析中美两国自媒体研究情况，探讨中美两国自媒体研究异同，分析这种差异产生的原因，为今后自媒体研究提供参考。

第一节　研究概述

一　研究对象

研究内容选取 2003 年 1 月至 2014 年 9 月，中国和美国两国社会科学领域自媒体相关研究成果，分析两国自媒体研究差异，分析产生这些差异的原因。这个时间段内中美两国学术界发表的自媒体研究论文，已经具有足够大的研究样本，可以满足研究基本的数据需要，反映出中美两国在自媒体研究领域内的基本状况。2014 年 9 月之后，中美两国自媒体研究还在不断深入，我们也在持续地观察。但是碍于学术需要一定时间的积淀，一些研究成果到底能否显现自身的理论价值尚需时间检验，所以此后的研究成果没有纳入样本之中。

二　样本选择

所有样本采集时间跨度自美国新闻学会发布自媒体专题报告《自媒

体：大众将如何塑造未来的新闻和信息》开始，即 2003 年 1 月 1 日开始
至 2014 年 9 月 30 日为止①。样本选择遵循两个原则：一是各相关研究点
尽可能覆盖全面；二是样本选取尽量减少数据冗余重复、降低不相干样
本干扰。具体见表 7—1。

表 7—1　　　　　　　　　研究样本选择说明②

数据来源	检索方法	检索关键词	文章数	说明
中国知网全文数据库（含期刊，博士、硕士学位论文，会议，报纸全文数据库）	要求文章篇名中含有关键词	自媒体	共计 1437 篇，其中可用文章数为 1432 篇③	在数据库检索时，如果按内容中含有关键词等更宽泛大化检索方式检索，会出现大量非匹配文章。例如，有一篇 2001 年写的题为"晚报、都市报社会新闻弊病探因"的文章，因为其中一句话"社会新闻的弊病出自媒体对它的内在功能没有认识"。包含自媒体三个字，就被检索出来了，但与本章节研究无关
JSTRO（期刊论文全文数据库）	要求文章篇名中含有关键词	Grassroots Media; Participatory Media; New Media; Digital Media	1332 篇，选取其中内容关联性最强的 76 篇	为了最大范围检索到相关论文，所以用了一些与 We Media 概念相接近的词同时进行检索

---

①　样本截止时间为 2014 年 9 月 30 日，之后停止整体数据样本采集。但文字校对和概念考
证等一直继续。

②　本表格数据采集日期为 2003 年 1 月 1 日—2014 年 9 月 30 日。

③　在数据清洗时发现有极少数文章为一稿多发，所以删除了重复数据。

续表

数据来源	检索方法	检索关键词	文章数	说明
谷歌学术搜索	谷歌默认关键词相关性搜索	We Media；We the Media	2462 条检索信息，选取其中引用关联性最强的 187 条检索信息进行语料分析	对检索结果中的英文论文、著作关键词条的标题、摘要、关键词进行了抓取研究（基于语料库分析）

三　研究方式

我们为综述性研究。依托数据挖掘技术，对国内和美国自媒体研究情况进行定量分析。

四　研究随机性和准确性控制方法

中英文论文内容抓取分析都借鉴了语料分析①方法，并对重点论文进行了重点阅读，通过人与计算机相结合的方式，尽量减少非客观分析。其中对于中文重点论文的选择，主要参考论文下载量和论文引用率两个指标，同时参考中国知网的关联性文献分析系统的分析结果。英文文献主要是通过对主流数据库检索，依照数据库影响力因子排序进行选择，同时还阅读分析了关键重点论文和书籍全文。

五　已有相关研究情况及本章节研究定位

目前我国自媒体的综述性研究，国内只有一篇发表于 2014 年《视

---

① 语料分析是一种语言研究方法，它借助计算机技术，可以对经过科学取样的大量电子文本库文本及其上下文关系进行研究，从海量文本中观察语言运用或者内容表达的规律。英文语料分析采用的是 AntConc、中文分析采用的是 LJCorpus。其中 LJCorpus 为中文语料库分析软件，专门针对中文语料库的加工、抽取、统计与翻译全自动的综合语料分析，应用了领先的汉语词法分析技术、新词发现技术、统计挖掘技术以及词语翻译对齐技术。我们用这个软件抓取和统计大样本自媒体中文学术论文中的学术关键词，分析每篇论文的主要论点等内容。AntConc 是一款小巧但功能强大的英文语料分析软件，用来抓取和分析批量英文论文的关键词和核心论点（参见 Alex Chengyu Fang, *English Corpora And Automated Grammatical Analysis*, Beijing：The Commercial Press, 2007, pp. 1 – 138）。

听》杂志第 9 期的《国内自媒体研究现状综述》①。该文以"自媒体"为
关键词对中国知网 2005—2013 年进行文献检索获得的 578 篇文章进行了
定性分析（具体检索方法作者没有说明），并基于文献检索，对自媒体形
式、特征、影响、营销及传播学相关研究 5 个方面进行了概述，这项研
究具有一定的启发意义。作者主要采用以点带面的方式对研究状况进行
概述，在论文中引证了不到 30 篇自媒体不同方面的研究论文。由于受限
于定性研究的模糊性和局限性，在准确描述当时研究状况方面稍显不足。

六　定量分析存在的问题及解决方法

数据挖掘属于定量分析范畴的研究方法，与其他研究方法一样，
量化分析也有其自身的局限性，主要表现在数据采样、指标设置等方
面并不能涵盖所有内容，更不可能做到百分之百精确，存在一定的误
差。我们在进行论文核心内容提取时，借助了语言学中定量分析方
法，即语料分析法。但语料分析只能对语言本身的规律及关键词上下
文关联性进行统计分析，并不能辨别具体关键词在某一内容方面的重
要性。

对于上述问题，我们通过以下两种办法解决。在数据采集时尽最
大可能采取了全样本分析方法，即将样本选取范围设置到足够大。如
中文文献，11 年来，凡是中国知网数据库中存在且其文章标题中含
有"自媒体"三个字的文章，全部下载进行分析。英文文献采用类似
的方法，但因涉及知识产权，无法像中文文献一样进行海量全文下
载，我们只能对近 11 年来 JSTOR 及谷歌学术搜索中相关论文的标题、
摘要等进行全部通读与分析。

在语料分析方面，采用人工介入的方式，通读计算机提取的目标核
心关键词相关上下文，在了解语料内容的大致趋势后，再进行二次统计，
通过人工与计算机分析相结合的方式，尽量克服纯语料分析的弱点。

---

① 谢琳：《国内自媒体研究现状综述》，《视听》2014 年第 9 期。

第二节　中国的自媒体研究

一　从论文引用率和阅读量看国内自媒体研究关注热点

判别自媒体研究关注点有两个重要指标：一是引用率，二是下载量，即有效阅读量①。我们设定以上两个指标分别排在前 50 名的文章作为主要研究样本。因为分别满足以上两个指标的文章有相当一部分重复，消除重复文章后，整理出关注度最高的 67 篇文章，约占 1432 篇总研究样本章节（以下简称总样本）的 4.7%②。其中期刊论文 49 篇、硕士学位论文 18 篇，共计引用 1152 次、下载 110318 次，主要情况如表 7—2 所示。占比 4.7% 的文章的引用率竟然达到了总样本引用次数的 57.6%，下载量占比达 37.8%。引用率和下载量的高占比表明这 67 篇文章能够较大程度体现当前整个自媒体的研究动向。

表 7—2　　引用率、下载量排在前 50 名文章的引用率和下载量占比分析

样本	文章数（篇）	总引用数（次）	总下载量（次）
总样本	1432	1999	291916
引用率或下载量排在前 50 名的样本	67（100 篇，其中 33 篇重复）	1152	110318
占总样本百分比（%）	4.7	57.6	37.8

表 7—3　　　　　　引用率、阅读量与研究热点关系

编码	文章类别	文章数（篇）	下载总次数（次）	下载次数占总样本比例（%）	引用次数（次）	引用次数占总样本比例（%）
1	自媒体理论及传播机制研究	22	38548	13.2	514	25.7

---

①　因为中国知网上的学术性文章，如果进行研究性完整阅读，都需要下载（在线阅读较不方便），所以此处将下载量等同于阅读量。

②　引用率排在前 50 名和下载量排在前 50 名的共计 100 篇文章中有 33 篇重复，故最终选取文章为 67 篇。

续表

编码	文章类别	文章数 （篇）	下载总次数 （次）	下载次数占 总样本比例 （％）	引用次数 （次）	引用次数占 总样本比例 （％）
2	博客或微博研究	9	22227	7.6	234	11.7
3	舆论监管研究	6	10001	3.4	66	3.3
4	危机管理研究	5	9147	3.1	48	2.4
5	与传统主流媒体关系研究	8	7891	2.7	77	3.9
6	商业应用研究	4	5541	1.9	24	1.2
7	公民新闻研究	3	5013	1.7	39	2.0
8	文化研究	2	4430	1.5	20	1.0
9	教育研究	4	3691	1.3	76	3.8
10	政治与政府研究	2	1943	0.7	24	1.2
11	社会学研究	1	1174	0.4	19	1.0
12	法律研究	1	712	0	11	1.0

从表7—3中可以看出，中国自媒体研究关注的热点是自媒体理论及传播机制、博客或微博研究等自媒体具体对象的研究，其次关注比较多的是舆论监管、危机管理、自媒体出现后与传统媒体的关系研究等，涉及较少的是自媒体出现后新的商业应用性、社会、法律现象及相关的研究。

二　自媒体理论及传播机制的研究

1. 自媒体的概念及其发展特征

邓新民最先从新媒体发展的视角对自媒体进行了区别研究。他认为自媒体是新媒体的最新发展阶段，自主性越来越强、发展越来越快、应用越来越广、作用越来越大、管理难度越来越大，并指出监管手段弱化、自媒体用户集中在少数供应商等问题，造成自媒体传播垄断问题等[1]。该论文截至2014年9月30日在自媒体类论文研究中引用率和下载阅读量均为最高，共计被引用134次，下载阅读4433次。在美国新闻学会的自媒

---

[1] 邓新民：《自媒体：新媒体发展的最新阶段及其特点》，《探索》2006年第2期。

体报告基础上，张斌对"自媒体"的概念进行了细化，他提出，自媒体
应定义为：利用博客为代表的网络新技术（包括 SMS、可摄像手机、在
线广播、P2P、RSS 等）进行自主信息发布的那些个体传播主体。他认为
新的媒介工具的产生对自媒体的产生具有决定性作用①。他的工具决定论
在中国知网被引用次数达 45 次，下载 1549 次，在总样本中排名第二，说
明他的这一观点有一定的影响力。

2. 自媒体的传播学研究

代玉梅在 2011 年先后发了两篇文章，从传播学角度对自媒体本质进
行了探讨②。代玉梅从自媒体本质、传播形态、影响力三个方面分析了自
媒体，认为："自媒体区别于其他媒体的本质是信息共享的即时交互平
台。自媒体的属性是'节点共享'的即时信息网络，核心功能是'潜传
播'下的即时信息发布与获取。在传播模式上遵循'核心—边缘'模式，
传播节点间具有'弱连带'和信息'圈子化'的传播优势。"③ 代玉梅的
两篇文章共计被引用 39 次、下载阅读 4525 次，排在总样本引用率和下载
阅读量的前 5 位，是基于传播学研究自媒体有较大影响力的文章。

3. 互联网传播中的自媒体研究

该领域关注较多的是罗斌 2009 年发表的两篇文章④，共计被引用 49
次、下载阅读 5551 次。作者对于 Web2.0 时代的博客、播客、推特、个
人电子杂志等自媒体进行了分析，并以表格化的方式将自媒体与传统媒
体进行了对比，认为自媒体对大众媒介而言既是挑战也是有效的补充。
在该领域还有一篇比较有特色的文章引起了一定的关注，作者王嘉颖从
后现代主义视角出发，对国内网络自媒体进行探析，被引用 10 次，下载
1987 次⑤。作者认为自媒体的发展，本质上是一直处于被动地位的大众对
精英媒体的反抗，这与具有反传统哲学倾向的后现代主义是相契合的。

---

① 张彬：《对"自媒体"的概念界定及思考》，《今传媒》2008 年第 8 期。

② 代玉梅：《自媒体的本质：信息共享的即时交互平台》，《云南社会科学》2011 年第
11 期。

③ 代玉梅：《自媒体的传播学解读》，《新闻与传播研究》2011 年第 5 期。

④ 罗斌：《网络自媒体研究》，硕士学位论文，兰州大学，2009 年，第 1—49 页；罗斌：
《网络传播中的自媒体研究》，《新闻世界》2009 年第 2 期。

⑤ 王嘉颖：《试探析国内当下网络自媒体传播模式的后现代主义特征》，硕士学位论文，
复旦大学，2011 年，第 1—59 页。

作者借鉴哈罗德·拉斯韦尔5W传播模式，对国内自媒体传播态势进行了剖析，认为无论从传播者、形式、内容、影响等各方面都与后现代主义模糊化、碎片化、大众性、崇尚消费文化、解构主义等特征具有较高的契合。作者指出自媒体有着后现代主义的负面特征，需要加以规制。

4. 自媒体与大众媒介的关系问题

在国内系统研究自媒体与大众媒介的论文中，大样本分析关注度最高的是吴亚楠的硕士学位论文《传统媒体与自媒体的博弈研究——以突发公共事件报道为例》[1]，胥晓璇的论文《自媒体对传统媒体的挑战——以播客为例》[2]，两篇文章合计被引用13次，下载阅读3473次。吴亚楠认为，从突发公共事件报道看，面对自媒体的强大冲击，大众媒介并没有没落，而是凭借已有的权威性和专业优势，与自媒体进行着竞争—平衡—再竞争—再平衡的动态博弈。胥晓璇以现代音视频摄制剪辑技术的网络播客为例，认为自媒体的共享模式是对大众媒介一对多的传播模式的挑战，共享平台也挑战了大众媒介在内容上的"把关人"角色，播客不仅突破了传播时间和空间的限制，在内容上与大众新闻理念明显不同，成为一种新的传播方式。

5. 公民新闻与新闻专业主义

胡翼青立足自媒体发展大背景，从专业分工和社会角色维度，分析了自媒体传播对新闻专业主义的挑战，认为技术和专业意识形态的挑战都是诱因，中国新闻业受到公民新闻挑战的现象，是行业结构性和制度性缺陷的折射。作者认为新闻业的角色调整，关键依然是结构调整和制度改革[3]。

马俊从新闻专业主义入手，抛开制度和结构因素，通过对中央电视台栏目《看见》的分析，认为如果新闻本身在选题定位上立足自媒体传播规律，兼顾新闻的宽度、深度与热度，隐匿大众媒介"把关者"和"倡导者"色彩，配以贴近大众或者自媒体"播客"式真实感强的摄制方

① 吴亚楠：《传统媒体与自媒体的博弈研究——以突发公共事件报道为例》，硕士学位论文，黑龙江大学，2012年，第1—65页。

② 胥晓璇：《自媒体对传统媒体的挑战——以播客为例》，《青年记者》2009年5月下期。

③ 胡翼青：《自媒体力量的想象：基于新闻专业主义的质疑》，《新闻记者》2013年第3期。

式；在新闻价值诉求上也顺应自媒体传播规律，淡化宣传性，突出社会责任，那么这样不仅能使大众媒介新闻专业优势得到发挥，也能产生优秀大众媒介节目①。两篇文章共计被引用 24 次，下载阅读 2155 次，是自媒体与新闻专业主义相关研究中引用率和下载阅读量最多的文章。

关于公民新闻的探讨，2009 年罗昶发表的《从孟买恐怖袭击事件中的"自媒体"传播看公民新闻背景下的媒介权力转移》，被引用 33 次，下载阅读 2321 次，文章将自媒体传播放在社会信息传播框架内，对媒介权力转移进行了较为系统的探讨。作者认为自媒体所呈现的传播现象重新构建了社会信息传播格局，相应的话语权和媒介权力产生了转移。作者认为，自媒体的出现是对大众媒介的补充，因而这种权力的转移是一种补偿性转移②。2011 年邓若伊发表了《论自媒体传播与公共领域的变动》，被引用 23 次，下载阅读 1457 次，作者认为自媒体传播及公民新闻的涌现，使得哈贝马斯式的公共空间和公共领域界限变得模糊，最终变成明日黄花③。

此外，王莉 2010 年 7 月发表在《今传媒》的《自媒体传播形态下公民新闻"失范"与"规范"》、河北经贸大学张洁 2011 年硕士学位论文《自媒体时代我国公民新闻研究》、重庆工商大学王永智 2012 年硕士学位论文《自媒体的失范与对策研究》，3 篇文章合计被引用 20 次，下载阅读 3412 次，就公民新闻发展出现的信息冗余和失真、信息新垄断等问题进行了阐述，他们认为加强监管是革除公民新闻弊端的有效方式。

6. 对于博客和微博的研究

对于自媒体与博客的研究，国内最早的论文是 2005 年王冰所写的《自媒体的"歧路花园"——博客现象的深层次解读》，被引用 56 次，下载阅读 1722 次，是国内较早一篇对博客研究的论文，作者认为以博客形式的自媒体传播，会在舆论空间、权力政治等各方面对大众媒介带来冲

---

① 马俊：《〈看见〉：自媒体的新闻专业主义实践》，《电视研究》2012 年第 5 期。

② 罗昶：《从孟买恐怖袭击事件中的"自媒体"传播看公民新闻背景下的媒介权力转移》，《国际新闻界》2009 年第 1 期。

③ 邓若伊：《论自媒体传播与公共领域的变动》，《现代传播（中国传媒大学学报）》2011 年第 4 期。

击，是令人兴奋的新趋势①。在微博方面，关注度最高的论文是张美玲和罗忆所写的《以微博为代表的自媒体传播特点和优势分析》，被引用 45 次，下载阅读 4401 次，文章从舆论波的角度分析了微博的传播效果②。

7. 自媒体舆论监管、危机控制

钟逸的《自媒体时代，危机传播中的议程设置》，被引用 18 次，下载阅读 1503 次，是自媒体与危机管理类论文中关注度最高的。作者认为危机传播过程中，要对自媒体的"议程设置"加以利用，将政府议程和自媒体议程融合渗透，充分发挥自媒体信息高效传导机制，做好有效的危机传播与引导控制③。

高源的《自媒体语境下微博舆论监督的功能及模式研究》④，被引用 17 次，下载阅读 1990 次；刘社瑞、唐双的《自媒体微博舆情演化与应对策略》⑤，被引用 16 次，下载阅读 1929 次。他们对微博传播特点进行了分析，论证如何遵循自媒体传播规律对舆情演化进行监管。

8. 自媒体的商业化应用

在媒体商业化应用方面，最受关注的是陈方正 2013 年发表的《微信自媒体的传播特性与盈利模式分析》⑥，被引用 3 次，下载阅读 1985 次；其次是上海师范大学杨静 2012 年硕士学位论文《品牌的自媒体传播研究》⑦ 和中国海洋大学高婷 2010 年硕士学位论文《网络自媒体对青年旅游决策的影响研究》⑧，两篇文章被引用 5 次，下载阅读 2895 次。此外，

①　王冰：《自媒体的"歧路花园"——博客现象的深层次解读》，《学术论坛》2005 年第 1 期。

②　张美玲、罗忆：《以微博为代表的自媒体传播特点和优势分析》，《湖北职业技术学院学报》2011 年第 3 期。

③　钟逸：《自媒体时代，危机传播中的议程设置》，《新闻世界》2011 年第 1 期。

④　高源：《自媒体语境下微博舆论监督的功能及模式研究》，《新闻天地》（下半月刊）2011 年 1 月。

⑤　刘社瑞、唐双：《自媒体微博舆情演化与应对策略》，《求索》2011 年第 10 期。

⑥　陈方正：《微信自媒体的传播特性与盈利模式分析》，《华中人文论丛》2013 年第 6 期。

⑦　杨静：《品牌的自媒体传播研究》，硕士学位论文，上海师范大学，2012 年，第 1—49 页。

⑧　高婷：《网络自媒体对青年旅游决策的影响研究》，硕士学位论文，中国海洋大学，2010 年，第 1—50 页。

马原的《自媒体影响力长尾分析》①，被引用 12 次，下载阅读 783 次，文章基于长尾理论，从商业理论层面阐述了自媒体传播效果的巨大潜在商业价值。

9. 自媒体其他领域的应用研究

自媒体在其他领域的应用研究相当广泛，关注量较多的有汤力峰、王学川的《自媒体环境下高校思想政治工作的创新》，被引用 29 次，下载阅读 1411 次。作者通过对自媒体特点的分析，呼吁高校政治思想工作更新观念并与自媒体形成新的合力，完善监督体系，提出采用网上网下联动、建立专业队伍和学生"意见领袖"相结合的模式，做好大学生政治思想工作②。潘祥辉于 2011 年的论文《对自媒体革命的媒介社会学解读》，被引用 19 次，下载阅读 1174 次。作者认为自媒体引爆的是"信源"革命，是"传播个人主义"运动，并根据结构功能理论，对自媒体进行了媒介社会学分析③。叶捷思就自媒体传播的侵权行为的法律界定、取证、管辖权等问题进行了研究④，是此类文章中目前关注度较高的，被引用 11 次，下载阅读 712 次。吉林大学韩丽 2011 年硕士学位论文《自媒体发展及其文化问题——新世纪中国自媒体现象研究》⑤，对自媒体文化现象及其带来的负面问题进行了较为系统的研究，获得了较多关注，被引用 4 次，下载阅读 3125 次。

三 从大样本分析看国内自媒体研究热点问题

为了更加完整地对全样本 1432 篇文章的研究主题进行分析，我们借鉴中国知网的学科分类，对国内自媒体研究各相关领域的文章进行了全样本分类统计，见图 7—1。

---

① 马原：《自媒体影响力长尾分析》，《中国传媒科技》2008 年第 6 期。
② 汤力峰、王学川：《自媒体环境下高校思想政治工作的创新》，《中国青年研究》2012 年第 3 期。
③ 潘祥辉：《对自媒体革命的媒介社会学解读》，《当代传播》2011 年第 11 期。
④ 叶捷思：《浅论"自媒体"的法律规制》，《法治研究》2009 年第 11 期。
⑤ 韩丽：《自媒体发展及其文化问题——新世纪中国自媒体现象研究》，硕士学位论文，吉林大学，2011 年，第 1—35 页。

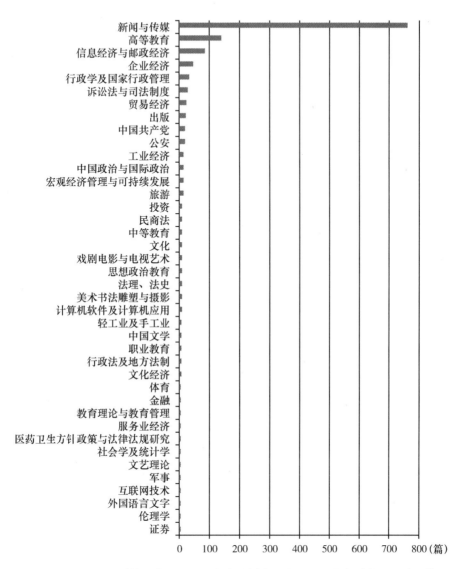

图7—1 国内自媒体研究不同主题文章全样本分类统计（文章总数1432篇）①

同时，根据图7—1中不同主题，对各类别中的论文进行了内容主题词词频统计分析，发现在1432篇文章中，有82.8%的主题集中在5个方面，这部分文章共计1186篇，反映出目前国内自媒体研究的热点。图

---

① 条形图所表示的是总样本1432篇文章中，每一个类别的文章总数。

7—2 通过散点图显示的方法，将自媒体相关的各领域文章热点进行了分类描述。图中散点越大，表明研究相关问题的论文越多。

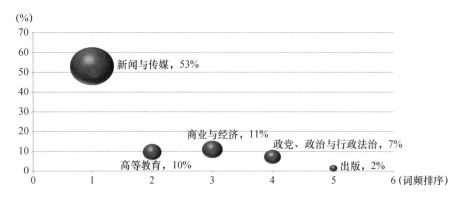

图7—2　国内自媒体研究热点分类散点图①

为更清晰地把握当前自媒体研究的热点，基于中文语料分析软件 LJCorpus 对所有图 7—2 中的 1186 篇样本章节进行了语料分词统计。为便于比较，在参考中国知网已有分类基础上，将图 7—2 中的文章合并为五类：一是新闻与传媒；二是高等教育；三是商业与经济（合并了信息经济与邮政经济、企业经济、贸易经济）；四是政党、政治与行政法治（合并了行政学及国家行政管理、诉讼法与司法制度、公安、中国共产党）；五是出版。具体词频分布在类别中的占比情况，见图 7—3。

四　国内自媒体问题研究热点总结

目前国内自媒体的研究热点可以概括为以下五个方面：一是传播平台性和功能性机制的讨论、博客与微博功能及其监管、新闻的大众化与公民参与和舆论引导等方面；二是教育方面的研究，主要集中在自媒体在高校的政治思想教育方面，包括极少数的自媒体在专业教学方面应用的研究；三是商业与经济方面，主要研究自媒体营销与品牌建设功能；

---

① 图中涉及自媒体研究相关的五个方面的研究论文总数达 1186 篇，占总样本 1432 篇文章的 83%。

四是在政党、政治与行政法治方面，主要研究公共管理、危机管理、舆论宣传与监管方面；五是出版方面，主要研究自媒体、出版编辑与营销的关系。

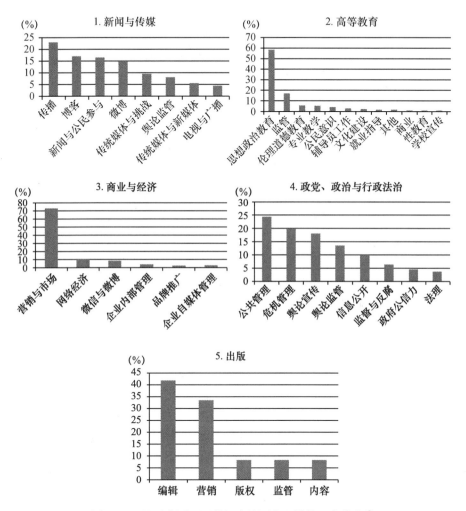

图7—3　基于中国知网数据库的国内自媒体研究热点①

————————

①　为便于比较研究，本章节中的中文词频统计按照文中提到的新闻与传媒，高等教育，商业与经济，政党、政治与行政法治，出版五个方面进行了二次分类。图7—3中的5个矩形图表示的是该类论文中，出现较高词频的关键词所占的百分比（将内容相似的词进行了合并统计处理，如市场与营销，统计的是涉及市场或营销的关键词词频的总和）。借用语言学中语料分析工具进行论文内容的辨别，统计省略了与本章节内容研究无关的词汇。

第三节　美国的自媒体研究

一　美国自媒体发展现状

根据美国皮尤研究中心（Pew Research Center）发布的《2014 美国新闻媒体报告》，我们对 2014 年美国传播媒介发展概况进行了分析。主要体现在以下六个方面，表 7—4 基本能够反映美国自媒体的发展状况。

表7—4　　　　　　　　2014 年美国社会传播媒介发展概况分析①

内容	详细数据
1. 网络媒体进一步全球扩张	网络媒体从业人数不断增加，业务范围不断扩张，并向海外发展，大众媒介在员工数和业务范围方面都在不断收缩
2. 新闻行业营业受益无增长	美国新闻行业每年的营收总额为略高于 600 亿美元，其中广告收入占约 2/3
3. 社交网站成为新闻传播的主要渠道	50% 的社交网络用户共享或转发新闻报道、图片或视频，约 46% 的用户在社交网站上讨论新闻事件
4. 新媒体发展迅速	2013 年，与数字视频相关的广告收入增长了 44%，而且预计未来将继续增长。但就目前而言，在美国数字广告收入总额中所占比例仅为 10%
5. 电视行业并购成为潮流	2013 年，有将近 300 家地方电视台被卖掉，总价格超过了 80 亿美元，交易价值比 2012 年增长了 367%，被卖掉的地方电视台数量增加了 205%
6. 人口结构影响新闻业	西班牙裔美国人口数增长速度最快，ABC 等大众媒介开始运营西班牙语新闻业务

---

① 参见中国互联网数据资讯中心对《2014 美国新闻媒体报告》的解读和该报告原文，http：//www.199it.com/archives/205223.html；http：//www.journalism.org/2014/03/26/state－of－the－news－media－2014－overview/，2014.9.27。

二　基于谷歌学术搜索的自媒体文献分析

自媒体研究缘起于 2003 年的自媒体报告《自媒体：受众将如何塑造未来的新闻和信息》和丹·吉尔默的自媒体研究著作《草根媒体》，因此，大部分与自媒体相关的英文文献研究至少会提到他们中间的一位。通过谷歌学术引擎搜索两部著作引用关系论文和著作，即可获取与自媒体研究高度相关的论文或著作信息 2462 条，经过二次刷新获取有效数据 187 条，最后通过英文语料分析软件 AntConc 对 187 条有效数据进行了分析。

通过语料分析发现美国对自媒体的研究与美国自媒体发展状况密切相关。图 7—4 为词频分析结果。①

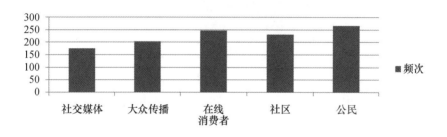

图7—4　谷歌学术搜索中自媒体相关五大高频词条图解

从图 7—4 中可以看出，出现最多的词汇是公民、在线消费者、社区、大众传播、社交媒体，与美国当前自媒体的发展状况基本契合。综合对搜索结果具体内容的阅读，分析谷歌学术搜索所展现出来的美国关于自媒体的研究趋势，主要有 4 个方面：一是传播方式上，重视网络媒体相关的研究，并具有鲜明的网络消费导向；二是重视草

---

① 说明：语料分析只能对语言本身的规律及关键词上下文关联性进行分析，并不能辨别具体关键词在某一内容方面的重要性。因此，我们通过计算机提取关键词，结合上下文人工通读的方式，了解整个语料内容及关注点的大致情况，然后再进行目的性更强的第二次、第三次词频统计，通过计算机与人工相结合的方式最终选取出真正能代表文章中心论点相关的高频核心关键词。

根社区和草根（公民）新闻的特性及相关规律的研究；三是重视社交媒体的定量研究；四是注重大众传播机制与新媒体之间关系的验证与探索。

三 基于 JSTOR 的文献分析看美国自媒体研究热点

在第一次对 JSTOR 数据库检索中，共检索 1332 篇有关联的文章。在通过文章标题精确匹配搜索关键词的二次检索后，找到了 76 篇关联性较强的文章。其中标题关键词频次统计，请见图 7—5。

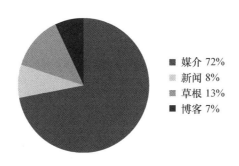

图7—5　基于 JSTOR 论文标题的关键词词频统计

通过以上标题词频统计，可以将目前 JSTOR 数据库中关于自媒体的研究论文分成四类。具体情况如下。

1. 媒体、媒介（Media）视野下的自媒体研究

该领域文章共计 55 篇，占选取样本的 72%。其中自媒体与政治的研究 14 篇，主要集中在自媒体对社会政治参与度，例如选举、民主意识培养等方面。其次是传播机制的研究 12 篇，主要是对自媒体本身的结构性特征和对旧媒体的挑战与差别等的研究。同时，自媒体与教育的研究 7 篇，主要是研究自媒体与青少年教育的影响。此外，对自媒体与心理、人类认知、医疗卫生、商业、文化等领域的研究也均有涉及。

2. 新闻行业与自媒体研究

该领域文章共计 6 篇，占选取样本的 8%，主要探讨的是自媒体背景下，新闻业务方面的研究，如新闻采编、写作的专业性问题，同时在协

同出版方面也有一定数量的研究。

3. 自媒体传播与草根新闻相关研究

这方面研究文章共计 10 篇，占选取样本的 13%，主要研究的是自媒体媒介与草根运动之间的关系，探讨自媒体传播对美国社会信息传播的影响，以及这种影响对美国各类社会群体关系的再造。

4. 自媒体与博客

搜索到文章共计 5 篇，占选取样本的 7%，主要探讨博客的政治影响力、博客的定义、博客与教育的关系以及发展趋势等。

第四节　中美自媒体研究的差异

一　社会总体关注度的比较分析

通过趋向对比可以看出，我国对自媒体的关注是从 2013 年开始升温的。而美国对自媒体关注的高峰为 2011 年，随后关注度开始变缓下滑到 2011 年的 20% 左右的搜索量上，直到 2014 年 10 月才显示略有提升。数据表明，美国对于自媒体现象的关注和研究时间要早于我国的研究与关注。因此自媒体相关的一些前瞻性问题，可以参考美国现在的发展趋势。

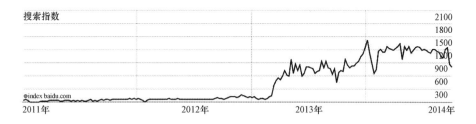

图 7—6　百度自媒体搜索量指数趋势①

---

① 说明：此处的百度搜索中，搜索的是中文关键词"自媒体"，搜索范围为国内，搜索时间为 2014 年 9 月 30 日 15：30。

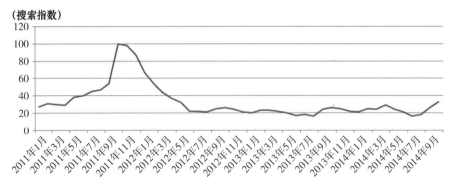

图7—7　谷歌自媒体搜索量指数趋势①

二　中美自媒体研究的共同点及其差异

图7—6和图7—7为近四年来中美两国通过搜索引擎关注自媒体情况的指数走势，根据分析，中美研究的共同点及其差异可以通过表7—5比较出来。

表7—5　　　　　　　　　中美自媒体研究共同点及其差异

自媒体相关研究领域	中国研究热点	美国研究热点
1. 媒体、媒介，新闻业与传媒	主要集中在传播机制的讨论，关注自媒体作为新平台的特点和建设问题。自媒体与大众媒介的冲突，对大众媒介的挑战，关注更多的是平台和传播阵地问题	1. 自媒体的传播理论机制的研究，主要集中在对自媒体本身的特征与结构的研究，对大众媒介的挑战与区别等的研究，更侧重于结构性差异比较分析 2. 自媒体背景下，具体新闻采编、写作的专业性问题
2. 博客与微博	博客和微博对大众媒体、社会生活、政治经济的影响，并主要涉及如何监管与控制等问题	主要探讨博客的政治影响力、博客的定义、博客和教育的关系以及下一代博客的发展趋势等，注重其对人和社会造成的改变，如何影响未来等

---

① 说明：此处的谷歌搜索中，搜索英文关键词"we media"，搜索范围为美国，搜索时间为2014年9月30日15：30。

续表

自媒体相关 研究领域	中国研究热点	美国研究热点
3. 新闻和公民参与方面	媒体权力转移和自媒体新闻的监管，侧重自上而下	自媒体与草根运动的关系，大众媒介的转型等，侧重自下而上
4. 教育	自媒体在高校的政治思教育方面的作用	主要是研究自媒体对青少年教育及人类认知行为的影响
5. 商业和经济	如何利用自媒体的营销与品牌建设功能	自媒体本身的全球化扩张和品牌构建
6. 政党、政治和行政法治	公共管理、危机管理、舆论宣传和监管方面	对选举、民主意识培养的影响
7. 出版	自媒体与出版编辑、营销的关系	自媒体与协同出版研究、知识共享、传播体系构建等

较之于美国，我国目前在自媒体的研究方面存在以下几个方面的差异：一是大众媒介如何应对自媒体冲击对策方面，缺乏如美国类似的研究，美国在这方面的研究细化到新闻采编方式，新闻写作细化到提出技术指导性意见。在运行机制方面，国内注重平台建设和功能性研究，美国更注重自媒体的结构性分析。二是对于微博和博客方面的研究，国内重视如何进行监管的研究，而美国更重视这一自媒体形式本身的发展及对政治、教育的意义。三是在自媒体的公民参与研究方面，国内关注重心是媒体权力自上而下的转移，美国倾向于结合底层草根运动而进行的自下而上的研究。四是教育方面，国内注重的是自媒体对大学生思想政治教育的应用，美国注重对专业教育和青少年影响的研究，关注人类认知行为问题研究。五是在自媒体的营销与品牌应用研究方面，国内多半专注于国内市场，甚至只是某单一产业链或单一细分市场的定量营销策略研究，美国更注重立足全球战略的系统理论研究。六是政党、政治与行政法治方面，国内注重监管方面的研究，美国更关注自媒体与社会民主重建问题研究。七是出版方面，国内主要集中在如何利用自媒体做好

编辑和营销，美国更关注自媒体背景下出版模式和出版体系的转变，如协同出版及未来发展等。

第五节 中美自媒体研究差异的原因分析

一 研究者视角和知识背景的差异

中国研究者多是从传统的新闻业务知识的基础上理解自媒体，美国的研究者多是从互联网技术的基础上理解自媒体。中国的研究者多用定性分析方法研究自媒体，美国的研究者多用定量方法研究自媒体。另外，两国学者的研究视角也不尽相同，中国的研究视角往往由上至下，美国的研究视角更多的是由下至上。

二 互联网科技发展的差异以及技术驱动下的动态发展水平不同

就当前国内外实际情况来看，美国作为互联网的发源地，不论是互联网技术还是互联网思想，都大幅度领先世界。我国的互联网科技发展实际水平与美国相比，依然还有差距。自媒体是随着互联网的发展而兴起的，自媒体概念本身也在随着信息技术发展迭代演进。由于互联网技术和自媒体传播仍然处在一个相对的发展初期，自身特点也在不断变化，这是造成研究者关注重点不同的重要原因。

三 国内学者重视自媒体的功能研究，美国学者关注自媒体所带来的传播模式的结构性变化

对自媒体的研究，我们不可避免地会受到传播学基础理论的影响。从分析中可以看出，国内学者在理论上深受传播学奠基人之一哈罗德·拉斯韦尔的影响。在研究模式上，大部分学者都遵循或参考了哈罗德·拉斯韦尔著名的 5 个 W 模式，即谁（Who）、对谁（Whom）、通过什么渠道（What Channel）、说什么（What）、取得了什么效果（What effect）。我国学者在传播基础理论研究中，对于传播功能性的重视，直接影响学术界在自媒体研究中对传播功能的关注。但哈罗德·拉斯韦尔重视传播功能的同时，并没有在其理论框架中否定传播结构的重要性。

脱离结构与功能的辩证关系去研究传播模式，更容易被新的技术带来的新的传播模式的功能所吸引，在本章节中的分析数据也恰好证明了这一点。但自媒体与以往大众传播模式的不同就在于，其传播结构发生了本质的变化，我国学者对于这种变化所带来的影响，有影响力的研究依然少之又少。

第 八 章

中国的美国新闻研究

改革开放以来，美国新闻一直是中国关注的热点。中国学者用自己东方哲学的眼光观察美国的新闻，关心和研究美国的新闻事业。在中国的外国新闻研究领域内，中国人对美国新闻的关注程度最高，研究范围也最广，美国新闻历史、基本理论和新闻业务，都是中国关注和研究的内容，美国新闻研究对中国的新闻事业发展产生了重要影响。

第一节 从改革开放至 2000 年的美国新闻研究

根据中国知网自 1952 年至 2016 年的统计，以美国新闻为主题，通过模糊匹配共检出文献 16355 篇，如图 8—1 所示。

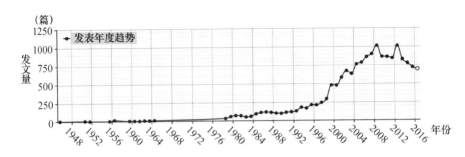

图 8—1 1952—2016 年中国知网统计的"美国新闻"
研究论文和文章数量年度趋势

资料来源：中国知网，http://kns.cnki.net/kns/Visualization/VisualCenter.aspx。

根据图 8—1 可以看出，中国的美国新闻研究或者介绍从 1952 年开始，1976 年数量增加，但这段时间总体论文或者文章不多。1980 年中国开始大量出现研究和介绍美国新闻的论文和文章，极值出现在 2009 年和 2013 年，这两个年度年论文量都达到 1010 篇左右。这个统计是一个很模糊的结果，还有一些文章中涉及"美国新闻"，并旁及其他学科领域。统计数字中的这些文章以"美国新闻"为主题，是专门介绍或者研究"美国新闻"的文章。这个简单的统计可以说明一个大概情况，描述了中国的美国新闻研究基本特点，中国的美国新闻研究不但数量多，而且持续时间长，是人们长时间研究的热点。

改革开放初期至 1995 年属于美国新闻研究的初期，其中 1989—1995 年中国的美国新闻研究基本上是延续 1989 年以前状况，以介绍美国新闻业基本情况、翻译重要的新闻学著作为主。1989 年以前翻译的美国新闻著作中，最重要的一部是由董乐山先生译校，苏金琥、张黎等翻译的《美国新闻史》。中国人通过这本埃默里父子的鸿篇巨制，了解到美国新闻的发展历史、主要思想传统、美国新闻与美国社会各个方面的关系，系统地了解美国新闻发展各个阶段的主要报纸杂志广播电台电视台通讯社、新闻事业发展和与此相关的社会发展情况。这部著作此后不断再版，现在在中国已经出版了第八版，仍然是我们了解美国新闻史的一部必读书目。1980 年由中国人民大学新闻系组织重新校订、新华出版社出版的《报刊的四种理论》，是一本重要的新闻学理论著作，全书虽然篇幅不长，但是作者把当时世界主要的新闻理论概括为集权主义理论、自由主义理论、社会责任论理论、苏联共产主义理论（即斯大林主义理论），具有极强概括性，在国内的影响很大，1983 年该书又出版了第二版。这本书由美国学者韦尔伯·斯拉姆（Wilbur Schramm，今译威尔伯·施拉姆）等 4 位作者各写一章，是第二次世界大战以来西方国家新闻学主要内容和议题，作者在广阔的社会背景下研究新闻现象，比较不同的社会背景下新闻的不同样式、政府与媒体关系、媒体自身体制等。这本书译介出版后，立即在中国新闻界和学者中引起了强烈反应，很多学者围绕书中的各个议题展开了激烈的讨论，在肯定作者开阔的研究视野的同时，对作者较为强烈的意识形态色彩、明显的好恶取向、过于宽泛的论述、缺乏相应论证等提出了批评意见。2008 年该书重译出版，书名改为《传媒的四种理论》。

　　1990 年中国社会科学院美国研究所李道揆先生的专著《美国政府与美国政治》，其中关于美国新闻的论述部分，从美国政治的角度较为全面论述了美国新闻与美国政治的关系，勾勒出美国新闻自身的一些基本原则和基本面貌，是出版较早的中国学者较为全面论述美国政治与美国新闻关系的研究成果。

　　20 世纪 90 年代，一批在中国国内已经有了一定新闻学基本训练的年轻留学生前往美国，把美国新闻学作为自己研究的主要科目，这些留学生完成了自己的学位论文或者研究项目，他们的主要研究成果出现的时间大概在 20 世纪 90 年代后期，这是中国学者研究美国新闻的成果大量出现的第一个时期。这个时期有关美国新闻研究的成果，与 20 世纪 90 年代以前以译介为主的情形完全不同，中国学者开始撰写大量的研究性论文和研究著作，成为这一时期中国的美国新闻学研究的主要成就。

　　1991—2000 年中国的美国新闻研究，一类以《妖魔化中国的背后》为代表，这类著作针对美国媒体在 1989 年后出现的媒体舆论一边倒情况，通过分析美国媒体有关中国的报道，认为美国的大众媒介和美国知识精英阶层，存在着"妖魔化"中国情况。他们认为："现在的美国新闻界是一个已经没有斯诺的时代"，美国媒体代表"美国大资产阶级的国家利益"，这些研究者认为，美国媒体自从 1992 年起就从"美国的国家利益出发，真正有系统、有组织、有计划地妖魔化中国"。① 这类著作谈论的大多是关于美国媒体对中国的报道情况，其中也有一些关于美国媒体国际报道的工作细节，这类成果在出版之时和出版之后产生了广泛影响，以至于"妖魔化"成为流行词一直延续至今，用于描述西方和美国媒体对中国有意矮化、丑化和不客观不正确报道。

　　这个时期后半期产生的另一类成果，是中国学者严格按照学术规范研究美国新闻的学院式学术著作。在此之前很少有中国学者发表有关美国新闻学的专门著作，出版的有关美国新闻书籍主要是观感，或者是简单介绍性小册子。20 世纪 90 年代后半期出版的这些著作中，具有代表性的有中国社会科学出版社的《透视美国·无冕之王与金钱》、北京广播学

---

① 李希光、刘康等：《妖魔化中国的背后》，中国社会科学出版社 1996 年版，第 7、9 页。

院编写的《大众传播与国际关系》、北京广播学院郭慎之的《北美传播研究》、马庆平的《外国广播电视史》、曹璐等人的《卫星电视传播》等。在 20 世纪将要结束的时候，中国学者和专家撰写出一批有质量的美国新闻学著作，加上一些高质量的翻译著作，可谓成绩斐然。这些著作的作者多数是中国大学新闻学院或者新闻系教师，他们这些著作也多为教授相关课程撰写。在这个时期美国新闻学已经是中国大学新闻专业的一门主要课程，美国新闻被当作当代西方世界最有代表性的新闻传播样本研究。这期间还有一些学术著作仅看标题，好像不是研究美国新闻，但是仔细阅读就会发现，在所有研究外国新闻或者国际新闻的专著中，都有大量篇幅研究美国新闻。这些专著既是中国大学新闻学教科书，也代表中国美国新闻学的研究水平。

美国新闻学研究，交叉学科研究是基本的研究方法。美国是新闻学最发达的国家，产生了很多优秀的新闻学研究成果。美国的新闻从业者和美国的新闻学研究者，从来没有孤立地研究新闻学现象。他们有的从哲学的角度研究新闻传播与人类传播之间的关系，有的从政治学的角度研究新闻传播与国家政治体制、权力等方面的关系，有的从社会学的角度研究新闻传播对社会形态和人类社会行为影响等，也有人研究新闻传播与国际政治的关系。新闻学在美国是一个新学科，也是交叉性学科。中国的美国新闻学研究研究和介绍的是最新的美国新闻传播现象，必然是一种交叉性的研究。

所以，中国的美国新闻学著作也出现了一些多学科渗透的研究成果，北京广播学院编写的《大众传播与国际关系》是一本研究媒体与国家外交政策决策机制关系的专著，内容涉及美国媒体与美国外交之间关系、媒体在美国外交中的作用，以及美国媒体如何影响美国外交政策等多个方面。这个时期有很多研究成果并不仅仅局限在传统的新闻学理论框架之内，有的专著十分注重新闻信息传播的哲学意义，试图从哲学的角度解释美国大众传播。很多著作在研究美国大众传播时，都不约而同地运用了大众传播学理论的基本范式，在大众传播学的理论框架内阐释美国新闻，这种研究方法要比过去传统的研究方法更为有利，能够帮助我们更加深入地认识美国新闻。现代美国新闻获得了巨大的发展，是美国大众传播最重要的构成要素。美国新闻不仅仅是"报道新近发生的事情"，也是美国社会最充分、最强大的社会信息传播系统，在美国社会生活中的重要作用超过以往任何时候。在这种情况下，多维度研究方式才能勾勒清楚美国新闻。

在20世纪的最后10年中，还有一批由中国学者撰写的新闻研究专著或者论文中，虽然不是专门的美国新闻研究，但有许多内容涉及美国新闻，也是这个时期美国新闻研究的一个组成部分。

20世纪的最后10年，以互联网技术为代表的通信技术迅猛发展，成为美国经济连续十多年强劲增长的主要动力。国际互联网是一种新的信息交流工具，它以难以想象的速度在全世界蔓延支脉，构筑起遍布世界各个角落新的信息传播网络。互联网这种新的媒体形式成为继报纸、杂志、广播和电视之后第四种新闻媒体，网络媒体在21世纪初被称为"第四媒体"，2003年以后把以博客、微信具有信息传播功能的平台称为自媒体。网络媒体最先出现在美国新闻传播领域中，是随着科技进步诞生的一个新的研究领域，很快就成为中国学者研究的对象，有许多中国的科技专家也开始研究美国新兴的"第四媒体"。许多科技专家学者研究美国新闻，这是以前美国新闻研究中没有的情况。特别值得一提的是，许多中国科技专家的研究，并不是完全局限在互联网的技术领域，他们的研究涉及美国有关法律制度、新闻传播道德等问题。通信和电子技术多个不同学术领域的中国学者开始关注美国新闻，关注网络媒体在美国的发展，成为这10年中国美国新闻研究中最突出现象。

中国研究者同时注意到，由于美国通信技术领域领先，在全球建立了先进的卫星通信传输系统，可以运用更加成熟的图像和声音压缩传输技术传播社会信息。美国的新闻借助这些先进技术已经实现了全球化新闻传播的技术覆盖，卫星和有线光缆传输系统可以在任意时间把美国新闻传送到世界的任何地方。全球任何地方发生的新闻，都可能在美国的新闻报道中看到。从新闻发展史的角度看，这当然是新闻传播技术的伟大进步。但是由于这些技术和传播渠道掌握在美国新闻人的手中，人们只能透过美国记者镜头了解和观察世界，这是新闻资源的极大浪费。从文化学意义上讲，美国、欧洲和日本等发达国家和地区的电视和新闻，占据着全球新闻传播的大部分，享有优质的受众资源，美国CNN和MTV是世界受众人群最广泛的电视台，CNN在全球范围内与BBC展开新闻竞争，在互联网上英语是使用最广泛最主要的语言，英语新闻信息得到了广泛传播，这种状况对文化发展的多样性不利。① 即使是对一件客观事物最如实的报道，不同文化背景下的记者也会有不同的报道方式，所传达的新闻信息也会有所不同。单一文化背景下的新闻信息长期积累，会影响人们的思维习惯，呈现单一的文化精神。如果美国新闻传播借助美国强大的科学技术，长期处在世界新闻霸主地位，美国式的思维方式就会在全世界广泛流行。这样的情形短时间可能对美国的国家利益有利，但是长期下去将加速世界文化多样性消亡，形成世界范围内单一文化格局，单一文化的最后结局是人类文化最终毁灭。中国学者的一些论文研究美国在全球的新闻权问题，试图找寻一种可能的破解之道。在有关国际互联网技术研讨会议上，这一议题也从传播技术的角度提起。中国的技术专家已经注意到，媒体的革命性变化、"第四媒体"对大众媒介的冲击、"第四媒体"对未来人类社会多方面影响等问题。在世界不平衡的新闻传播格局中，研究者注意到由于美国拥有互联网技术和资源的优势，国际新闻传播的不平衡会进一步加剧，加速世界新闻极化形成。

尽管中国这一时期美国新闻学研究和介绍较多，但是在这个时期中国的美国新闻研究，不太注重美国新闻业的资本运营研究。这与中国媒体产业实际有关，是中国的美国新闻学研究中的缺陷，这一缺陷在此后10年的美国新闻学研究中有所改善。美国经济经历了克林顿时代连续十多年增长，在这个时代的后期，美国资本市场掀起了一股新闻产业并购浪潮，一些媒体公司通过并购实现了资源互补和优势互补，强化了公司的垄断竞争能力。其中美国在线和时代华纳的合并尤为引人注目，美国在线当时拥有1000万余名用户，是一个迅速发展起来的美国网络公司，它和时代华纳合并建立了一个新的媒体帝国，表明美国媒体前瞻性的发展方向。美国在线与时代华纳公司合并以后，不但拥有传媒产业中最雄厚的资本，同时拥有世界上最先进和最齐全的新闻传播手段，是媒体产业资本与新型新闻传播方式的结合。美国研究者认为，当时史蒂夫·凯斯实际上已经在互联网领域击败了比尔·盖茨，在媒体的领域击败了

① 参见［美］托马斯·鲍德温等《大汇流：整合媒介、信息与传播》，龙耘、官希明译，华夏出版社2001年版，第305—308页。

CNN，美国在线与时代华纳公司合并把美国资本、媒体和现代科技几个方面的优良资源结合在一起，是美国新经济的产物，更是美国新媒体的代表。

但是所有这一切，在中国的美国新闻学研究中没有得到相应的重视，这是中国美国新闻学研究的空白。在中国研究这类并购案的文章中，只是研究资本并购的意义，基本没有涉及这类并购案对于新闻事业发展有何重要作用。这种情况随着互联网经济发展有所改善，但是更多的研究还是延续着注重媒体并购的经济学意义或者金融市场意义，很少涉及对于新媒体发展的实际意义。

回顾这段研究情况，意在提醒中国的美国新闻学研究者，做美国新闻学研究，是多学科的综合性研究，要具有足够宽的研究视野和特有研究敏感，否则我们的研究还是无法跟上美国新闻发展的实际，更遑论全面了解美国新闻。

第二节　2001 年至 2010 年的美国新闻研究

在 21 世纪刚开始的第一个 10 年中，中国新闻研究者在美国新闻研究方面推出很多新成就，推动中国的美国新闻研究进一步深入。美国是一个发达的信息社会，大众媒介是这个发达信息社会的主要信息载体，随着美国社会变化，美国大众传播也发生了很多的变化，这些变化，成为中国美国新闻研究者新的关注重点。

《爱国者法案》2001 年 10 月在美国国会通过，布什总统正式签署实施。虽然"9·11"事件发生后，美国大众媒介仍然抱守美国新闻自由和反对"事先约束"的核心价值观，但是在国家安全凸显的当时，两者的矛盾在美国国内特别在美国媒体中引起激烈争论。常为民在《自由或安全："9·11"后美国媒体与社会的艰难权衡》一文中，较为深入探讨了美国国内媒体对这个问题的认识和探索。作者认为"美国确实正摇摆于自由或安全的权衡之间"，美国大众媒介"或许对执法机构扩大了的权力过度反应"，对《爱国者法案》争论，"各种观点交锋的整体走向逐渐趋于妥协、理解和重归平衡"。作者认为《爱国者法案》对美国的种族多样性和宗教多样性关注不多，使人们不禁对"美国人对种族与文化多样性前景"①担忧。历史上每当美国国家安全利益受到威胁时，特别是在战争时期，这种争论就会出现。在国家处于全面战争时期，1942 年 1 月公布的《美国报刊战时行为准则》便会对自由特别是大众媒介的自由形成一定制约。但是今后类似"9·11"事件的局部战争，将会成为美国对外战争的主要形式，这种制约会以什么方式出现？对美国大众媒介以及社会将会产生怎样影响？这些问题势必长期困扰美国大众媒介。从"9·11"事件前后就《爱国者法案》关于大众媒介自由与国家利益安全的争论中可以看出，不论是立法者还是大众传播界，都没有足够的解决办法平衡新闻自由和国家安全这对美国社会的钟摆。

在科学技术迅速发展背景下，美国媒体跨界发展是这 10 年美国媒体的另一个明显特点，这种跨界发展以后被国内研究者界定为融合发展的概念。胡正荣的《产业整合与跨世纪变革——美国广播电视业的发展方向》②、张咏华的《美国网络新闻业的发展特点》③ 论文，集中研究美国大众媒介这种趋势的发展动态，认为美国媒体的跨界发展从 20 世纪 80 年代开始，到 20 世纪末形成一种基本趋势。他们引用的统计数据表明，1999 年美国已有 800 多家电视台上网，到 2002 年 6 月美国上网的报纸已达 4000 多家，2000 年美国在互联网上进行广播的广播台已达 1914 家。跨界发展是当时美国大众媒介的积极尝试，力图在互联网发展的背景下，维护大众媒介在美国社会信息传播的中心地位。美国传统大众媒介的跨界发展，实际是为了应对以互联网为传播工具的新媒体冲击。这种新媒体开始以文字和图片报道新闻，2003 年以后自媒体成为新媒体的主要平台，自媒体的发展对大众媒介形成了前所未有的挑战。美国大众媒介不论通过资产并购还是通过跨界发展，所有聚集资本和传播渠道努力，都无法阻止自媒体传播日益强大的前进脚步，改变大众传播时代既有的社会信息传播格局。

中国研究者一直关心美国大众传播与中国有关问题，美国大众传播

---

① 常为民：《自由或安全："9·11"后美国媒体与社会的艰难权衡》，《中国传媒大学学报》2006 年第 2 期。

② 胡正荣：《产业整合与跨世纪变革——美国广播电视业的发展方向》，《国际新闻界》2000 年第 4 期。

③ 张咏华：《美国网络新闻业的发展特点》，《中国记者》2004 年第 4 期。

的"中国形象"就是其中之一，这方面研究有两篇比较重要的论文。潘志高的《中美关系在美国媒体政治符号上的反映》①、杨雪和张娟的《90 年代美国大报上的中国形象》②，两篇论文作者都选取一段时间内美国主流报纸作为样本，进行详细数量统计，做出客观比较分析结论。潘志高的论文选取《纽约时报》对中国的报道作为切入点，分析《纽约时报》报道中国使用的政治符号变化，进一步探究这种变化与中美关系的关联性。论文通过数据统计认为，"通过观察以《纽约时报》为代表的美国媒体在报道中国时使用的政治符号，的确可以了解中美关系的大势"。作者对统计数据进一步分析后认为，"《纽约时报》报道中国时使用的意识形态类政治符号与其他两类政治符号（即地缘政治类和法律类）的比率则正好说明了中美关系非敌非友或者即敌即友"。杨雪、张娟的论文选取的时间为 1990—1999 年 10 年，报纸取样也增加到 4 份，设定了 10 个议题，作者对这段时间美国《纽约时报》《华盛顿邮报》《洛杉矶时报》和《基督教科学箴言报》报道总量、报道内容和报道走势 3 个方面进行统计，对统计数据进行 8 个专题的分析，得出许多有关联性的结论。在现代社会国家形象主要是通过大众媒介塑造的，我国既往的中国形象的研究，经常忽视对美国大众媒介的调查，很多研究者不能确切地掌握这种研究的基本方式，或者在统计数据中难以获得客观的分析结论。以上几位研究者在这些方面做出努力，取得了很好成绩，值得美国大众传播和美国研究其他领域的中国研究者关注。

美国大众传播著作的翻译和引进，一直是中国大众传播教育的重要内容。1997 年经国务院学位委员会批准，全国一些高等院校设立新闻一级学科。有统计表明，到 2001 年全国新闻传播专业教学点发展到 232 个，是 1994 年近 4 倍。中国人民大学出版社出版的"新闻与传播学译丛"、中国传媒大学翻译出版的"新闻传播学系列教材"，华夏出版社翻译出版的"高校经典教材译丛·传播学"等，不少是从美国引进的新闻学著作和教材。这些教材和理论著作成为国内新闻传播学专业各个不同层次学

---

① 潘志高：《中美关系在美国媒体政治符号上的反映》，《国际论坛》2001 年第 6 期。
② 杨雪、张娟：《90 年代美国大报上的中国形象》，《外交学院学报》2003 年第 1 期。

生的必读书目，并对他们基本的专业知识养成产生重要影响。在已经出版的诸多西方或者外国新闻传播学译作和著作中，也有很多涉及美国大众传播的研究和介绍。

所不同的是，这些译作和著作已经不是此前十多年观感性质的文字。中央电视台总编室研究处撰写的《美国有线电视新闻网（CNN）管理与运作特色》①，从 CNN 简介、管理及操作模式特点分析的角度，对美国电视传媒巨头 CNN 做了详细的介绍，穿插很有说服力的个案分析，增加人们对 CNN 的了解和认识。李良荣的《西方新闻事业概论》②一书，独出《美国新闻业》一章，简明概要地介绍和评价了美国大众媒介发展的历史、现状和特点。所有这些既是此前 10 年译介美国新闻学著作的延续，也构成了中国学者 21 世纪以来 10 年美国大众媒介研究的重要部分。

在美国大众传播研究中，还有一部分被列为国家社会科学基金项目或者相关部门重大研究项目，如中国社会科学院新闻与传播研究所承担的中国社会科学院重大项目"美国政府与媒体关系研究"，力图分析美国大众媒介与美国政治之间的关系，做出中国学者深入的研究。所有这些研究专题性更强，而且研究不断深入。

但是也要看到，大众传播研究是一门实践性很强的学科，美国的大众传播研究者大都有亲自参与大众媒介实际活动的经历，他们善于在不断变化的实践中，发现大众传播发展趋势和规律。而我国的研究者大都是学者，虽然他们对于了解美国大众传播有着强烈兴趣，也具备良好知识背景，但是由于缺乏大众传播实际工作经历，更缺少参与美国大众传播实际工作体验，因此我国学者研究更多的是"看"，从理论上推演摆在面前的美国大众传播为什么会是这个样子。这可能是我们中国学者在美国大众传播研究中，今后很难逾越的障碍。

以改革开放之后每个 10 年作为一个时间段叙述中国的美国新闻研究，只是为了叙述的方便，并没有什么特殊学术意义，也并不是割裂每

---

① 中央电视台总编室研究处：《美国有线电视新闻网（CNN）管理与运作特色》，《中国电视》2005 年第 6 期。

② 李良荣：《西方新闻事业概论》，复旦大学出版社 2006 年版。

一个 10 年学术研究相互联系和贯穿。学术回顾和总结是为了学术的发展，虽然这种回顾和总结仅仅是勾勒式的简单回顾，挂一漏万，但在这些简单的回顾中，可以加深人们对我国美国新闻研究和介绍的了解，对今后的美国新闻研究有所裨益。

第三节　中美新闻交流与合作

中美两国新闻交流是多方面多层次的，在中国这类交流活动一般纳入文化交流的范畴，大致可以分成两国人员信息交流和两国新闻信息交流。

一　中美两国人员信息交流

在人员信息交流方面，跨文化的人员交往为中美两国信息交流搭建起桥梁。

1. 中美新闻专业人员交流。专业人员交流是一种专业化深层次的交流，中美两国新闻界在 2010 年开始互派新闻代表团到对方国家定期交流，中国记协、美国东西方中心和香港明天更好基金会共同举办了 8 届中美记者交流活动，每年一届没有中断，参加这项活动的中国和美国记者约有 160 多人。通过两国记者分别在对方国家的参观和访问，促进了两国新闻界的人员接触，有助于了解彼此国家新闻工作的情况，消除隔阂和误解。每年中国记者协会公开征集和挑选中国新闻代表团成员，挑选的范围一般在中国各类新闻获奖者和先进工作者中间进行，如获得中国新闻奖或长江韬奋奖、中国新闻界优秀新闻工作者等，由他们组成的代表团访问美国著名的一些媒体机构、美国政府相关的新闻部门、美国一些企业和城市社区、对华研究机构等，与这些机构的人员进行交流并进行较为深入采访。

中美两国记者深入交流十分必要，最近 40 年来中国实行持续不断的改革开放政策，国家综合能力不断提升，已经成为世界第二大经济体，中美两国在经济领域互利互补，有着广泛的合作基础，中国作为一个负责任的大国，在关乎人类和平发展、国际和地区安全、环境保护、联合国事务、反恐等许多领域肩负着重要的责任，与美国在国际事务中有广泛合作的领域。两国的媒体担负着重要社会信息传播责任，应该积极维护两国关系健康发展。两国社会各界也有了解对方的信息需求，中美两国新闻界和记者，都认为应该深入了解对方国家和对方国家新闻界。加强两国新闻界交流是中美两国新闻界的共同愿望，两国新闻界应该更多相互交流，交流的层次、频率和质量也应该进一步提高。

由于中美两国在社会制度和社会意识形态方面根本不同，在经济方面一个是当今最大的发达国家，一个是当今最大的发展中国家，特别是两国新闻体制和新闻理念存在很大差异，所以这种同行的交流中既有共同的职业话题，也有一些不同看法，在有些方面存在分歧。

在中国记者看来，美国媒体对中国的报道普遍存在着一些偏见。美国媒体特别是大众媒介，虽然这些年来对中国的经济和社会报道的数量有了显著增加，但是在中国的人权事务和政府事务报道中，媒体的主观色彩十分浓重，一些美国媒体甚至在报道中国恐怖主义袭击事件时，故意歪曲事件真相，把发生在中国的暴恐事件混同于所谓人权、民族和宗教事件。一些美国媒体恶意渲染"中国威胁论"，缺乏公正客观的态度，污化中国人民形象。CNN 2008 年 4 月 9 日报道北京奥运火炬在旧金山传递消息时，新闻主持人卡弗蒂使用"暴民"和"匪徒"等污蔑词语；在报道当年"3·14 西藏骚乱"消息时，CNN 使用的图片被怀疑经过剪裁，引起中国人民和中国新闻同行的强烈不满。产生这些问题，一方面，有中美两国国情不同，两国社会制度不同的原因；另一方面，美国媒体存在着一种优越感，对其他形态的社会文明存在偏见，有的美国记者编辑对中国有一种预设的心理偏见。再加上美国媒体记者一直认为，"坏消息"比"好消息"更有利于传播，可以产生更加轰动的效应吸引受众注意，"坏消息"就是"好消息"，所以，少数美国媒体记者蓄意制造和报道关于中国的"坏消息"。

总的来说，中美两国新闻记者交流对于增进双方了解具有重要意义，特别是两国记者多方面多层次面对面的交流，有利于双方相互了解增加互信，也有利于中美两国人民的沟通和友谊。

2. 新华侨华人与中美信息交流。美国新华侨华人①是中美两国信息交流特殊的一个中间体,对中美两国信息交流起到了重要作用。在福建省福清市海口镇牛宅村的田野调查中我们了解到,这个沿海村庄距离最近的福清市有20多公里,有一条双向六车道公路与福清市相连。3000多人的村子里基本普及了固定电话和手机。在调查中一户林姓村民讲到,在西半球做生意的儿子儿媳妇每个星期会与家里电话联系两三次,还在镇上读初中的孙女几乎可以天天在固定时间,与万里之遥的父母亲通过视频连接通话。在北京一位梁姓的母亲,甚至可以通过微信,叫醒远在美国读书的女儿起床上课。②新华侨华人的跨国交流信息延伸到中国家庭和社会生活,传播了大量的美国社会信息。美国华侨华人社会中的家庭和家族这种信息交流关系一直保持和延续着,与老华侨华人相比,美国新华侨华人与家庭和家族社会的信息交流关系显得更加紧密,他们自己去美国,很多人就是依赖已经在美国的家庭或者家族信息,他们在刚刚踏上美国国土的第一时间,就把家庭和家族关系带进了美国,同时也把美国的信息传递给中国的家庭和社会。据统计,2009年在美国获得绿卡的中国公民共有64238人,其中通过家庭担保或者美国公民直系亲属申请获得绿卡的占到53.3%,这个比例远远高于其他获得绿卡者的比例,其他获得绿卡者的比例分别是工作迁移17.6%,难民申请28.8%,其他0.3%。③现在通过利用互联网,美国新华侨华人全方位的知晓了彼此社会生活信息和情感变化,消除了地理的阻隔,他们之间不会因为彼此地理上的远离而变得生疏。

---

① 新华侨华人是相对于老华侨华人的概念,具有一定时间限制。海外华侨华人认为,新华侨华人一般是指自中华人民共和国成立以来出国或者定居海外的中国人。中国社会科学院美国研究所姬虹研究员认为,以美国通过的《1965年移民和国籍法修正案》区别前后的美国新旧移民较为准确。从中国社会发展和人口流动的角度来看,把中国改革开放以来出国定居海外的中国人定义为新华侨华人比较客观 [参见姬虹《美国新移民研究(1965年至今)》,知识产权出版社2008年版,第1页]。

② 2012年9月下旬,我们通过福建省侨办安排,在福清市海口镇牛宅村进行了实地田野调查。在福建省、福清市和牛宅村有关领导的帮助下,入户访问了多个新华侨华人家庭,获取了丰富的中美两国信息传播田野调查资料。

③ 美国移民统计局(Office of Immigration Statistics):《2009年移民统计年鉴》(*2009 Year-book of Immigration Statistics*),美国国土安全部(U. S. Department of Homeland Security),2010年8月。转引自丘进主编《华侨华人研究报告(2011)》,社会科学文献出版社2011年版,第19页。

电子信息技术发展同样对华侨华人社会中林立的同乡会组织产生积极作用。以各种同乡会名义建立的"群组织"，在互联网上起到了中美两国之间信息交流的作用。同乡会是华侨华人社会中某个地域的或者某个姓氏的多个家庭和家族的、彼此具有一定血缘关系或者共同区域文化特点的集合体，它包含了多个家庭和家族，放大了家庭和家族关系，铺就了一张更大更广泛的社会关系网络。在这个网络中每个家庭和家族变成了一个联系的节点，一个具有活力的单元，延续和扩大了家庭和家族的关系，家庭和家族成员可以从中获取更多的社会资本，在密如织网的社会关系中延伸自己利益的触角，并且同众多家庭和家族一起，造就了华侨华人社会丰富的社会资本。长期存在于华侨华人社会中的家庭和家族关系以及它的发展形式同乡会，是华侨华人社会对中国传统社会关系的保持和传承，是华侨华人社会对传统社会资本的保持和传承，也是很多新华侨华人家庭获取信息的渠道。更为重要的是，这种以家族和家庭为主要特征的社会资本，带动了华侨华人社会以家族和家庭为主要经济形态的社会经济模式的发展，成为华侨华人社会发展的主要经济方式的基石。互联网"群组织"的建立，更加有利于成员间的交流和沟通，更加有利于同乡会活动的开展。

美国的新华侨华人已经具有足够的人群聚合基数，人口数量已经达到一个足以支撑两国大量信息交流的社会人群级别，成为中美信息交流特殊的人员载体。《华侨华人研究报告》（2011）估计，1970—2007年，到达美国的新华侨华人在200万人左右，新华侨华人占全部在美国华侨华人总数的2/3，① 从法律意义上他们具有了从美国到中国、从中国到美国自由旅行的签证资格，他们具备了跨国交流的基本条件。但是，对于这类美国新华侨华人的中美两国的跨国文化信息交流，有的人是很难理解的。2001年，美国"百人会"的一项调查表明，有约87%的美国人认为，华裔对中国的忠诚大于对美国的忠诚。② 这是对美国华侨华人社会很负面的看法，造成这种情况的因素很多也很复杂，有着不同文化对于祖

---

① 丘进主编：《华侨华人研究报告（2011）》，社会科学文献出版社2011年版，第25页。

② The Committee of 100, *American Attitude toward Chinese Americans and Asian Americans*, *2001*, http：//www. committee100. org.

国的态度的因素，甚至掺杂着一些政治的因素，但不可否认的是，美国新华侨华人在中美两国信息交流方面起着重要作用。

海外华人新闻媒体有百余年的历史，这是中美信息交流另外一个重要方面。华侨华人在海外创办了大量中文媒体，这些中文媒体不但担负着海外华侨华人社会信息传播的任务，在中外信息交流方面也发挥着巨大作用。1898 年 6 月 29 日日本华侨华人第一份新闻媒体《东亚报》在日本神户创刊，① 澳大利亚在 19 世纪出现 4 种中文报纸，其中 1856 年在悉尼创刊的《唐人新闻纸》，比 1854 年在美国旧金山创刊的《金山日新录》只晚了两年。② 1894 年英国华人在伦敦创办《中英商工机器时报》期刊③，非洲毛里求斯 1895 年《毛里求斯华文报》创刊，④ 在拉美地区的秘鲁，1910 年 3 月《公言报》（原名《兴华报》）创刊。⑤ 至于在华侨华人最多的东南亚国家和地区，华侨华人创办的新闻媒体更早，1815 年 8 月 5 日在马来西亚马六甲创刊的《察世俗每月统计传》，成为中国近代新闻媒体先驱。现在世界各国华侨华人兴办的报纸杂志等纸介媒体不下数百种，在有些华侨华人聚居的城市，如美国旧金山、纽约、新泽西等地，常有十几种中文报纸杂志同时发行，与本地族群社区相比，华侨华人社区新闻媒体发行的种类和数量并无二致。与此同时，中文电子新闻媒体发展更为迅猛，有线和卫星电视的发展，调频广播，尤其是网络新闻媒体的发展，迅速成为新闻发布和交流平台，推动了中美两国新闻信息交流。

3. 其他人员交流。除了华侨华人以外，其他大量的中美两国人员交往也是构成中美两国信息交流的重要人群。波音 747 巨型洲际飞机，已经把中国飞往美国的时间压缩到 15 个小时之内，这是几十年前北京到上海火车旅行的时间。现在中国飞往美国的航班，尤其是在中国的一线城市，北京、上海和广州，包括少数二线城市，每天都有直接飞往美国的航班，这些航班每天可以提供上万个座位，每 15 分钟就有一个航

① 段耀中：《日本华文传媒发展综述》，中国新闻通讯社资料。
② 黄成威：《澳大利亚华文传媒发展综述》，中国新闻通讯社资料。
③ 魏群：《英国华文传媒发展综述》，中国新闻通讯社资料。
④ 王晖：《非洲华文传媒发展综述》，中国新闻通讯社资料。
⑤ 林筠：《拉丁美洲华文传媒发展综述》，中国新闻通讯社资料。

班往返中美两国之间。用 15 个小时的旅行时间，就可以把一个人带到另外一个陌生的社会文化环境。便捷的交通使得中美两国人员实现了快速的时空变化，消除了中美两种不同社会文化的时空阻隔，实现中美不同社会文化空间穿梭和人员交流，包括大量的信息交流。15 个小时之前，他们可以在中国吃着中餐，喝着中国茶水；15 个小时之后他们就抵达美国，过着美国式的生活。他们周围的社会文化氛围发生了极大的变化，信息环境完全不同，这些大量的人员交往成为中美信息交流重要人群。

时空变化其实只是一种最物质和最表象的变化，投射在人们心理上的是不同社会文化和信息环境差异，只有可以了解和适应这种巨大的社会文化差异的人群才能完成跨国信息交流。中美两国在相当长的一段时间曾经是相互敌对的国家，即便是在当时的历史环境下，两国也存在相互了解的愿望，两国都希望了解彼此不同的社会制度、社会意识等基本的社会知识。中美两国正式建立外交关系以后，出现过一段跨文化信息交流的小高潮，两国社会都有一股"热"，即"中国热"和"美国热"。在 1972 年前后，中国各地广播电台开始播出"广播英语"节目，通过这类广播节目，很多中国青年自学英语，开始了解西方了解美国。他们知道 Party 这个英语单词，除了可以翻译成"政党"，还可以翻译成"聚会"等，他们甚至通过这个单词了解到一般美国人周末生活。几年之后，中国开始实行改革开放政策，放宽了中国公民出国旅行、学习和定居政策，大批中国新移民前往美国。这些人文化程度远远高于他们上辈，他们进入美国时的英语水平或者学习英语的能力，绝不是上辈美国华侨华人当年可以相比的，他们可以用英语交谈，用英语工作，可以按照中英文两种不同的语言逻辑表达自己的意愿，适应美国社会的英语环境和信息环境。

全球化毕竟是西方发达国家首先掀起的浪潮，信息的跨国交流是不是会使得穷的更穷、富的更富？从以往的历史观察，任何一次产业浪潮发生、发展的过程，总是信息、资本和人力资源的再集中的过程，那些经济和文化领先发展的国家往往获利最多。以信息技术为代表的科学技术发展为全球化提供了支持和保证，信息、资本和人力资源等诸多社会生产和生活元素通过互联网和物联网在世界范围流动，哪里有可能获得更大利益的机会，信息就可能向哪里流动。① 就目前情况而言，由于美国特朗普政府对全球化的消极态度，开始推行单边主义和孤立主义政策，限制移民数量，这是否会对中美两国信息交流动产生不利影响，已经成为人们关心的问题。

二　中美两国新闻交流

中美两国新闻交流活动首先从新闻资源交换起步，中国通过购买国际新闻版权方式，从购买美国的文字新闻和电视新闻开始，逐步走向专题片和专题栏目，例如中国中央电视台体育节目中 NBA 联赛等。通过中美两国新闻交流，丰富了中国的新闻来源和电视屏幕，开拓了中国媒体受众的新闻视野，对中国的改革开放事业起到了积极作用。

1. 中美媒体资源合作。中美媒体资源合作的方式之一是版权交易。21 世纪以来，中国一些媒体与美国媒体资源进行合作，美国媒体资源通过版权交易方式在中国落地。这类合作基本可以分作两类：一类是时尚类和娱乐类的资源合作，比如 NBA 与北京一家媒体的合作，共同向中国读者介绍 NBA 杂志图片、新闻和背景报道。中国一些新锐的生活时尚类杂志也纷纷与国外杂志合作，其中包括与美国同类杂志的合作。21 世纪初一些印刷装帧精美、内容时尚、图片绚丽的杂志，成为中国年轻人十分喜爱的读物，更是中国一些文化媒体公司投资的重点。一般来说，这些中国的文化媒体公司都取得很好的商业利益。中美媒体资源合作促进了中国时尚杂志的发展，图片开始成为各类杂志和纸质媒介的新闻点，开创了中国媒体的读图时代。中国民营公司通过投资参股、组建有限股份公司进入新闻出版领域，促进中国媒体的商业化，出现了一批具有资本管理和运作能力的社会公众媒体公司，他们通过媒体的公司化改造和运营，提高了旗下媒体的竞争力。

另外一类是知识性、经济类和管理类的媒体资源合作。特别是管理类媒体资源合作，引进美国大学工商管理优质资源，极大地促进了中国管理科学的发展，成为中国企业界和工商管理教育领域的品牌媒体。合

---

① 周敏博士认为，要重新定义"同化"和"社会适应"的内涵和过程（参见周敏《美国华人社会的变迁》，上海三联书店 2006 年版，第 71 页）。

作各方都是具有代表性的机构，投资方、媒体方和版权方按照严格的商业合同投入资源，约定在合作中的义务和权力。中国机构通过商业合同，确立了对合作杂志不可动摇的所有权、出版权和著作权，明确规定合作杂志总编辑由中国机构专业人士担任，从选稿到编辑的全部过程，包括使用图片和图表，中国方面的总编辑具有最终决定权，中国方面的总编辑可以删改和取消任何一篇文章和图片图表。美国方面在合作杂志中扮演一位内容供应商角色，中国方面根据市场的需求对美国方面提供的文章、图片和图表做出自己取舍，这种"过滤"机制一是保证美国这样的文化产品在中国顺利落地，避免不必要的不适应，更重要的是确立了中国媒体在中美媒体合作中文化和新闻主导权。当然美国方面的利益也在商业合同中做出了明确地约定和保障，符合美国方面商业利润和媒体发展的预期。杂志合作各方都有媒体运作的专家，资金运营、发行管理和广告经营采取完全市场化机制，各方通过商业合同规范各自行为。例如杂志广告经营定位，按照合同规定除了刊登工商管理学科相关广告以外，其他广告均为高端消费品和奢侈品广告，与杂志读者定位匹配。其他可以通过市场运作的部分，如杂志销售实行完全市场化运作，杂志采取直接批发渠道（业界称为二渠道）为主、邮政发行为辅的经营策略，杂志实际销售额经过国际权威机构认证，作为考核杂志经营和决定利益分配的信标，成为杂志经营中极具权威意义的核心数据。

　　合作杂志传播先进的管理思想、理念和方法，对我国工商企业管理变革实践十分有益，促进了我国工商管理学科的教学和学科发展，杂志成为这个领域内有影响力的权威性杂志。其中杂志组织撰写的中国管理科学案例，有近10篇被美国大学工商管理权威刊物在几十个国家和地区多语种发表转载，实现了中国学术走出去的目标，外国学者和读者第一次完整地看到了中国管理案例，对于世界了解中国管理科学发展、中国企业管理发展和中国经济都有极大的促进作用，这在目前中国学术杂志中是极为少见的。

　　2. 互联网信息交流。互联网技术发轫于美国，20世纪70年代以后开始在全世界蔓延。美国提出建设的信息高速公路，现在已经像一个人类社会的神经网络，把人类社会连接在一起。从理论上讲，互联网可以连接世界任何一个角落的任何人。特别是近些年进一步发展的移动互联网技术，把人们随时随地连接在一起。光纤通信技术几何数量级地改善了互联网传播速度和传播容量，可以满足人们数字化的文字、语音和动态画面的即时交互传播。智能手机作为这种互联网的一种终端接收设备，以其小型化、智能化的特点和相对低廉的价格，受到一般人群的喜爱。现在通过互联网平台，人们几乎可以随时随地完成大部分社会活动。据统计2010年中国拥有固定电话和移动电话已经超过了10亿部，在中国使用手机上网已经超过了2.3亿部，2016年12月我国网民规模达7.31亿人，全年共计新增网民4299万人。互联网普及率为53.2%，较2015年年底提升2.9个百分点①。随着互联网技术发展和互联网使用的普及，互联网已经是中美两国跨文化信息交往的一种重要方式。

近年来物联网技术也开始进入人们社会生活中。二维码在几乎可以穷尽人世间所有的物品标识的同时，三维码又以它更为简洁的使用价值，启动了物联网的脚步。现在中国向美国投送任何一件快递邮件，都可以通过手机或者其他通信工具查询到即时准确位置，现代物流业在信息技术强大支持下，正在以空前迅猛的速度发展。

信息技术发展有利于中美两国跨文化信息交流。现在从中国发送一件UPS邮政快件到美国，开始以小时作为计时单位。电子合同书则可以瞬间发送，所需要的邮寄时间几乎可以忽略不计。B2B、B2C等电商交易方式，可以完成小到几十美元、大至几百万美元的商品交易。中美两国很多的商业活动，两国客户的联系、谈判、合同协商签订乃至商品和货款的交割，已经可以在互联网空间完成。

3. 文学、影视和电影作品交流。在社会文化方面，中美两国信息交流表现为大量的文学和影视作品传播。从20世纪90年代热播的《北京人在纽约》，到一度创造年度票房之首的贺岁片《不见不散》，故事述写的都是美国新华侨华人生活，讲述他们的经历和挫折、他们的工作和爱情。巨大的文化差异和强烈的生活背景对比，穿插其中跌宕起伏情感变化，刺激着中国大众的感官神经，冲击着中国亿万人的心灵。中国大众似乎发现了一个新的审美对象，就像发现新大陆一样。在某种意义上讲，

---

① 中国互联网络信息中心：《中国互联网络发展状况统计报告》，http://www.woshipm.com/it/578938.html.

人们通过这类影视作品，消除了对美国文化的隔膜。如果对比几十年间中国大众对美国文化的认识，这种认识变化是颠覆性的。随着中国社会不断地开放，社会的各个层面将会更多地融入国际社会，中国人会有多种方式在美国工作、居住或者生活，华侨华人也会有更多的人回国工作、居住或者生活，所有这些都会对中美两国信息交流起到积极的推动作用。

第四节　镜像他者：《人民日报》的美国国家形象

国家形象，是指一个国家在其他国家中的形象。在现代社会中，国家形象更多的是依靠大众媒介塑造完成的。大众媒介在传播新闻信息的过程中，完成了对一个国家形象的塑造。在世界普遍奉行国家利益至上的国际社会中，国家形象是本国与他国关系的最一般性的反映。特别是某一特别权威媒体，代表着党派或国家利益，它在新闻报道中所塑造的其他国家形象，则更能反映这些党派、这个国家对另一个国家的看法，反映出两个国家外交关系的实际情况。

一　1997 年中国《人民日报》对美国的报道

在中美关系史上，1997 年、1998 年是两个不同寻常的年份。1997 年10 月下旬，中国国家主席江泽民成功地对美国进行了国事访问，1998 年6 月美国总统克林顿对中国进行访问。中美两国最高级领导人的互访，意味着中美两国关系实际上结束了自 1989 年以来的低迷状态，进入了一个相对缓和、关系良好的发展时期。分析这个重要时期中国媒介的美国形象，分析中美关系全面转暖，中美关系转暖时刻美国形象在中国媒体上的定位，可以了解中国决策者在这种时刻对美国的看法，深化对中美关系状况的理解。

《人民日报》是中国共产党中央委员会的机关报，也是中国最大的、最有权威的报刊。《人民日报》遵循"人民日报是党的报纸（中国共产党），也是人民的报纸"办报宗旨①，在中国公众中具有极强的政治权威。

---

① 《人民日报》1956 年 7 月 1 日，改版社论。

因此，笔者选取 1997 年全年《人民日报》对美国的报道，分析其中的美国国家形象的基本轮廓，可以看到中国的中美关系决策者眼中的美国形象。

1997 年《人民日报》报道有关美国的新闻共有 1266 条，即每天中国公众可以看到美国的消息 3.47 条。详细情况可见表 8—1：

表 8—1　　　**1997 年《人民日报》有关美国报道按月分类统计**　　　（单位：条）

月份 / 分类	1	2	3	4	5	6	7	8	9	10	11	12	合计
政府报道	30	32	79	55	55	32	39	54	53	108	71	31	639
经济报道	26	17	15	18	18	30	26	14	20	10	10	13	217
耸人听闻报道	16	5	9	9	5	10	10	22	15	12	4	10	127
科技报道	14	12	8	14	22	13	13	11	11	10	23	11	172
通俗报道	19	13	10	10	14	5	12	12	6	3	4	3	111
合计	115	79	121	106	114	90	100	113	105	143	112	68	1266

资料来源：《人民日报》1997 年 1—12 月索引，《人民日报》新闻信息中心编辑，《人民日报》出版社出版。

《人民日报》每日 8 版，周末增至 12 版，平时国际新闻只有半版。在这样有限的版面上，每天能有这样多数量的美国新闻报道，这在改革开放之前是不能想见的。在表 8—1 中我们还可以看出，有关中美两国政府的消息报道有 639 条，约占全部报道的 50%，表明《人民日报》在两国关系中，十分重视两国政府关系的发展。为了更加清楚地了解《人民日报》各项报道的情况，我们把表 8—1 进一步细化，得到表 8—2：

表 8—2　　　**1997 年《人民日报》有关美国报道按月分类细目统计**　　　（单位：条）

月份 / 分类	1	2	3	4	5	6	7	8	9	10	11	12	合计
政府报道	30	32	79	55	55	32	39	54	53	108	71	31	639
中美关系缓和	11	9	53	40	35	22	26	37	40	95	66	16	450
中美关系紧张	2	6	10	2	5	1	—	3	2	1	1	3	36

续表

月份 / 分类	1	2	3	4	5	6	7	8	9	10	11	12	合计
与其他国家关系	5	12	12	10	10	8	4	5	3	8	4	7	88
国内政策政治	12	5	4	3	5	1	9	9	8	4	—	5	65
经济报道	26	17	15	18	18	30	26	14	20	10	10	13	217
中美贸易	6	5	5	5	5	18	6	2	5	—	2	3	62
与他国贸易	6	—	—	1	—	1	1	—	1	1	—		11
经济计划与统计	12	7	10	8	7	7	9	6	4	7	3	2	82
私企、劳工、消费者	2	5	—	4	6	4	10	6	10	2	5	8	62
耸人听闻报道	16	5	9	9	5	10	10	22	15	12	4	10	127
犯罪、暴力、审判	2	3	5	4	1	3	1	6	3	2	1	1	32
事件、灾害	10	1	1	2	2	1	5	4	5	1	—	3	35
军事行动、战争	3	—	1	1	—	5	4	10	5	9	2	5	45
人权、种族歧视	1	1	2	2	2	1	—	2	2	—	1	1	15
科技报道	24	12	8	14	22	13	13	11	11	10	23	11	172
计算机、卫生、医疗	8	5	7	6	10	9	7	6	4	3	9	2	76
环境	2	—	1	2	—	—	—	2	1	1	2	1	12
交通、能源	10	7	—	5	9	4	6	1	5	4	11	4	66
教育	4	—	—	1	3	—	—	2	1	2	1	4	18
通俗报道	19	13	10	10	14	5	12	12	6	3	4	3	111
娱乐	6	2	3	4	—	2	8	1	2	1	1	—	30
宗教、文化、艺术	2	5	2	2	7	1	4	8	2	—	—	1	34

续表

分类＼月份	1	2	3	4	5	6	7	8	9	10	11	12	合计
人情味	11	6	5	4	7	2	—	3	2	2	3	2	47
合 计	115	79	121	106	114	90	100	113	105	143	112	68	1266

资料来源：《人民日报》1997 年 1—12 月索引，《人民日报》新闻信息中心编辑，《人民日报》出版社出版。

结合表 8—2 分析，中美关系缓和消息有 450 条，占全部政府报道量的 70.4%。对比中美关系紧张的 36 条消息，仅为中美关系缓和的消息的 8%，这样数量悬殊的比例，无疑会在中国公众中造成中美两国关系总体缓和的强烈印象。报道量第二位的是有关美国的经济消息，共有 217 条，约占全部报道的 17.14%，比有关美国科技的报道 172 条多些。这两项居前的数字反映了《人民日报》对美国强大的经济与科技实力的认识。

一般认为，耸人听闻的事件报道是一种负面性报道。这类报道在《人民日报》1997 年全年中共有 127 条，基本上涉及了美国社会生活中的各个方面。对于美国形象来说，这是《人民日报》的一种平衡性报道，这类报道要向中国公众传达这样一种看法，美国虽然是世界上唯一的超级大国，但国内同样也存在着这样或那样的问题，也有些不易解决的矛盾。

通俗报道共 111 条，它以更加广阔的新闻视角报道了美国社会的各个方面，丰富了人们对美国的认识。特别是其中的"人情味"报道，更接近中国的普遍读者。

从表 8—2 的逐月报道量对比中可以看出，在中国国家主席江泽民访美的 10—11 月，《人民日报》有关美国的报道显著增加，其中 10 月为全年的最高点，共 143 条新闻。说明当中美关系转暖时，有关美国的报道也会随之增加。

1997 年《人民日报》对美国的报道是充分的，这种充分报道量是形成国家形象的首要因素。公众通过阅读新闻，才能了解一个国家，熟悉一个国家，形成对这个国家的印象。反之，如果大众媒介对某一国家报道不多，公众必然会对那个国家产生陌生感。而对于一个国家而言，特别是一个在世界很多领域有着巨大经济利益和安全利益的国家，陌生感是十分可怕的。《人民日报》对美国充分的报道量，意在引导中国公众了解美国政治、经济和社会各个方面的最新变化，熟悉美国的社会生活。

同时，《人民日报》也希望通过这些充分的报道使中国公众准确地认识美国。人们了解事物的前提是多方面掌握各种信息，了解它发生、经过和结果的全部过程。只知其一或挂一漏万，都不足形成人们对事实的准确判断。例如，1997 年《人民日报》多次报道了美国道·琼斯指数持续上扬的过程，从 1997 年 1 月初首次突破 6600 点大关，2 月过 7000 点，5 月中旬至 7300 点，直到年底逼近 9000 点大关。《人民日报》在这一组报道中，介绍了美国股票市场指数上涨基本的原因，上扬、回升的主要过程，对经济的影响，以及政府的经济和金融政策等，阅读这一组美国股市的连续报道，对正确看待美国股市十分有益。

二 《人民日报》对美国状况及中美关系的报道

《人民日报》对美国的报道，从内容上大致可以分为两大部分：一是中国与美国政治、经济、科学技术和文化交流等方面的报道，二是对美国国内情况、美国同其他国家和地区及国际组织关系的报道。

在中美关系的报道中，《人民日报》1997 年的主旋律是中美关系改善，两国关系全面缓和。例如在 1997 年 1 月的报道中，首先报道了中国经济贸易部发言人的发言，暂停对部分美国商品提高关税，避免了中美之间又一轮剑拔弩张的贸易摩擦，中美经济关系开始走出低谷，避免中美贸易和中美经济合作这块"压舱石"的摇摆。1 月中国人民代表大会委员长乔石接受美国记者采访，阐述中国对中美关系、中国台湾地区问题的看法，阐释中国的人民代表大会制度，同日报道了中美知识产权执法培训班在中国举行，表明中国政府与美国政府在知识产权领域的合作的决心。1 月《人民日报》还报道了中国科学院和美国全国科学院发表的联合声明，两家科学院将在未来，通过科学技术合作推动两国经济可持续性发展。1 月《人民日报》摘要发表了克林顿总统关于中美关系的讲话，克林顿总统在这篇讲话中明确表示要采取同中国接触的政策，反对孤立、遏制中国。中国政府领导人会见美国不同层次、不同身份的来访者的新闻，《人民日报》也予以了报道。

值得一提的是，1 月《人民日报》以消息、通讯和新闻图片等方式，3 次报道了美国在第二次世界大战中，为了支援中国人民的抗日战争，组成飞虎队参加对日空战，其中一架失事飞机残骸和烈士遗骨在中国广西兴安被发现的消息。报道了中国政府和当地农民协助美国方面调查、运送残骸详细经过。文章写得极为生动平实，极富人情味，很容易使人们忆起抗日战争期间中美两国人民抗击日本法西斯侵略者、共同作战的那段历史。

1 月《人民日报》关于美国的报道是从中美关系全面改善多个角度展开的。从政府高官的政策阐释，到一般民众间的朴素情感流露；从两国政治关系改善重大原则问题，到微观层次上的企业合作，包括了中国政府声明、美国政府表态，也包括贸易摩擦、中国台湾地区问题、知识产权谈判、中国人权等问题。关于后者实际上告诉中国公众，在这类问题上中国政府同美国政府存在着不同看法。

1997 年中美两国关系改善的重要标志，是中国国家主席江泽民对美国进行正式访问。对这一中美关系中的重要事件，《人民日报》采取多种表现方式，揭示其重要意义。

1. 大量头条新闻，大字号新闻标题。有关江泽民主席访问美国新闻都以报纸头条刊发，标题采用大号黑体字，运用最强烈的版面语言，突出报道江泽民主席访问美国这一重大事件，反映出《人民日报》十分明确的报道意图、报纸对这一事件的媒体态度，认为江泽民主席访问美国，是中国对外关系、中美关系中最大的最重要的外交事件。

2. 充分的报道量。从 10 月 27 日江泽民主席启程离京到 11 月 4 日离开美国的八天中，关于江泽民主席访美的新闻占据《人民日报》头版头条报道位置共有七天，十分显眼突出，每天《人民日报》详细地报道了江泽民主席在美访问活动的全部内容，大量报道中美双方的政府活动信息。江泽民主席在美国的重要讲话，如在美中协会等六团体宴会上的讲话，在美中贸易全国委员会和美国中国商会晚宴上的讲话，在哈佛大学的演说，在洛杉矶市友好团体举行的午宴上的讲话等，《人民日报》均及时地将全文在头版刊发，反映了中国愿意通过各种渠道改善和加强中美关系的意愿。10 月 31 日《人民日报》头版，除一条有关叶利钦的消息外，其余版面全部被江泽民主席访美的新闻、讲话和图片占满，反映出中美关系在中国对外关系中的重要位置。

3. 除了文字稿以外，《人民日报》还配发了大量的江泽民主席访问期间主要活动的大幅照片。两国政府首脑面带微笑的照片出现在《人民日报》头版，已经最直观地告诉人们中美关系开始了一个新的阶段——战略伙伴关系的阶段。《人民日报》为了方便读者查阅中美关系史上的重要事件、重要文件和江泽民主席访美的重要活动，10 月 24 日《人民日报》网络版推出了"中美关系大事记"专栏，包含 1978 年以来两国交往的重要事件和文献，运用网络传播技术大量报道江泽民主席访问美国的消息，提供丰富的新闻背景材料。其间，每天早晨 8 时以后，世界各地的读者均可通过国际互联网访问《人民日报》新闻站点，查阅相关信息，及时了解访问活动的细节。

4. 《人民日报》在此期间也注意到除政府官员以外中美两国其他方面人士的反映，发表了两国经济界、知识界人士对这一事件的看法，特别是综合报道了美国大众媒介对江泽民主席访美的反映。美国媒体尤其是一些主要的大众媒介，此前在中美关系和解改善的过程中，普遍采取一种消极的态度。7 月 1 日中国收回香港主权时，美国一些大众媒介还借此刊发一些负面报道。美国一些媒体对中国的态度，一直未能从"媒体冷战"（Cold Media War）① 中解脱出来。这显然同中美两国关系的实际状态不相符合。为了使美国大众媒介能够了解中国政府观点，在江泽民主席出访前夕，10 月 18 日他会见美国《华盛顿邮报》常务主席，离开北京的前一天，他又接见了美国一些主要新闻机构驻北京负责人，透露了中国已决定签署联合国《经济社会及文化权利国际公约》的消息。这些显然意在软化美国大众媒介立场，让美国大众媒介正视中美关系实际，积极评价中国决心改善中美两国关系的诚意。这次重要和成功的媒体公关行动，对于美国大众媒介了解中国、了解中国政府对于改善中美关系的决心和措施有着积极的作用。

1997 年《人民日报》大量报道中美关系改善的消息的同时，也报道

---

① Sino-American Media Coverage：A Case for Improvement international／Reporting and Coverage，Lecture with David L. Adams Ph. D. American Center for Educational Exchange，Beijing，March 13，1998.

了 32 条反映中美关系紧张的消息。这些报道就内容而言，是批评美国那些反对改善对华关系政客的言论，2 月 1 日发表的梅周的文章《李洁明的悲哀》；2 月 4 日的消息，首都专家学者座谈一致认为美国《人权报告》违背《联合国宪章》原则，无视中国人权事业发展；3 月 14 日中国外交部发言人答记者问，反对美国国会有关香港法案，认为这种做法粗暴地干涉中国内政，是"美国霸主心态的再现"。中美关系紧张的另一类报道是针对有关"中国威胁论"的批评，以及美国一些媒体在香港回归期间不符合实际报道。

关于中美关系紧张的新闻报道，尤其是一些评论性文章，是《人民日报》对中美关系现实问题理解的一种反映。虽然 1997 年中美关系得到很大改善，但是在有些问题上两国还存在着不同看法，所以常能看到来自美国的一些不同观点。这些虽不能与中美关系改善的大局相提并论，但它毕竟是一种存在，一种常常能引起争论的客观事实。《人民日报》对美国的这些批评并不是主动的，而是一种对美国批评的回应，这些回应《人民日报》也着意淡化意识形态色彩，强调两国关系应着眼于两个国家的长远利益。

1997 年《人民日报》对美国国内情况的报道是另一部分重要内容。在这部分报道中，有关美国政治、经济、科技方面内容的报道占大多数，少部分是关于美国人民日常生活的报道。《人民日报》在报道美国国内政治时，更注意报道美国政府的政治报道，关注政策变化、政治人物和外交新闻。1997 年是美国克林顿政府第二届任期开始，《人民日报》比较详细地报道了克林顿政府阁僚变化、重要政府成员的情况和政治经历，美国新一届政府治国方略，特别是美国对亚洲和中国外交政策等。1997 年 1 月 23 日，报道了美联储主席格林斯潘的谈话，在 1 月 27 日、1 月 28 日两天，分别报道国务卿奥尔布莱特和国防部部长科恩关于外交和防务问题谈话，在 1 月 21 日报道克林顿就任第 53 届美国总统新闻，并附有克林顿宣誓就职的新闻照片。对美国 1997 年内重要外交活动，《人民日报》均有详略不一报道，如美国同联合国"会费"纠纷，同北约和欧盟的关系，国务卿奥尔布莱特上任伊始的欧亚 9 国之行，对伊拉克的战争恫吓等。对美国国内政治的报道，《人民日报》报道大都采取客观的报道方法，一般不发表反映报纸观点的评论文章。

火星探路者作为美国科学技术进步象征之一，在 1997 年成功地登上火星表面，向地球发回了 22 幅火星表面照片，《人民日报》对这一人类科学技术发展史的重要事件进行了连续性报道。在 7 月份探路者火星车登陆火星表面期间，《人民日报》发表有关消息、解释性报道共 9 篇，详细介绍了此次宇宙旅行的科学价值和意义，介绍了人类飞向火星所要遇到的各种困难，发表了《人民日报》驻美记者张亮采写的《人类登上火星不再是梦》的文章，这些报道从一个侧面展现了美国先进的科学技术实力。

同其他方面相比，中美经济关系对两国都是十分重要的。因此，《人民日报》对美国经济的报道十分频繁，报道面十分宽泛。《人民日报》十分重视美国经济发展成就的报道，较为深入地探讨了美国在经济发展中"无通胀"的特点和"知识型经济"的兴起，分析其中成功因素。在中美经贸方面，《人民日报》大量报道了美国企业家希望中美双方消除贸易壁垒，扩大对华交往的消息。发表了中国国务院新闻办公室的白皮书《关于中美贸易平衡问题》，表达了中国对这一问题的看法，以及对解决这一问题的具体建议。

通俗报道主要是非政治性的消息，与公众的阅读兴趣十分接近，像 NBA 东、西部联赛，电影电视娱乐业，宗教性节目报道等，中国公众对这些新闻也同样很有兴趣。在这些报道中，《人民日报》刊发了许多人物专访或人物特写。同美国一些报刊类似的是，《人民日报》的人物特写或人物专访，绝大部分都写得十分富有人情味，是一些美国人对中国友好的文字，反映中国一些名人或百姓对美国的美好印象。如 1997 年 1 月 17 日发表的《中国人民的老朋友海伦·斯诺逝世》一文，记述了斯诺夫妇一生致力于中美友好事业的感人故事，写得十分生动。通俗报道能够使中国公众深入地了解美国文化、观察美国社会。

《人民日报》同样报道了美国社会的一些矛盾，这类社会突发性灾难事件的报道被称作负面报道或者负面新闻，如犯罪、暴力问题，人权问题和种族事件。西方国家新闻界在处理这类报道时，会把人情味作为第一要素，首先选择那些有人情味的消息，这样可以激发人性中普遍存在的怜悯和同情心理，吸引读者和观众目光。调查是负面报道中普遍使用的一种方法，通过深入调查，提供大量的背景材料，可以使公众更加深入地了解事件的细节，获知系统的信息和分析性意见。《人民日报》报道这些消息时也经常采取这类方法，希望中国公众全面准确地了解美国。

综合以上分析，1997 年《人民日报》对美国客观的报道，塑造了中国媒体上"他者"美国的积极和正面形象，"镜像"主体是中国媒体，"他者"是美国，"镜像"自己在这一媒体形象塑造过程中，绝不是简单的无主体意识被动影像映照，而是《人民日报》自己主动意识选择生成的美国形象。其一，美国是一个政治大国，在国际上积极参与各种事务，并在国际事务中扮演着话题设置、规则制定和监督执行的重要角色。中美关系改善是两国根本的国家利益需要，中美关系在 1997 得到了很好的发展和改善。其二，中美关系全面好转，两国政府信任感增强，企业间合作增多。其三，美国经济持续发展，进入了一个未曾有过的发展时期。其四，美国的综合科技实力强大。其五，美国社会中还有一些问题没能得到很好解决，美国有些政客和大众媒介，反对克林顿政府对华接触政策，对中国不友好。

三 中国媒体的美国形象

分析《人民日报》上的美国形象，绝不是讲《人民日报》对美国的报道是为了在中国公众中制造中国的美国形象。《人民日报》报道有关美国的新闻首先是中国的国内政治的现实所决定，是《人民日报》所遵循的新闻原则所决定的。《人民日报》是中国共产党中央委员会的机关报，共产党是中国的执政党，决定中国对美的实质性政策，作为中国共产党中央委员会的机关报，要率先准确传达中国希望同美国发展全面合作关系的信息，所以《人民日报》和中国政府在对美国的态度上是完全一致的。

这与美国媒体的新闻原则很不同。美国的大众媒介都宣称自己是客观公正的，认为新闻报道应该是独立的。他们所言的独立，在很大程度上是相对于政府而言的独立，这是美国大众媒介的一种传统[①]。在 1997 年，虽然两国关系得到改善，但美国一些媒体并未因美国政府的观点改变而改变对中国的看法，他们坚持认为中国是"极权的"国家，是对美

---

① 参见李道揆《美国政府和美国政治》，中国社会科学出版社 1990 年版。

国构成"潜在威胁的"国家。在中国，没有什么"民主"，"人权"状况也很糟。他们认为，克林顿政府与中国改善关系的做法是错误的。在这种认识基础上，有些媒体上的中国形象，实际上并不真实，也不全面。如果把这个问题放置美国新闻哲学的背景下观察就更加清楚，美国大众媒介记者编辑认为，他们是美国理想的传播者，也是美国精神的塑造者和维护者。著名的美国新闻史学家埃默里父子在其经典著作《美国新闻史——报业与政治、经济和社会潮流的关系》中说道："新闻史就是人类长期以来为相互自由传播而斗争的历史——把新闻挖掘出来，进行解释，并在交换思想的市场上提出明智见解。"① 许多美国记者和编辑认为，美国的大众媒介应该更多地代表美国的精神利益，即以美国哲学为核心的美国政治、文化利益。他们与一些务实的政治家和企业家不同，更看重美国精神成就。

　　中国新闻业的开放改革，有关美国报道显著增加，不少省、市报纸增加国际消息的版面，一些电台、电视台延长了国际新闻广播时间，有的还增设了英文广播和访谈节目。由于美国特殊的地位，在中国的所有国际报道中，有关美国的报道自然成为中国国际新闻重要方面。《人民日报》1997 年创办了以报道重大国际新闻背景和解释报道为主的《环球时报》，《环球时报》以独特的新闻视角、极强的新闻时效和广泛的报道面引起了中国读者的注意。《人民日报》50 多位驻外记者采写的长篇报道，多数登在这份新办的报纸上，成为《人民日报》国际报道的重要补充。这既是《人民日报》改革开放的成绩，也是《人民日报》在中国国内新闻竞争中采取的积极举措，保证《人民日报》在国际新闻报道竞争中保持主导的地位。

　　实际上在中国的新闻传播界塑造的美国形象，已非《人民日报》一家所能为。中国中央电视台（CCTV）许多关于美国的新闻，许多直接采用 CNN 的镜头，一些文字稿也是根据 CNN 文字稿编译，受众数量远在《人民日报》之上。《光明日报》关于美国科技新闻的报道，《金融时报》《经济日报》关于美国经济新闻的报道，《体育报》关于美国 NBA 和其他

---

　　① ［美］埃德温·埃默里、迈克尔·埃默里：《美国新闻史——报业与政治、经济和社会潮流的关系》，苏金琥等译，董乐山校，新华出版社 1982 年版，第 1 页。

体育新闻报道，都比《人民日报》多。北京音乐台等 20 多家城市调频电台，曾经定时播出充满美国情调的"雀巢咖啡音乐"节目，播放许多美国古典和现代音乐。随着互联网在中国的迅速发展，人们可以通过互联网直接"游历"美国，"访问"白宫。《廊桥遗梦》从小说到电影的热销热映，美国牛场发生的那一段"婚外情"，对中国中年人是否应该坚守忠贞、婚外性行为是否合理等诸多核心价值观形成巨大的冲击，以至于有人认为中国中年人离婚率陡然上升与这部小说和电影在中国的发行有很大关系。《泰坦尼克号》爱情故事彻底改变了英国近代历史上那场灾难本来的意义，影片中宣扬的美国精神，都对美国形象的塑造起着重要作用。在中国各地林立的麦当劳、肯德基快餐店，随处可见的可口可乐、百事可乐饮料商业广告，更使成千上万中国人真切地感受到美国的形象。对于今天普通的中国人来说，美国已不再是远隔万里海洋的国家，更不是当年沙场操戈的敌人，而成为了解西方了解世界的重要窗口。

美国著名的人类文化学家 C. 恩伯（Carol R. Ember）和 M. 恩伯（Melvin Ember）夫妇在他们合写的著作《文化的变异——现代文化人类学通论》中曾指出："当一个群体或社会与一个更强大的社会接触的时候，弱小的群体常常被迫从支配者群体那里获得文化要素。"① 文化交流是如此，其实在国际传播过程中也是如此。中国媒体对美国的报道数量远远多于美国媒体对中国的报道数量，证明了这种新闻交流的不平衡。中国媒体对美国看法，影响范围主要是国内，而美国媒体对中国的看法则更容易越出国界影响更多国家，产生十分强烈的外溢传播效果，这样更加剧了新闻交流不平衡。从道德意义上讲，这是一种不合理的交流，中美双方新闻界应当通过努力，改变这种不合理状况。在中国的新闻界报道美国的同时，美国的新闻界也应该真正地进入中国，越来越多地了解中国，和中国的同行一起努力改变两国存在的新闻报道不平衡现象，成为两国信息友好使者，塑造客观公正的彼此"镜像"，使中美两个伟大民族能够更多、更准确地了解和沟通，以利于两国关系健康地发展。

---

① ［美］C. 恩伯、M. 恩伯：《文化的变异——现代文化人类学通论》，杜杉杉译，刘钦审校，辽宁人民出版社 1988 年版，第 566 页。

余论:网世界,未来的一种社会形态

美国社会信息传播形态变化是本书研究逻辑的中心线索,大众传播时代对应美国现代工业社会,自媒体对应美国信息社会,二者分别有着不同的媒介形式,具体时点也有大致的区分。人类前行的脚步不会停止,网络和计算机技术发展对于人类社会的影响越来越大,成为推动人类社会进步的主要力量之一。

弗朗西斯·福山主编的《意外——如何预测全球政治中的突发与未知因素》一书中,对既往不长的一段历史进行分析。福山认为,大事情发生之前有很多预兆,大事情一些"粒子"信息,已经告诉人们大事情即将发生,社会生活即将变化。人们应该对即将发生的大事情做好准备,预防大事情对人们社会生活造成不利影响。人们对很多大事情发生感到"意外",把这些大事情看成突发事件,这种认识是错误的。[①]

大事情是各种变化因素的集中爆发,也是社会转向的标志。福山通过回顾历史是在启发人们,要根据现在社会生活中的一些信息,认真思考做出理性预测,使人们面对将要改变生活的大事情感觉不"意外"。按照福山这样的思路,认真研究互联网和计算机技术发展,研究两者密切结合之后给我们社会生活带来的变化,探寻这种变化对于人类社会发展究竟意味着什么,将会变得很有意义。

一　现实和未来的社会传播

20 世纪末,美国学者罗杰·菲德勒(Roger Fidler)认为未来媒介形

---

① 参见［美］佛朗西斯·福山主编《意外——如何预测全球政治中的突发与未知因素》,辛平译,中国社会科学出版社 2014 年版。

态变化可能发生在以下 6 个方面。①

1. 数字技术将使所有电子形式的传播媒介更具个性化和交互性；

2. 一系列标准化的电视电脑，将电话、电视和电脑技术结合为一体的装置将被开发出来，以实现数字媒介间的显示和互动；

3. 全球宽带网络将提供相对低廉的费用，接入混合媒介的信息内容；

4. 双向无线电传播，至少可以传送声音和简单的数据，使无线连接无处不在；

5. 包括图文声像四合一功能的电子信箱服务，将融入大部分新型的数字媒介中；

6. 平面屏幕显示技术既适合在便携式装置上阅读电子文献，又适合在商业和家庭影院观看电影和电视节目。

在罗杰·菲德勒的《媒介的新变化：认识新媒介》后半部分，描述了美国大众媒介在交互传播方面所做的种种努力，分析了美国媒介探索未来社会传播形态转变的基本方向。2000 年以前，美国大众媒介在交互传播中做出了很多积极尝试，包括很多大众媒介的融合发展，报纸开始尝试办网站、电视台介入纸媒出版等。但是这些尝试因为没有在传播结构方面做出任何改变，所以那个时候交互式传播的努力并没有带来美国社会传播革命性的变化，罗杰·菲德勒当时讨论的交互式传播，实际就是本书中反复谈到的互动传播和参与式新闻。

自媒体兴起引发的美国社会信息传播变化，从大众媒介角度分析大致可以有几方面的原因。首先，大众媒介是精英传播，在成就大众传播的同时也让大众传播背离受众，媒介精英把大众传播变成自己的娱乐圈，自说自话地设置社会话题，自欺欺人地评论和解释新闻信息。

第二，大众媒介精致新闻专业主义盛行，热衷于玩弄专业手段，用所谓"媒介真实"愚弄受众。大众媒介一直宣称自己坚守新闻真实的基本原则，的确在某一条新闻、某一段时间的某一类新闻中是真实的，但是报道对如此复杂的社会生活，还原社会整体真实，绝不是新闻专业主义宣称的这么简单。比如一个地方今天发生了水灾，是真实的。这个地

---

① ［美］罗杰·菲德勒：《媒介的新变化：认识新媒介》，明安香译，华夏出版社 2000 年版，第 138 页。

方明天又发生了地震,是真实的。后天还是这个地方发生了火灾,也是真实的。一个月之内这个地方不断地发生自然灾害,媒体全部客观真实地报道了,媒体当然做到了真实,但是这种"媒介真实"给受众传播的信息就真实吗?翻开美国大众媒介的头版,分析一下头版头条信息内容,对比美国社会实际情况,人们就会发现大众媒介在新闻报道个别的事件真实的同时,却与社会整体的真实有着巨大的差距,这就是为什么受众质疑大众媒介不真实的根本原因。

近些年来出现的新闻核查,试图运用第三方独立机制核查新闻传播的客观态度和关键的事实,包括核查新闻中的数据、人物、地点、时间等,建立了诸如 PolitiFact、Factcheck. org、Snopes 等专门机构,CNN 等媒体机构也花费巨资自设事实核查部门。应该说这类新闻核查机构对于美国媒介坚持新闻真实原则肯定有帮助,但是作用微乎其微,新闻核查并不能解决大众媒介根本性问题。

第三,大众媒介在传播结构相对自媒体传播处于劣势,没有人愿意被动接受自上而下的信息灌输,心甘情愿地让大众媒介一直掌控社会信息传播权和渠道。其实美国大众媒介并不是做得那么不好,有的时候做得相当不错。2016 年美国总统大选期间,为了力挺希拉里,阻止特朗普进入美国政治中心,不论从大众媒介的社会责任,还是具体的新闻传播技术手段,大众媒介都竭尽全力地制造社会舆论,说服选民支持希拉里,反对特朗普,但还是以失败告终。特朗普成功当选美国总统,不仅是其他总统竞选人选举的失败,也是美国大众媒介自上而下传播结构引起的媒体失败。

在大众传播时代,美国的社会信息是一维传播,书写了一部从机构到受众的一维线性的传播历史。自媒体互动传播是二维传播,是客观公正、一致性和互动性三元悖论传播,把社会信息由线性传播变成了面的传播。从认识论的角度分析社会传播现象可以发现,人类对事物事件观察认识和维度,要比现在大众传播维度多出很多。人类不仅可以通过直接观察认识事物事件,还可以通过逻辑推理认识事物事件,甚至可以运用情感来表达对事物事件的看法。人类传播的过程,就是不断地将客观事物、事件还原,并把还原的结果告诉他人的过程,传播活动就是把传播的对象不断还原和表达的过程。人们努力运用各种技术手段和工具还原和表达传播对象，这些技术手段和传播工具，不断地增加人们认识和传播事物、事件的维度，提高传播速度。但是截至目前，人类的传播还不外乎声音图像文字，并没有把目前人类认识事物事件的全部信息顺畅地传播。

今后的传播将会是三维传播或者多维传播。一维传播已经成为历史，自媒体传播问题很多，美国社会正在经历着二维传播的初始阶段。自媒体传播三元悖论理论是对现在二维传播现象的一种说明，二维传播的核心是互动传播，通过多重的二维传播互动，补充事实事件细节，力图传播事实事件整体的、综合的信息，三元悖论的理论可以帮助人们理解自媒体的这种互动传播。

二维传播的媒介工具是互联网和个人计算机，互联网和个人计算机在目前看来，技术虽然一直在快速进步，功能不断增强，但毕竟只经历几十年的时间，还处在一个开始的阶段。在社会信息传播方面，现在已经出现了基于算法而建立的选择性接触信息机制，推送受众观念相近信息，运用内容推荐算法、协同过滤算法等其他技术，实现个体受众看什么就推送什么，积极推送个性化、既是新的又是热的新闻信息，迎合人们寻找个性信息的心理。

当然，一旦真的实现了信息个性化传播，将会产生新的问题。信息茧房将会阻隔人们接触不同价值观信息传播，形成新的信息封闭，产生新的信息分化，滋生社会偏见，影响社会良性发展。为此在人们钟情机器学习和自媒体传播的同时，也要注意防止机器变成社会信息传播中新权威，避免出现把人的信息传播权交给机器和各种算法的人机异化现象。

目前，虚拟技术和人工智能（AI）在社会信息传播领域的使用和推广，将会促进三维传播活动的实现。一维传播和二维传播都是一种人工接触的传播活动，三维传播可能实现非接触传播，发展成为三维虚拟真实的感官信息传播，形成下一场社会信息传播的革命。现在的机器学习，已经使机器具有部分的人工智能，这是未来三维传播的基础和开始，随着机器学习的不断深入，机器不但可以替代部分人工，还可以模拟人工的部分工作。在美国和世界各地，机器撰写新闻已经不是新鲜事情。不过现在仅仅是机器学习，是机器向人学习，相信不远的将来会出现人机互学，那个时候人和机器相互启发，将会极大地增加人类的知识积累，缩短学习时间,拓展学习空间。当人机互学实现了以后,可能就是社会信息传播的三维传播阶段,实现一种人工非接触传播形态。在三维传播阶段,可以运用虚拟仿真技术大量采集和分辨人类活动的感官信息,大量和准确地传播人类的感官信息。在三维传播阶段,人类的传播活动已经不是一维传播的"新近发生的事件的报道",也不是二维传播的对发生事件的报道、评论及情感体验,传播内容可能拓展到人类对发生事件将要做出情感反映和思考判断,帮助人类实现一直在努力追寻的探知目标:你在想什么和你可能想做什么?

运用更加精巧的传播工具增加传播事物事件的维度,还原更加准确的事物事件,传播更加丰富的事物事件信息,人类传播活动的历史已经证明了这一点,并且指引人类沿着这个方向继续前行。

二 网络存在,人类的第四次迁移

现代人类学认为,在遥远的几十万年前,人类起源于非洲。智慧的人类在那里没有停止自己的脚步,从非洲开始走向世界,这是人类的第一次迁移。之后人类还经历过两次大的迁移,经过海洋迁移到新的大陆,从乡村迁移到城市,创造了我们现在的社会生活。现在人类迁移的脚步同样没有停止,正在从现世界迁移到网络,在网络创造自己新的生活,这是人类的第四次迁移。

这种迁移发轫于网络传播。著名传播学学者麦克卢汉在他的《地球村》等著作中认为,发达的交通工具把原始村落都市化,而电子媒介的发展催生了"反都市化",人类社会"重新村落化",人类个体信息交往的方式,在电子媒体的发展中重拾个体对个体的信息交换方式,而不是大众传播时代那样,传播机构面对社会公众。麦克卢汉描述了信息社会的基本面貌,他认定社会传播发展一定会改变社会面貌,此前人类经历了大众传播所对应的都市化社会,今后人类将迎接以个人对个人的传播为主要社会信息传播方式的村落化社会。他的核心思想是,新的社会信息传播媒介出现,必然改变了人们的信息交换方式,进而改变了人类社会存在的方式,造就一种人类新的社会形态。麦克卢汉1969年所说的电子传播媒介,在2000年以后出现了,这就是网络传播。

网络传播营造了网络社群。2015 年以来一直有学者热心研究城市的网络传播与城市社会再造的问题，还有的学者研究网络与社区管理。网络社区已经成为一种现实，它的实际存在正在为世人关注。网络社群组成的网络社区，成为一种新的社区形式在人们生活中发挥着类似政党、社会团体的作用，网络社群在恐怖主义信息传播和组织结构变化中成为一座桥梁，在这种网络社群中，恐怖主义袭击也发生了变化，由所谓"非国家行为体"的组织行为，变化成为不与恐怖组织直接联系，完全由个人发动或者小团体选择袭击目标和袭击方式的"独狼"袭击。网络社群在 2016 年美国大选期间，成为特朗普总统的支持力量的主要来源，它跨越了美国共和党、民主党两个党派，跨越了肤色和现世界的社区，形成了强大的舆论和社会力量，特朗普依靠自媒体舆论传播"美国第一"的竞选纲领，依靠网络社群改变了人们的投票行为。这位"非建制"派人物的上位，证明了网络社群可以在某些特定时间，改变现实的线下的社会生活面貌。

网络平台从信息交换开始，逐步扩展了人们交往的维度，人们线下的现实社会身份开始同步出现在网络世界之中，构筑了与线下的现实社会平行的网络存在。最近几十年互联网的发展已经表明，互联网不仅是人们早期的通信手段，而且变成了目前人们的一种生存方式，并创造了一个与现世界并存的世界——网世界。网世界，是指网络空间的一种现实存在，这种存在是依托国际互联网产生和发展的、具有物质和虚拟两种属性的现实存在。网世界是人类社会发展到互联网时代的一种社会产物，是互联网时代人类社会的一种生存方式。网世界随着计算机技术的发展而迅速发展，不断地拓展自己的疆域，形成自己多样性的网世界社会和生活，创造出一种新的生存方式和样式，并且以更快更丰富的面貌呈现出来。国际互联网是创造网世界的必要物质工具，也是网世界存在的基本条件，更是网世界和现世界连接的物质工具。

网络社群组合成为网络国家，网络国家建立了网世界。网世界是一种波及人类社会的网络发展形式，它与现实社会有联系，但很多方面或是对现实社会的规则进行了改造，或是创造了新的规则，具有自己特立的行事规则。

与网世界相对应的是现世界。现世界是指我们目前可以体会到物理世界,这个世界是物质的世界,包含了我们的目光所及和思维所在。在这个世界里有可以感触到的鲜花、人类的气息和恐怖,有约束社会的法律和规则,也有我们须臾不可或缺的社会关系和社会组织。现世界是我们熟知和可以触及的世界,也是网世界的源泉和唯一可以联系的另一个实在的存在。

在这一对并行的两个世界中,人类可以依照网世界和现世界的两种独立规则同时存在,两个世界可以同时发展,相互促进,共同进步。在网世界,这种发展和进步,诞生了新的生产方式,萌发了新的消费和娱乐,聚集了新的生产要素。网世界的生产和消费密切了与现世界的联系,网络生存和消费成为现世界发展的一个引擎,这些在现世界从未出现过。

人们应该从哲学的角度认识网世界的基本属性。虚拟与真实,对应的是非物质与物质。网世界既是物质的,又是非物质的;既是虚拟的,又是真实的。现世界与网世界在哲学意义上的区别在于:网世界兼具物质和虚拟两种属性,而现世界只是物质的。在经典一元论哲学家看来,世界要么是物质的,要么是精神的。这个世界上没有什么不是物质的。对于互联网来说首先具有物质属性,人们面前摆放着接收和发送的终端设备,这些终端设备和光纤通信线缆连接着,无数的电子在网上不断地运行,荷载着大量的物质信息。而这些信息传播的目的,正如所有的现今世界行为的动机一样,都是为了达到获取物质和精神利益的目的,投入需要物质,获取当然也是物质回报。网络也是如此。所以唯物主义哲学家认为,网络是物质的,不是虚拟的。但是如果离开了互联网,上述所有物质包括物质的信息都将不复存在,同样网世界如果脱离了国际互联网,就不会存在,而物质的现世界则没有这个担忧,从这个角度看,认为互联网是虚拟的,的确有一定的道理。

互联网是一种虚拟的存在,这曾经是很多人得出的结论,认为网络虽然是人们的现实创造,但不等同现实,这就为网络中人们可以摆脱现世界束缚,不必为现实社会的各种德道、规则和法律负责。这种理论把网络描绘成一个绝对自由的世界,人们的网络行为也是一种绝对自由的行为。这种绝对的自由还得到进一步扩展,把网络空间看成是一块蛮荒之地,任由网络强权力量耕耘、播种和索取,网络世界可以不受任何羁绊,可以任意跑马圈地。他们认为,很多情况下网络既可以享受到物质的回馈，又可以不受到现今社会约定的束缚。

本着这种理论和说法，网上信息不受现今世界版权法则的管理，网络可以随意出版别人要花钱才能取得的出版权利。20世纪末是互联网新闻兴起的年代，由于当时互联网企业顾忌版权法的约束，互联网上面的新闻很少，人们使用互联网，主要是为了利用它的邮箱功能和社交功能，浏览互联网新闻不是主要的目的。互联网没有什么内容提供商，也没有什么生动的新闻内容，尤其是早期的互联网新闻内容更少，有的只是简单的新闻标题或者新闻提要。但随后短短的几年间，互联网这种新兴的媒体迅速地颠覆了传统版权观念，打着虚拟的幌子，网络出版成为一种无版权成本支出的出版形式，网络出版成为在这种虚拟的幌子下获得极大商业利益的时尚商业行为，成为一种不受任何版权约束的网络"剽窃"。很多互联网企业借助大资金的投入，使其"财大"而变得"气粗"，无视传统大众媒介的版权呼声，完全由网络自己决定复制出版网络产品，根本不考虑向版权者付费，或者采取单向费用标准，付给版权者很少费用。大众媒介直到现在还很难抵挡互联网大量版权侵权，前不久美国新闻集团还在历数谷歌的"无耻行为"，认为谷歌在"盗取"别人的新闻产品，肆意践踏版权法，获取巨额利润。传统大众媒介普遍支持要维护出版的知识产权，尊重现世界出版者的知识产权，合理收取网络传播者版权费用。

构建网世界的基本行为是网络传播，这是一种建立在新媒体基础之上的传播行为。新媒体是一个相对的概念，在不同的历史阶段新媒体所指对象都是不同的。目前关于新媒体的定义更是众说纷纭，业界和学界至今都没有标准和统一的概念界定。联合国教科文组织早期曾经给出的新媒体定义："以数字技术为基础，以网络为载体进行信息传播的媒介。"[1] 但随着电子技术和互联网的发展，这一概念的范围明显过于宽泛。综合各类文献来看，新媒体在传播信息过程中，较之大众媒介具有较强互动性，这是新媒体的核心优势。具体而言，新媒体只是一个通俗的说法，更加严谨的表述应该是"数字化互动网络社交媒体"。从技术上看，新媒体是数字化的；从传播特征看，新媒体具有高度的互动性。"数字化""互动性"

---

① 张佳玥：《新媒体环境下广告传播》，《新闻研究导刊》2015年第6期。

是新媒体的根本特征。① 从传播和受众角度看，新媒体是彻底的个性化，传播过程具有多对多、点对多和点对点的特点。也正是由于这种互动性，使网络传播成为一座桥梁，联通了网世界和现世界，并把人们的现世界行为平移到网世界。目前全球较大的几种自媒体平台，见下表。

全球较大的自媒体平台

平台	主要功能和特点
博客 （Blogs）	是一种通常由个人管理、不定期张贴新的文章的网站。博客上的文章通常根据张贴时间，以倒序方式由新到旧排列。许多博客专注在特定的课题上提供评论或新闻，也可以作为个性化日记
脸书 （Facebook）	美国一家社交网络服务网站，于 2004 年 2 月 4 日上线。主要创始人为美国人马克·扎克伯格。是目前最大的全球社交网络平台
推特 （Twitter）	美国社交网络及微博客服务的网站，是全球互联网上访问量最大的十个网站之一，也是典型的自媒体平台。它可以让用户每次更新不超过 140 个字符的消息，这些文字也被称作"推文"（Tweet）。推特在全世界非常流行，被形容为"互联网的短信服务"
优管 （TouTube）	全球最大的自媒体视频网站，用户可以自己选择观看浏览，也可以上传自己制作的视频
雅虎网络相册 （Flicker）	雅虎旗下图片自媒体分享网站，可以为用户提供免费及付费照片储存、分享方案服务，也提供网络社群服务的平台，具有基于网络社群关系的拓展功能
照片墙 （Instagram）	在手机等移动平台上应用的自媒体平台，可以将个人随时抓拍的图片快速上传，分享彼此
领英 （LinkedIn Groups）	向职场人士提供沟通的自媒体平台，是目前全球最大的职场社交网站

---

① 参见匡文波《关于新媒体核心概念的理清》，人民网，2012 年 11 月 1 日，http: // media. people. com. cn/n/2012/1101/c351091 – 19465551. html。

　　当网络传播逐步成为人们信息交换的主要方式的时候，与之相应的社会面貌变化也如约到来，人们开始在网络世界营造新的社会生活形态，网世界逐渐形成。人们在网世界开始进行第一劳动，网世界第一劳动对象是信息的采集、加工和分发。信息是一种人类社会的资源，它与我们所处的地球上的其他自然资源不同，是人类聚集和发展中产生的一种人类社会特有的一种资源。自然形成的人类信息如果不经过采集、加工和分发就是毫无意义的流水，任凭时间荒废。在网世界之前的人类社会发展中，人类主要是以利用和开发自然资源获取发展动力，而在信息社会由于计算机技术的发展，人类发现自身信息是人类社会发展的一种极其重要的资源。信息经过有目的的采集、加工和分发可以成为一种有效的资源，并且可以被人们有效地利用，所以信息的采集、加工和分发成为一种劳动，劳动对象是人类社会随时产生的大量信息。在人类社会的信息时代，对人类社会固有的信息进行采集和加工，成为一种新的大规模劳动，创造了一种新的劳动形式。人们通过对信息的采集和加工，使人类社会的信息成为有效的资源，成为一种新的财富。这种新的财富正在成为越来越多的金融资本和智力资本竞相攫取的对象，人们把更多的金钱和精力投向互联网和计算机产业，运用各种算法采集、加工和分发信息，实现各自社会目的，剑桥分析公司就是这样一家很典型的公司，他们使用人们在脸书留下的信息进行网络画像，然后推送个性化信息，试图改变人们的社会行为，获取商业利润。

　　网世界的第二劳动，计算机硬件、软件及网络，这是一种纯物质化的劳动形式，是一种并不难理解的劳动形式。西方世界创立了第二劳动目前的各种规则，这种规则适应不同文化，并为各种不同文化服务，如软件设计，通过 Windows 各种语言的本土化，可以用于不同语言和文化的国家和地区。网世界中部分文化权力就是在这种服务中逐步确立的。但某种网络工具的极化发展，一方面可以推动计算机和网络发展，方便人们使用网络，促进计算机技术的普及。另一方面伴随着这种极化工具的使用，人们又在一种无意识中接受某种文化的权力，按照这种权力的规则规范自己的网络行为。

　　很明显，网世界的产出由以下部分组成：采集有价值的信息与计算机硬件、软件和网络，附加的产出，包括人们新的思维习惯和生活习惯。

从网世界开始,社会必然会在以上两个方面发生变化。

网世界采集、加工和分发的信息是有交换价值的信息,这种用作交换信息的特点,是信息量极大化,包含了极大的字节,信息传递的速度极大化,几乎达到了目前人类已知和可能实现的物质运动的光速极限,这种用于交换的信息几乎涵盖了人类活动的所有领域,从时间轴上贯穿了人类活动的全部历史。网世界的信息交换在信息传播量、信息传播速度和信息涵盖的广度3个方面,都有进一步拓展的广阔空间。随着计算机和各种软件的技术进步,这种拓展在不断加快,成为世界各国高端技术发展的重点。

网世界同时创造新的价值。这种新的价值源于信息技术对信息的采集、加工和分发。对于人类活动信息的加工和采集,如各类人类活动信息的分类和分析,并在此基础上给出某种商品生产和投放的数据,已经开始用于一般商品的生产和销售,尤其是一些快销品。数据的采集和使用成为这些快消品生产和销售的基本前提,在某种程度上这种数据分析就是寻找新的快消品,挖掘人们潜在的消费能力,这充分反映了网世界创造的价值在现世界的意义。新的数据采集和加工成为我们现世界社会价值的一种新型劳动,创造出比以往任何时代都伟大的价值。

网世界的建立同样也需要一些物质生产,世界各国的计算机及其网络生产成为电子信息产业的一个新的高速发展产业。网世界消费不仅仅是网世界本身对现世界物质的一种消费,如电力、计算机和网络设备,网世界的消费更多的是促进了现世界的商品消费,人们在网世界可以找到最新的、最廉价的商品,最快地达成自己的消费意愿。这种网络消费已经对既往的商品售卖形式产生了极大的冲击,创造了一种新的商品售卖形式。网世界的消费意义远不止于此,在网世界的消费中,还催生了一些新的劳动形式,如快递业和新型网络金融业。网世界消费特别意义还在于修正了现世界的一些社会道德,加快了建设良好社会道德的步伐,如增强社会信任感。网络的商品销售不是以传统形式的实物比较开始,买卖双方只是在网络上对彼此的信息进行筛选和甄别,通过第三方信用机构监督,达成网络消费售买各方真实意愿,为社会信任建设树立了榜样。2016年中国移动支付商品消费总额达到286万亿元,大量的网络消费,增加了人们对网络真实的信任,实际上也是加强了现世界彼此的信任，改善了现世界社会人际信任关系。

三 网世界的大国、小国和无国

网世界如同现世界一样，存在着大国和小国，不同的是，在网世界还有一种情况是无国。无国也是一种网世界存在，无国是现世界国家在网世界中的一种特殊存在方式，现世界一些国家因为各种政治、经济和科技等原因，在网世界并没有得到与现世界一致的国家地位。

网世界的大国通常是现世界的一些大国，由于它们在科技和文化等多方面雄厚的实力，因而继续在网世界成为大国，在网世界的基本面貌和基本规则确立方面发挥着重要作用。与现世界不同的是，在网世界还有一种大国，它们虽然没有现世界的大国形态，但是它们的影响力和对网世界的规则和基本面貌同样产生了巨大影响。

网世界国家普遍不为现世界承认，但是在网世界有的网络大国影响力远远大于一般国家，甚至成为现世界主要国家和世界组织持续关注的对象。这种网世界国家通过建立特殊网络组织，发展成为具有网世界形态的国家组织。虽然它是一般网络组织的高级形态，有自己的网军及网世界的国家形态，如同现世界一样的军队和国家形态，但是，这种国家形态与现世界国家形态的一些基本要素并不完全符合。

网世界中的小国基本与现世界的小国一致，实际上网世界的大国也与现世界的大国基本一致。

网世界从理论意义上讲是无疆界的世界，如果有，那就是人类网络的边际。网世界可以无限地延伸，从现世界的存在延伸到一切可能的地方。但是考虑到与现世界的关系，具体到现世界某一个国家，在网世界是否也应该有国家的边界？根据现有的国际政治理论，一个国家的网世界应该有自己的边界，否则网世界就成为混沌的天地，人类可能要重新走当年已经走过的历史，对网世界而言，那将是一种浪费和荒唐，相信当今的智慧人类不会这样重复自己曾经的混沌历史。

网世界社会是现世界的一种网络延伸，因此，现世界政府的权力自然应该延伸到网世界，对网络社会进行管理和控制。目前这种控制受到了自由主义理论的挑战，他们认为在网世界信息的自由流动和自由使用是网世界的基本权力，一旦现世界政府或者其他强力集团对它行使管理和控制，网世界将是一种分裂状态，对于由网络造就的网世界来说，实际就是一种限制，对网世界的发展是一种阻碍。但在问题的另一方面，网世界是否应该有规则和秩序？如果有，那么这种规则和秩序由谁来制定？就一般情况而言，目前现世界的政府是网世界的管理者，换句话说，网世界的政府行为基本是现世界的政府行为一种延伸。但是有的网络强国的政府行为常常会超出自己的网世界边界，把本国的权力变成整个网世界的权力。在网世界，这种政府冲突成为网世界的一种基本国家权力的争夺，这种网络权力的争夺又极易演变成一种国家主权的争夺，成为国际关系领域内新的话题。

网络安全、网络经济等已经不是一个新鲜的词汇，已经转化成为一种真实的存在。网世界的军队被称为网军，是网世界国家的保卫者，担负着现世界国家网络的保卫任务，同时也担负着网世界国家的安全保卫。他们主要的作战战场在网络，使用的基本武器就是网络和各种软件工具。他们作战的目的就是通过非传统安全手段，巩固现世界国家网络边疆，保卫现世界国家网络安全，制约、摧毁和攻击敌方网军。2009 年美国开始建立了自己的网络部队，现在美国共拥有 132 支网络军队，网络司令部升级成为美国军队第 10 个独立的司令部。传统国家安全观现在已经全面扩散到网世界，这种扩散效应引起现世界国家的重视。

网世界中的国家的人民，已经改变了现世界的国家国籍所定义的人民概念，常常会突破现世界国家国籍的限制。网世界国家的人民是以网络身份来界定的，源自具有网络身份的人们，对某一网世界国家的意识形态的认可和行为遵从。这种认可和遵从与现世界相同行为处在一种并行状态，当然这种状态存在的同时也可能存在着矛盾。

四　网世界的对立与合作

有学者认为，自媒体时代世界政治正在发生 3 个显著变化：第一，以信息为核心的权力结构，将逐渐扩充进到过去以资源、地位、金钱等物化特征为核心的传统权力结构。第二，在 Web 2.0 时代，国际博弈的时空概念将打破传统现实主义的地缘与物理意义上的框架，国与国之间权力竞争的频度会加速，竞争范畴正在从现实立体的三维世界泛化至第四维的互联网世界，现实世界中经济、政治、军事、社会等资源竞争，逐渐演化成为以信息为中心的实力竞争。第三，Web 2.0 时代的媒介重构将重组以国家为认同对象的忠诚度市场，外来信息的加速侵入与被征服的边界内国民，将产生情感共振与信息循环，造成国家治理危机并威胁原有政权的统治。① 把自媒体传播纳入考量世界政治变化新的因素，看重了信息流动和媒介革命对现在和未来人类命运的影响，符合传播学认定的信息传播和变革对于人类社会变化影响的基本观点。

这种变化的极端形式有可能发生战争。在人类历史上，世界格局的重大变化最后往往是由世界大战确定下来的，这种世界范围内发生的战争，是世界主要国家及其世界主要同盟体系参与的战争，并把世界多数国家带入战争之中。不论战争的规模还是战争的烈度，世界大战给人类社会造成的灾难都十分巨大。世界大战之后往往会重新划分世界格局，定义新的国际秩序。自第二次世界大战结束以后，世界历史经历了长达几十年的"冷战时期"。"冷战"是第二次世界大战结束以后一种新的"战争"形态，它不以常规战争方式解决国家或者国家集团利益冲突，而是通过经济、文化等"软"方式，达到此前两次世界战争才能达到的目的，这种"冷战"的结果是以苏联为代表的华约体系瓦解。

以网络冲突为主要特征的网世界战争，在世界范围内可能会在某一天爆发，那很可能是真正意义的第三次世界大战，网世界战争可能避免人类在残酷的战争中直接大量死亡，物质财富直接大量毁灭。尤其是避免使用核武器——这种人类发明的毁灭敌方同时也毁灭自己的战争武器的使用，避免全人类的自我毁灭。这种世界大战可能也会承袭"冷战"的一些特点，在不使用核武器的情况下，投入网军，运用网络武器摧毁敌方国家或者敌方同盟国家的主要政治、经济和文化设施，使其瘫痪丧失正常维持社会生活的基本功能，达到战胜对方的战争目的。同样的，这种世界范围内的网世界战争，将会重新划分世界利益分配，定义新的世界秩序。但不同的是，这种世界战争的结果，还会同时重新划分世界范围内网世界的利益分配，定义网世界的秩序。

---

① 王文：《Web2.0 时代的世界政治》，《外交评论》2011 年第 6 期。

　　面对日益严重的网络冲突以及网世界共同的安全治理,中国主张在联合国的框架下,大小强弱国家一律平等,通过共同协商解决彼此矛盾和冲突。中国主张的核心观念是尊重世界各国主权,主张世界各国在网络世界平等、自由和相互尊重。而美国等西方国家提出的网络世界无主权主张,并不能解决信息自由流动问题,也不能建立合理的各国都普遍接受的网世界规则,更不能建立合理的网世界秩序。有关网世界的基础研究和目前网络发展实践都表明,只有世界各国积极合作,遵循网世界一般原则,充分考虑到网世界和现世界关系,才能实现网世界信息流动的均衡,分享网世界利益,建立理智的、合作共赢的网世界公共秩序,造福全人类。

后　记

　　美国新闻研究是一个很大、很深奥的研究领域，涉及美国社会的很多方面。狭义的美国新闻研究包括美国新闻理论、新闻史、新闻业务和新闻机构管理等方面；从广义上讲，美国新闻研究还包括美国政治、美国经济、美国社会以及文化学研究。传播学对美国新闻研究有着重要理论指导意义。阅读和理解美国新闻著作是一个方面，观察美国新闻发展则是另一个方面，它们同样都是研究美国新闻事业的重要部分。当然，如果具有一定的实际操持大众媒介和学院式研究的经历，就会很好地理解各种理论指导下实际新闻工作呈现的不同状态，明白理论探讨和创新实践是一件非常艰苦的工作。

　　新闻研究的方法在今天尤为重要，传统的逻辑定性分析的方法可以从大的方面把握当代新闻事业的基本面貌，但这种分析方法也有不足。为了克服自身知识框架限制，认识当代新闻传播发展，在传统的逻辑分析研究中应该善于利用数据，真正理解数据的意义，运用和处理数据之间的逻辑关系佐证自己的结论。近些年来数理学派在新闻学、传播学研究中取得了一定的成绩，他们认为可以用数学描述这个世界，可以用数学模型解释新闻和传播现象。从事美国新闻学和传播学研究，应该是两种研究路线的充分和自然融合，结合美国当代社会信息传播的实际，充分发挥不同学派专业所长，促进新闻学和传播学研究深入，更好地描述和解释美国社会传播的媒介革命。

　　特别说明，本书第五章、第六章、第七章是与中国人民大学重阳金融研究院刘玉书研究员合作完成的，在这3章中可以明显看到刘玉书先生运用计算机技术论证传播学问题的方式和理论特点，这些文字曾在中国社会科学院美国研究所的《美国研究》杂志、中国社会科学院新闻与传播研究所的《新闻与传播研究》杂志、清华大学新闻传播学院的《全球传媒学刊》杂志发表，成书前作者再次做了较大改动和梳理，补充和修正了部分文字。在写作其他章节时我们也多次商谈，很多观点就是在这些讨论中产生和成熟的，比如关于自媒体三元悖论传播的理论，就是经过我们反复讨论后才以目前这种方式呈现给诸位读者。

感谢为了本书出版提供帮助的人们，中国社会科学院西亚非洲研究所副所长李新烽博士、清华大学新闻与传播学院教授王君超博士、河北经贸大学刘玉清教授阅读了本书的初稿，提出了各自建议。中国社会科学院美国研究所的同事为笔者提供了诸多方便，特别是在本书写作期间，美国研究所办公室的同事分担了诸多事务，使笔者有可能获得一些整块时间专注思考、修改文字。中国社会科学院科研局国际学部金香教授，一直为作者研究和其他工作提供帮助和支持。中国社会科学出版社国际问题出版中心主任、责任编辑张林，对本书结构和文字提出了很多具体的修改意见。感谢他们对本书出版的帮助。

特别感谢中国社会科学院创新工程出版资助项目为本书提供出版资金支持。

陈宪奎

2018 年 4 月于北京亦庄